四川省一流建设学科（政治学与社会治理）专项资金资助
西华师范大学出版基金资助
西华师范大学政治与行政学院2020年专题研究项目资助

法治教育研究

蒲鸿志　著

中国社会科学出版社

图书在版编目（CIP）数据

法治教育研究／蒲鸿志著．—北京：中国社会科学出版社，2021.3
ISBN 978－7－5203－7805－5

Ⅰ.①法…　Ⅱ.①蒲…　Ⅲ.①法制教育—研究—中国　Ⅳ.①D920.4

中国版本图书馆 CIP 数据核字(2021)第 018339 号

出 版 人　赵剑英
责任编辑　孔继萍
责任校对　刘　娟
责任印制　郝美娜

出　　版　中国社会科学出版社
社　　址　北京鼓楼西大街甲 158 号
邮　　编　100720
网　　址　http://www.csspw.cn
发 行 部　010－84083685
门 市 部　010－84029450
经　　销　新华书店及其他书店

印刷装订　北京市十月印刷有限公司
版　　次　2021 年 3 月第 1 版
印　　次　2021 年 3 月第 1 次印刷

开　　本　710×1000　1/16
印　　张　19.5
插　　页　2
字　　数　351 千字
定　　价　108.00 元

序

多年前，我为蒲鸿志博士的学术专著《法制教育的人文价值》写过序，在序中企盼他构思写作多年的《法治教育研究》早日面世。时光荏苒，他不负所望。

该著作的特点是：

创新性。我国的全民普法教育已经进行多年，确实有很多理论和实践问题需要回答，尤其需要学科的支撑，问题非常迫切。法治教育是综合性学科，现有的法学、教育学、政治学、管理学等学科很难在其学科框架下恰当地容纳其较好发展，学科需要开拓创新。2018 年年底中央成立了全面依法治国委员会，习近平总书记亲自任委员会的负责人，并主持召开了第一次会议。全面依法治国已经成为支撑中华民族振兴的国家战略，这令人不得不用历史的眼光来重新审视法治教育的地位和学科发展。尤其是中国进入新时代，人们不断增长的法治需要日趋强烈，这无疑给法治教育提出新的要求，在这样的背景下，这部著作无疑具有重要的价值。这不是说在这之前没有人研究过法治教育、法治教育的学科建设，而是说有一定高度和宽广视野的研究还较为欠缺，尤其是与全面依法治国、与国家的治理体系和治理能力现代化的要求相比，还有较大的差距，在这个意义上，可以毫不夸张地说，蒲鸿志博士的这部专著具有一定的拓荒意义。

探索性。法治教育学是以法治教育为研究对象，探索法治教育规律的综合性应用型学科。作者在多年潜心研究和对我国法治建设实践思考的基础上，提出了法治教育学研究的基本范畴是法治意识与法治行为、法治与德治。基本范畴是一门学科的科学性和实践性的关键所在。法治意识和法治行为及其关系是我国法治建设实践和理论研究中长期探究的热点问题。法治与德治范畴，是关系问题，一直以来，不论在治国理政领域，还是在教育实践领域都是争论不休的问题，作者并没有回避这一问题的基本性和焦点性，而大胆研究。更为可贵的是，作者多层次、多方面探索法治教育的本质，指出：法治教育的本质是分层次的。在第一层面，法治教育的本质是使人成为人，离开了这个本质，法治教育学就没有教育性，所以，使人成为人是法治教育的基础本质，该本质体现了我国以人为本的当代精神和以人民为中心的时代特色；在第二层面，作者提出了法治教育的核心本质是对国家制度的认同，这不仅是法律、法治、教育的阶级性的体现，也是对中国特色社会主义实践的总结、概括；在第三层面，作者提出法治教育的普遍本质是维护全人类的共同利益，体现了我国新时代建构“人类命运共同体”的思想，对法治教育本质的认识和研究与时俱进，很有创新性。可见，该著作诸多方面的创新性、探索性明显，对学科的发展具有重要的推动意义。

建构性。作者试图建构一门学科基础理论研究的基本体系，回答法治教育理论研究和实践探索中最为迫切的问题。在一定程度上，此著作达到了这个目的。在第一章法治教育学导论里，对法治教育的概念进行了辨析，提出了法治教育学的研究对象，尤其是对法治教育学科建设的内涵、面临的机遇与挑战、策略进行了回答，凸显法治教育作为一门学科的开拓性、时代性以及对我国法治建设实践的支撑意义。探讨法治教育学的理论基础和知识借鉴，将法治教育学建立在科学的基础上，而目前的法治教育学研究比较欠缺的就是这一点，鸿志博士的探索是有意义的。法治教育到底是什么？有没有价值？有没有科学性？热点问题是什么？这是全书要回答的内容。按照这样的逻辑，他回答了法治教育的概念、本质、价值、范畴、主体、衔接、实践、实效、评估等一系列基本问题。特别值得一提的是：像法治教育的社会实践、社会实践基地、法治教育的衔接、实效性、评估等问题是法治教育实践、理论研究、学科建设的焦点和广为关注的热点，作者进行了有价值的探讨，这些研究无论在理论方面，还是在实践方面，都有一定的开拓意义。

这是一本有自己独特的体会和感悟之作，既是学术专著，同时又可以作为马克思主义理论学科尤其是思想政治教育专业、政治学、法学专业的研究生、本科生在专业学习中使用。此书也适合其他法治教育的自学者、教育工作者在学习、培训中使用；同时，对公、检、法、司的工作人员、人大的立法工作者，政府、政协的工作人员，也有学习价值和启发意义。

我与鸿志博士有缘在“山水甲天下”的桂林相识，为他严肃认真的治学态度所感动，多年来，他甘于寂寞、不怕“坐冷板凳”和各种误解，“咬定青山不放松”，一直致力于这一领域的研究和实践，精神着实可嘉，于是我欣然再次为他的这本专著作序，祝愿他未来取得更多、更好的学术成果。

广西师范大学教授、博士生导师周世中

2020 年 1 月

目　　录

第一章

法治教育学导论

法治教育学是以法治教育为研究对象的综合性应用科学。法治教育作为一门科学的出现，是社会实践的产物。随着中国法治实践的推进，人们愈来愈发现要取得法治实践的成功，必须依靠法治教育。法治教育学是研究法治教育规律的科学，没有法治教育科学对法治规律的研究，就没有中国的法治人才的培养。要坚定不移地走中国特色社会主义法治道路，始终坚持党的领导，全面推进依法治国，呼唤法治教育学的诞生；要建设马克思主义理论一级学科，发展和丰富思想政治教育二级学科的内涵，呼唤法治教育学的诞生；要坚持马克思主义在法治意识形态中的指导地位，抵制西方错误的法治观念、观点，呼唤法治教育学的诞生。

法治教育学是在法治教育实践中产生的，它源于中国特色社会主义的法治实践，法治实践永无止境，对法治教育规律的研究永无止境。法治教育学有特定的研究对象，这就是法治教育与其他学科相区别的特殊矛盾。法治教育学作为一门学科，既是思想政治教学学科的发展，也有它特定的研究范畴。包括：法治意识、法治行为，法治教育主体与法治教育客体，法治个体与法治社会，道德与法治，传统习俗与现代法治文化，法治思维与人治思维，法治知识与法治理念，法治与治理、管理，法治的产生与传播，法律、法制、法学，等等。

法治教育研究的内容包括法治教育的规律、原则、过程、传播、投资、师资、机制、重点、难点、基地、环境、范畴、衔接、文化、关系、论域、方法、评价、发展。总之，法治教育学的产生，不仅是法治教育学科发展的需要，也是社会实践产物，更是培养法治人才、提高公民的法治素养、全面依法治国的必然要求。

第一节 法治教育与法治教育学

一 法治教育的概念辨析

(一) 法治教育的概念

法治教育是通过活动影响对象的法治观念、法治思维，提高教育对象的法律素养，最终达到影响教育对象的世界观、人生观、价值观的教育。法治教育是一种培养人的活动。法治教育归根到底是一种教育，只不过是一种特殊的教育。

法治教育的本质是一定社会的统治阶级意志的体现，这与法律的本质是一致的。我国的法制教育体现了工人阶级领导的广大人民群众的意志，反映了人民群众的利益，具有鲜明的意识形态性。我国的法治教育教什么，怎么教，为谁教，反映了法制教育的本质。我国的法治教育的本质决定了必须以马克思主义为指导，让教育对象认同国家的政治制度和法律制度。法治教育要让教育对象明白：我国的法律体现人民的意志，我国是人民民主专政的社会主义国家，人民代表大会制度是根本政治制度。要通过法治教育认同社会主义的核心价值观，拥护中国共产党的正确领导，树立理论自信、制度自信、道路自信和文化自信。

(二) 概念辨析

1. 法治教育与法制教育

从内涵而言，广义的法治教育不仅包括对法律制度遵守的教育，还包括对法律实施、法律监督等环节的教育，法治教育是人类进入文明时代的产物，法治教育是以依法治理、权力受制约为内容的教育，包括了狭义的法制教育。狭义的法制教育指统治阶级按照自己的意志对教育对象进行的法律和制度的教育。从产生来看，法制教育是阶级社会的产物，起源于奴隶社会；而法治教育则是资产阶级革命胜利的产物，但是真正的法治教育是从社会主义开始的，因为在社会主义社会人民当家做主，社会主义的一切权力来自人民、为了人民，所以在社会主义社会所有的权力必须受到监督、制约，因此社会主义法治教育就是培养人民监督权力与制约权力的意识、素养和能力的教育。也可以看出，在社会主义社会法制教育与法治教育在本质上是一致的，但是，其侧重点有所不同，法制教育侧重对制度和法律的教育，而法治教育侧重于良法善治的教育。在我国，由法制教育的提法逐步过渡到法治教育的提法，既是民主法治建设理论研究发展的产物，也是我国民主法治建设实践发展的产物。

2. 法治教育与法律教育

有人认为法治教育就是法律教育，就是让学生理解什么是法，什么是法律，法律的产生，法律的特征等内容。法律教育，主要讲求法律知识学习的准确性、文化的继承性、法律的职业性，把法律当成一种知识来学习，解决文化传承问题、培养人的职业操守。这种认识的缺陷很明显：在高校，易于忽视法治精神、法治理念的教育；在中小学，则从字、词、句等文字上理解法治教育。这种法治教育脱离生活、脱离社会、脱离教育对象的发展、脱离对实际问题的解决。

3. 法治教育与法律条文的教育

有人认为法治教育就是对现行法律条文的教育。这种理解的狭隘性显而易见，它仅仅强调对法律条文的研究，尤其是现行法律条文的理解、记忆、甚至背诵。教育对象一遇到现实社会生活中的法治现象，就不知变通，不能正确处理好法治与人治、法理与情理，法律条文与社会环境、风俗文化、当事人具体诉求的关系。容易把法与情对立起来，认为法不容情，往往誓死捍卫所谓的法律尊严，甚至做条文的卫道士。法律条文式的法治教育，造成的结果是无良法与恶法之别，使法律的保守性、滞后性、局限性暴露无遗。

4. 法治教育与纪律教育

有人出于管理的需要，把法治教育等同于纪律教育。在法治教育中，过于强调法律的强制功能，实际上把法治教育本身作为一种纪律来规范教育对象，重视法律的惩罚、抑制、打压功能，忽视法律的褒扬、奖励、发展功能。也就是说，纪律式的法治教育，不是说赋予了法治教育本身有多少使命感和责任感，而是基于功利性和利益本位性，仅仅是希望借助于法治教育作为强化管理和控制的工具。其结果是：教育对象一离开特定的教育场所，往往会用破坏式的宣泄来表达不满，甚至漠视基本的公共秩序、规则。

5. 法治教育与学校德育

有人认为，从宏观的角度讲，法治教育属于学校德育的一部分，法治教育就是学校德育。其实，学校德育主要还是道德方面的教育，把法治教育纳入德育范畴，表面上看是对法治教育的重视、对德育内涵的丰富，其实，法治教育有自己特有的规律和特征，把法治教育等同于德育，容易忽视二者的区别，没有看到教育的发展有不断专业化的过程。事实上，德育也承载不了那么多内容，还容易忽视专业分工，不利于德育和法治教育各自向精细化方向发展。

二 法治教育学

法治教育学立足于法治教育实践，又指导法治教育实践，最终影响社会法治实践的应用科学。法治教育不等于法治教育学。法治教育是一种教育活动，属于社会实践的范畴。法治教育活动涉及人与人之间的关系，主要又是教育者与教育对象之间的相互关系，法治教育是一种社会生活，社会生活在本质上是实践的，所以，法治教育归根到底是人的活动。而法治教育学是对人的法治教育活动规律的研究，是对法治教育过程中人的普遍性、必然性的抽象。法治教育学以法治教育为研究对象，但是法治教育学本身又不等于法治教育。二者的联系体现在：第一，法治教育是法治教育学产生的基础。法治教育学的产生是法治教育实践活动，只有法治教育实践发展到一定的程度，才会产生法治教育学，也只有法治教育实践的繁荣，才有法治教育学的繁荣，离开了法治教育，法治教育学就会成为无源之水、无本之木。可见，法治教育学要得到承认，需要其科学化程度的不断加强，这不仅依赖于人们的努力，而关键取决于社会对法治、法治教育的需要和重视程度。在当代中国，随着全面依法治国伟大实践的不断深入，人们对法治教育的需求必将越来越强烈，这就为法治教育学的产生和科学化程度的不断提升，提供了坚实的实践基础。

第二，法治教育学是关于法治教育实践经验的理论抽象和概括，是系统化的法治教育的知识体系，对法治教育实践具有指导作用。人们在法治实践活动中，发现某些联系，能够提高法治教育的实效性，满足建构法治社会的需要，逐步产生了法治教育学。可以说，法治教育学是在法治教育经验的基础上，并不断地对这些经验加以总结、抽象，探索规律的结果。法治教育学的产生立足于共同的、普遍的、一般的经验，而不局限于个别的、具体的、特殊的经验。法治教育学之所以能够指导法治教育实践，在于法治教育学是关于法治教育实践的最一般、最普遍的经验的总结，揭示了法治教育活动的客观规律，是在法治教育实践基础上形成的系统理论；没有法治教育理论指导的法治教育实践，是盲目的实践，盲目的实践必然是无头苍蝇，不可能到达法治教育的预期目的，更不可能满足全面依法治国实践的需要。

可见，法治教育学不同于法治教育。法治教育学是一门社会科学，是众多社会科学中的一种。法治教育学解决的问题是法治教育活动到底“是什么”以及“为什么是”的问题。法治教育学以法治教育活动为研究对象，通过研究法治教育活动中的种种现象，揭示法治教育活动的本质，找出法治教育活动中存在的联系，从而探索法治教育活动中的普遍规律。

有法治教育实践，就有人们对法治教育的研究，但是，法治教育在中国真正成为一门学科的历史并不长。2014 年 10 月，中共中央第十八届四中全会做出《全面推进依法治国若干重大问题的决议》，是法治教育作为一门学科产生的直接社会背景和有力的助推剂。2016 年 6 月，教育部、司法部、全国普法办发布《关于印发〈青少年法治教育大纲〉的通知》，《青少年法治教育大纲》的制定与颁行，标志在当代中国人们开始系统研究法治教育实践，法治教育正式成为一门学科进入人们的视野，人们开始正式建构法治教育学科，法治教育研究的春天开始到来。新中国成立以来艰辛的社会治理探索，特别是十一届三中全会以来进行的一系列普法工作，为法治教育学的诞生奠定了坚实的基础。

与法治教育学相对应的法治教育活动，则是人们从事的一项教育活动，其目的在于培养社会需要的法治人才和提高全体公民的法治素养，解决的是在法治活动中教育者和教育对象以及其他相关因素的“做什么”“怎么做”“怎么做好”的问题。归根到底，法治教育要解决的是人与人之间的关系问题。

自从有了法治，就有法治教育活动。法治教育活动是与民主相联系的，在专制社会和专制环境下，不存在民主，也就不存在法治和法治教育。法治教育从资产阶级民主产生就有了，但是，只有社会主义民主制度的建立，才为法治教育真正成为可能创造了条件。所以，在当代中国，随着民主建设的不断推进，法治和法治教育活动将不断深入发展。

法治教育是按照法治社会的要求，培养法治社会需要的合格社会成员的活动。狭义的法治教育，专指学校的法治教育，学校根据社会要求，有目的、有计划、有组织地传授法治知识，培养法治素养，提升法治技能的社会实践活动。法治教育属于思想政治教育，往往当成学校广义“德育”的一部分，法治教育的主要对象是青少年。广义的法治教育，是指在社会领域，凡是能影响人的法治素养、法治知识、法治技能的活动。社会法治教育和学校法治教育都是法治教育的组成部分，缺一不可。

法治教育学是研究法治教育活动规律的科学。法治教育活动规律包括法治知识的教育规律和法治素养的形成、变化、发展规律，法治教育学不能脱离法治教育实践，要遵循人的法治素养的形成、发展规律。法治教育学是在法治教育实践中形成、发展、不断完善的科学。

我国的法治和法治教育的实践时间不长。新中国的成立，既是法治和法治教育实践的开始，也是法治教育学研究的开始，但是，人们的研究是不系统的，是零碎的。因此，法治教育学作为一门学科开始建设的历史并不长，按照现有的学科分类，法治教育属于马克思主义理论一级学科下面的思想政治教育二级学科。法治教育作为是思想政治教育学科的研究方向，最多算三级学科。随着依法治国的深入推进和社会对法治教育的需求不断增强，法治教育的学科地位有可能逐步提高。法治教育作为思想政治教育的方向，也属于大的法学门类，这个方向不少高校招收博士研究生，但是，很少招收硕士研究生，目前还没有招收本科生。从2016年后，不断有法治教育的文章和专著出现，但是，关于法治教育学的专著还很稀少。

无论是法治教育的实务工作者还是理论工作者，不能认为从事法治教育的实务工作或者法治教育的研究工作，就天然地掌握了法治教育规律，就真正理解、明白了法治教育。法治教育作为一门学科，要真正肩负起支撑中国法治教育研究和法治教育实践的艰巨任务，无论是学科结构的建设，还是学科内涵的阐释，都还有很长的路要走。

第二节　法治教育学的研究对象

一　法治教育学研究对象分析

研究对象是建立一门学科的核心，不同的研究对象使学科与学科之间相互区别。法治教育学能否成为学科，取决于研究对象。

一是有没有研究对象。研究对象是构成一门学科的前提，任何科学都要有特定的研究对象。法治教育学有研究对象，研究对象是法治教育学成立的前提。所以，要认识法治教育学，首先要认识法治教育学的研究对象，特定的研究对象使法治教育学与其他学科，比如，法学、教育学、政治学、哲学、伦理学等相区别。法治教育学的研究对象，就是法治教育学的特殊矛盾。法治教育学的研究对象与其他学科不仅有区别，而且也有联系，比如，它是思想政治教育学的二级学科，是思想政治教育学研究对象的进一步发展和深化。

二是研究对象是否为社会需要。社会的需要，是科学产生的动力。社会需要决定了研究对象的投入；没有社会需要，研究就会萎缩，真正的研究甚至根本就不存在。开展对法治教育学的研究对象的研究，是当代中国法治和法治教育实践活动的需要。要全面依法治国，必须依靠大量的法治人才，法治人才的培养需要教育，而要有效地开展法治教育必须要有法治教育学科的支撑。所以，开展对法治教育学研究对象的研究是中国社会法治建设的必然结果，是法治实践产生对法治教育学的需要。同时，经过多年的普法宣传教育，积累了大量的法治教育实践经验，这些经验是不系统的，需要总结。研究法治教育的研究对象，才能建立起逻辑严密的法治教育学科。

三是一门学科能成为科学，在于科学理论的支撑。法治教育学属于社会科学，它的理论基础是马克思主义。所以，在我国，对法治教育对象的研究，必须以马克思主义和中国特色社会主义的理论体系为指导。这不仅能保证法治教育的无产阶级的意识形态性，而且能保证法治教育学的科学性。在法治教育的学科建构和具体的研究中，要贯彻马克思主义的辩证唯物主义和历史唯物主义思想，要求实、求是，开拓创新，既要坚持马克思主义的基本原理，又要反对教条主义，用实践中不断发展的马克思主义指导法治教育学的研究。

四是是否开展了对研究对象的研究。有了研究对象不一定成为学科，要成为学科还必须开始科学研究，形成严密的学科体系。我国从社会主义制度建立起，就开始对法治教育对象的研究。在研究中，走过了兴起、发展、曲折、再发展，到不断繁荣的道路。尤其是“文革”期间，我国法治建设遭到了破坏，对法治和法治教育的研究一度陷于停止的状态。党的十一届三中全会后，我国的各项事业得到了恢复和发展，对法治教育对象的研究进入了新时期。在建设法治社会中，人们研究法治教育学的热情不断高涨，近年来，以法制教育或法治教育为题，发表的论文、出版的著作不断增多。教育部在华东师范大学和华东政法大学成立了青少年法治教育协同创新中心，各地的法治（或法制）教育研究协会如雨后春笋纷纷涌现，《青少年法治教育大纲》的颁行，推动了法治教育研究的规范化、科学化。可见，我国确实存在法治教育学科，人们进行了大量法治教育对象的研究，所欠缺的是进一步系统总结经验，增强法治教育的学科意识，探索高等院校建立法治专业，招收本科生、硕士生、博士生，切实回应社会的需要。

二 法治教育研究对象的内涵

（一）法治教育研究对象内涵的知识借鉴

法治教育作为一门学科的建立刚刚开始探索，因此，法治教育研究对象的确立还是一个在理论和实践上需要探索的课题。法治教育从学科归属上讲属于法学门类，是马克思主义理论学科下面的思想政治教育二级学科的研究方向，算三级学科。因此，分析思想政治教育学的研究对象能为法治教育研究对象的确立提供启示，这既有利于保证思想政治教育的学科归属，又有利于缩短探索的研究路程，站在更高的起点上建构法治教育学科。就思想政治教育学科的研究对象而言，学术界的观点有①：

观点一：人们的政治思想、政治行为的形成发展规律。该观点看到了思想政治教育学研究人们的政治思想、政治行为的形成发展规律，但

---

① 张耀灿等：《现代思想政治教育学》，人民出版社 2006 年版，第 2—5 页。

是概括不全面，因为，部分非政治性的思想和行为，如社会公德等思想政治教育也应研究，并且不能把所有的思想认识问题、心理健康问题、实际问题都当成“政治思想、政治行为”。

观点二：思想关系。该观点从宏观上看到了思想政治教育的直接目的是建立与一定物质社会关系相适应的思想社会关系，但是一切非物质的社会关系，如政治关系、法律关系、道德关系等，都属于思想的社会关系，思想政治教育学的研究范围显然不能如此之广。

观点三：人们的思想品德形成发展规律和对人们进行思想政治教育的规律。很多人赞同这种观点，认为还需要充分论证，增强说服力，并且还认为，“由于受传统观念的影响和制约，思想政治教育学原有体系中研究宏观方面多、研究微观方面少、研究教育传导多、研究接受机理少，已经引起同行学者们的重视，这方面的研究正在加强”①。

观点四：思想政治教育规律。该观点对思想政治教育学研究对象的表述很集中，认为思想政治教育规律包括了人的思想品德的形成规律，是可以研究的。

上述观点对确立法治教育的研究对象有较好的知识借鉴作用。因为法治教育归根到底也影响人的思想，与思想政治教育有很大的类似性。但是，上述观点有一个共同的不足，就是忽视了人的思想政治教育与社会需要的关系。从学科发展的本质上讲，无论是研究对象本身的内涵、学科的形成，还是开展具体的研究以及研究的推进、繁荣，都是时代的产物，都是对社会提出需要的回应。

在借鉴上述研究成果，建构法治教育学时要面对的是：二者的研究对象不同。法治教育是一门学科，尽管目前还属于思想政治教育二级学科，但是，学科发展有特定规律，法治教育学的发展也要遵循既高度综合又深度分化的学科发展规律，法治教育成为学科，既是社会的需要，也是思想政治教育分化的结果。确立法治教育的研究对象，要解决的问题是：法治教育研究对象的特殊性和法治教育研究的特殊领域。

（二）法治教育学研究对象的内涵

法治教育学的研究对象是法治教育成为一门学科逻辑起点，没有研

① 张耀灿等：《现代思想政治教育学》，第2页。

究对象就没有法治教育学，也就谈不上法治教育的科学化，更谈不上法治教育学对社会需要的满足。“如果不研究矛盾的特殊性，就无从确定一事物不同于他事物的特殊本质，就无从发现事物运动发展的特殊原因，或特殊的根据，就无从辨别事物，无从区分科学研究的领域。”① 可见，法治教育学的研究对象就是法治教育领域的特殊矛盾。

法治教育的特殊矛盾是什么呢？法治教育是一种社会实践活动。法治教育活动，是为了让人形成符合法治社会发展要求的法治素养，推动社会的发展。通过法治教育，促进科学立法、严格执法、公正司法、全民守法，坚定不移地走中国特色社会主义法治道路。法治教育学从根本上讲，就是研究如何培养人的法治素养，增强法治教育的实效性。人是法治教育的中心，人有自然属性和社会属性。自然属性，如饮食男女，不是法治教育研究的内容，人的社会属性有很多，法治教育学也不可能一一加以研究，法治教育只是从某一方面研究人的社会属性，具体讲，就是研究人的法治素养形成、发展、变化的规律。可见，人是法治教育特殊矛盾的一个重要方面，离开了人，就没有法治教育这个特殊矛盾的存在。

根据马克思主义的观点，矛盾总是对立统一地存在，既然人是法治教育这个特殊矛盾的一方面，那么，矛盾的另一方面是什么呢？是社会。马克思主义认为，社会是人与人交互作用产生的，是人与人之间的关系的总和。可见，法治教育研究的特殊矛盾，就是从特定的领域研究人与人之间的关系，这种特殊矛盾就是人与社会的矛盾。那么，法治教育这个特殊领域，人与社会之间矛盾的具体内容是什么呢？是人的法治素养与社会发展需要的矛盾，也就是说，一定的社会要求人们具备一定的法治素养，而人当前的法治素养又不能满足社会的这种需要，这就产生了矛盾。于是，法治教育就研究这个特殊矛盾，从而有效地开展法治教育，增强法治教育的实效性，提高人的法治素养，满足社会发展的需要。

可见，一定的社会发展要求同人们实际的法治素养之间的矛盾，构成了法治教育学的特殊矛盾。

第一，这个特殊矛盾规定了法治教育学的存在。法治教育学为什么

---

① 《毛泽东选集》第1卷，人民出版社1991年版，第309页。

叫法治教育学，而不叫思想政治教育学，或者叫伦理学、政治学、法学等，是因为法治教育存在人的法治素养与社会需要之间的矛盾，这个矛盾属性规定了法治教育有特定、明确的研究对象，从而形成了法治教育学科。也就是说，离开了这个矛盾，法治教育就不存在，或者成为其他别的什么学科。

第二，这个特殊矛盾是法治教育发展的内在动力。矛盾是事物发展的动力。法治教育的发展就是不断解决人的法治素养与社会需要之间的矛盾。通过法治教育，人的法治素养提高了，满足了社会的需要，到达了某种程度的协调；由于社会是不断发展的，新的需要又不断产生，又会出现新的不协调，法治教育要不断面临这个矛盾和解决这个矛盾；同时，这个矛盾导致了法治教育学的产生，并逐步形成为一门学科性较强的科学。法治教育学就是在不断研究和解决新矛盾中得到发展。

第三，这个矛盾制约着法治教育其他矛盾的解决。在法治教育中存在种种矛盾，比如，法治教育的教育者与法治教育对象之间的矛盾；法治教育中人与环境的矛盾；在法治教育者之间，也涉及教育者之间的协调、配合，这之间也存在矛盾。在作为教育对象的受教育者之间，存在教育对象法治素养的差别，这也是矛盾。在法治教育中，存在当代法治教育文化与传统文化之间的矛盾，等等。这些不同方面、不同矛盾，都要受个人的法治素养与社会的法治需要之间矛盾的影响和制约。这个矛盾的解决影响着其他矛盾的解决，而其他矛盾的解决都是为这个矛盾的解决服务，并受它制约。

第三节 法治教育学的学科建设

一 法治教育学学科建设的内涵和构成

（一）影响法治教育学学科建设的内涵

1. 科学性

法治教育学学科的建构首先要考虑科学性。法治教育学科的科学性是指法治教育学科的真理性、合规律性。法治教育学的学科建构要符合法治教育的客观实际，反映法治教育的本质和内在联系。科学性是法治教育学成为学科的前提，没有科学性，法治教育学的其他特性将失去基础。

较长时间以来，人们对法治教育学科不重视，究其原因是对其科学性没有认识。法治教育学不仅是一门学科，而且是一门严肃的学科，反映在作为一门学科它有切合实际的基本概念、专业术语、研究传统、解决特定领域的问题。

科学性是法治教育学科的基本问题，不论是学科建构，还是科学研究、法治教育的具体活动，都要求我们保持科学态度、发扬科学精神，力戒主观片面。

2. 人文性

人文性的基本含义是人本和文化。法治教育学科建构的人文性，有两层含义：第一层是指法治教育学科的建构要以人为本，把提高人的法治素养放在核心位置；第二层是指要考虑特定时代统治阶级提出的要求。

可见，法治教育的学科建构，要尊重人、为了人，要鼓励创新尤其是要鼓励批判、反思，只有这样，法治教育学科才会充满活力。同时，要坚持中国特色社会主义的法治道路，坚持法治教育学科正确的价值取向，把社会主义核心价值观在法治教育学科中落小、落细、落实，无论是基本理论的建立、对法治教育学科发展的历史总结，还是法治教育学科研究方法的选取，都应该贯彻社会主义核心价值观，这就是坚持这门学科的意识形态性，即党性。

3. 应用性

法治教育学科的建构要体现应用性，要能指导法治教育活动。理论探索、研究是必要的，但是，重点的还是理论联系实际，用法治教育学科，提高人的法治素养，回应建设法治社会、实现治理体系和治理能力现代化的需要。

当然，应用性不是忽视理论研究，因为，没有理论研究，实践的盲目性很大。也就是说，在法治教育的学科建构中，要重视理论科目的基础性作用，理论基础要扎实，指导思想要正确。同时，要突出实际问题的解决，培养操作技能、技巧。要建设大量的法治教育实践基地、设置众多的实践科目，要突出对法治实践中的各种问题的解决。

4. 针对性

法治教育学科建构的针对性包括：一是学科本身的针对性。要解决对法治教育学科存在的重要地位和作用认识不足、不深刻、定位不准确的问题。要从治国理政、落实全面依法治国的高度认识法治教育学科；要解决法治教育学科与相关学科的协调、理清各种关系问题，比如，与法学专业、思想政治教育专业、教育专业等的关系，这既需要从理论上研究，更需要深入实践，开展调查，提出解决方案。二是法治教育学科建构对人的针对性。要突出对关键人员和关键群体的法治教育，关键人员包括青少年和干部，关键群体包括弱势群体。三是对事的针对性。一方面，从宏观上针对建设中国特色社会主义法治，推进治理体系和治理能力现代化来建构学科；另一方面，从微观上针对把法律教育与党内法规的教育相结合来建构学科。

5. 实效性

法治教育学科建构要解决实际问题，也就是讲，要提高法治教育活动的实效性。学科建设要考虑法治教育实效，不是为了教育而教育，而是为了解决日益突出的法治教育形式化、效率低下的问题。要注重对法治教育实效的评估，关键是要引入第三方的评估机制。

经过多年持续的法治教育，尤其是普法宣传教育，我国的法治教育取得了有目共睹的成效，但是，也应该看到，许多所谓的法治教育，形式主义严重，不务实，不解决人们的实际问题尤其是身边的问题。青少年法治教育、党员干部尤其是党政“关键少数”干部的法治教育，问题日益突出，成效有待提高。造成法治教育实效低微的原因是多方面的，但是，与没有从学科建设上考虑法治教育的布局、统筹规划有很大关系。

（二）法治教育学的学科构成

1. 法治教育学的理论研究

法治教育的理论研究是法治教育学科体系的基础部分。该部分研究法治教育特有的一系列基本概念和基本原理，包括法治教育的本质和特征研究，法治教育的原则研究，法治教育的规律研究，法治教育的过程研究，法治教育的主体研究，法治教育的文化研究，法治教育的价值研究，法治教育的社会实践研究，法治教育的传播研究，法治教育的评价研究，法治教育的目标研究，法治教育的方法研究，等等。

法治教育基本理论的研究要坚持马克思主义和中国特色社会主义理论体系的指导地位毫不动摇，同时要批判继承古今中外人类优秀的文化思想成果。没有马克思主义的指导，就不能保证法治教育的意识形态性，就会迷失法治教育理论研究的方向；没有人类一切优秀思想文化成果对法治教育理论研究的丰富，就没有法治教育基本理论的发展和创新。

2. 法治教育学的历史研究

该部分研究法治教育的形成和发展。法治教育是与法治联系在一起的，人类有了法治也就开始了法治教育。法治是民主政治的产物，始于资产阶级的产生，法治教育是从资产阶级开始的。这是因为，法治与法制不同，法治与民主相联系，法制可能导致专制。我国的封建社会有法制，但是没有法治，也就没有法治教育。中国共产党成立后，开始了民主法治的探索，也在中国开启了法治教育的历史。中国社会主义制度建立以后，中国的民主法治建设翻开了崭新的一页，这当中，有可喜的成功、也有宝贵的教训，党的十一届三中全会后，我国的民主法治建设进入了新阶段，法治教育也进入快速发展时期。在当代，依法治国成为治国的基本方略，我国的法治教育进入了繁荣发展的新阶段。

与此相适应，法治教育学的历史研究，包括资产阶级成立后各个阶段的法治教育研究，中国共产党成立后的法治教育研究，新中国成立后的法治教育研究，党的十一届三中全会后的法治教育研究，现阶段的法治教育研究等几个部分。

3. 法治教育学的方法研究

法治教育的方法研究是由法治教育是一门应用学科的特点决定的，方法研究在法治教育研究中处于重要地位。法治教育在方法上要接受马克思主义方法论的指导，当然，法治教育的方法研究分层次。

一是法治教育的基本方法研究。包括两个方面，一方面是法治教育的理论方法研究。主要是从理论教育的视角传授、学习、理解理论、知识、技能、技巧，达到懂、透、化的要求。另一方面是法治教育的实践方法研究。法治教育是社会实践活动，用实践的方法能达到理论方法所不能起到的效果。当然，这两种方法是相互联系的，要结合运用。

二是法治教育的一般方法研究。包括法治教育的讲解、教授法研究，法治教育的比较教育法研究，法治教育的典型教育法研究，法治教育的自我教育法研究，法治教育的感悟式教育法研究，法治教育的参与式教育法研究，法治教育的体验式教育法研究。

三是法治教育的特殊方法研究。法治教育的特殊方法研究目前还很薄弱，而这类法治教育方法又是提高法治教育实效性的关键。比如，对农民工进行法治教育，要多用利益保护法，面对一个一年辛苦到头，拿不到一分血汗钱的农民工，没有什么法治教育方法比教育、帮助农民工拿到劳动报酬的方法更为有效。对于领导干部，运用政治纪律法、责任追究法、假政懒政怠政根除法、权利清单法等法治教育方法，也比其他法治教育方法将更为有效。

二　法治教育学学科建设的机遇、挑战和策略

（一）法治教育学的学科建设面临的机遇

一是党的事业的机遇。党的十一届三中全会后，我国的民主法治建设进入快速发展的时期，尤其是党的十八届四中全会做出了《关于全面依法治国的决议》，法治社会的建设亟须大量法治专业人才，而以往的法学专业、法律专业、思想政治教育专业、政治学专业、各类管理专业等，尽管能在一定程度上满足法治建设的需要，但是，这些人才的培养方式较为单一，目前迫切需要更为复合的法治专业人才。法治专业要求复合法学、金融、法律、政治、伦理、管理、教育、经济等专业，来满足社会对综合人才的需要。

二是普法机遇。中宣部、教育部在“七五”普法中，把过去沿用已久的“法制宣传教育”改为“法治宣传教育”，标志着我国对法治教育的认识达到了新的阶段。教育部颁发了教育系统开展“七五”普法规划，对法治教育提出了新的要求，特别是2016年6月教育部、司法部、全国普法办印发了《青少年法治教育大纲》，标志着我国的法治教育学科建设进入了具体落实阶段。这说明，法治教育学科建设的正规化、科学化的品质已经发生了质的飞跃，法治教育学科建设的时机已经来临。

三是公民法治素养的机遇。我国公民的民主法治意识不断增强，尤其是在中国成为世界第二大经济体后，我国进入了实现中国梦的黄金时期，每一个公民迫切需要提高自己的法治素养，来满足创造美好生活的需要。过去的学科专业建设不能满足这种需要，新学科的专业建设任务已经摆在面前。

（二）法治教育学的学科建设面临的挑战

一是学科意识不强的挑战。目前，我国的法治教育学科意识从总体上讲还不强，教育部门尤其是部分高校的教师还没有法治教育学科意识。在学者中，专门研究法治教育学科的更是稀少。在学生中，对法治的理解还很模糊。这说明，法治教育学科建设的基础还很薄弱。

二是学科教育内容整体规划的挑战。为了适应全面从严治党的需要，要突出党章、党内法规的教育。比如，《中国共产党廉洁自律准则》《中国共产党纪律处分条例》等教育内容的整合问题，这是法治教育学科建设面临的问题。

三是学科建设保障机制的挑战。法治教育的组织机构建设不完善，机制运行不畅。法治教育的专项经费预算和投入不足，法治教育的国家级或者省级骨干教师稀缺，法治教育骨干教师培训基地亟待建设。

（三）法治教育学的学科建设策略

一是整体规划。法治教育学科建设，目前面临的最大问题是缺少整体规划，因此，需要由教育部门牵头，司法、组织等部门共同参与制定法治教育的整体规划，确立法治教育的整体布局和法治教育的重点。在制定整体规划时，要全面考虑法治教育的领导机构、学术指导、教学指导、研究机构、制度规范、学科规划、人才培养、社会需求调查等方面的问题。

二是组织落实。组织落实的问题，就是把法治教育的学科意识转变成学科体系和课程体系。在组织落实时，要做好法治教育由意识到学科再到课程的设计图，要拟定好时间表，并严格按照时间表实施。多年来，我国法治教育在组织实施方面存在不足，主要就是设计图不合理，没有严格的时间表，所以，法治教育的学科建设一直没有提到议事日程，尤其是，普法教育进行了多年，一直缺少直接的学科支撑，这种局面亟待改变。

三是完善提高。法治教育的学科建设，是一个充满艰辛的过程，可资借鉴的东西不多，所以要不断对规划、组织等各个环节加以完善，从而提高法治教育学科建设的水平。

第四节　法治教育学的理论基础

一　法治教育学的基础内核

（一）马克思主义的基本原理

坚持马克思主义的指导，是法治教育学建立和发展的根本条件。马克思主义的基本原理，是指马克思主义的基本理论、基本范畴、立场、观点和方法。马克思主义是无产阶级解放事业的指路明灯，在社会主义革命和建设中不断证明其正确性和巨大的指导意义。法治教育学作为一门社会学科，不论是理论研究还是实践运用，都必须坚持马克思主义的指导地位，才能保证理论研究的正确和实践指导的成功。要坚持马克思主义哲学对法治教育的指导：

1. 以马克思主义的唯物论为指导。“世界的真正统一性在于它的物质性。”① 坚持唯物论就是指在法治教育中，要反对主观主义，要一切从实际出发，理论联系实际，研究法治教育理论和开展法治教育活动，要了解中国的法治教育现状，把法治教育建立在符合国情的基础上。不能照搬西方民主法治的思想来教育人们。坚持唯物论，还意味着在法治教育中，不能唯书、唯上，要唯实，更不能用长官意志来决定法治教育的开始、进程和判断、评价教育的实效。

2. 以马克思主义实践观为指导。法治教育从本质上讲是一项社会实践活动，因此，法治教育理论研究最后必须回到实践环节中去。要用理论指导实践，而不是把研究理论当成最终的目的。“不能用本本去框实践，而只能用实践去发展本本。”② 我们制订的法治教育、教学计划是否能达到预期目的、是否正确，要放在实践中检验。可见，相对于法治教育理论研究来讲，法治教育实践具有直接现实性，所以，在法治教育中，要坚持实践第一的观点，反对各种名目的教条主义、形式主义。

3. 以马克思主义的辩证法为指导。马克思主义的辩证法既唯物又辩证，是唯物辩证法。唯物辩证法认为，物质世界是普遍联系和永恒发展

---

① 《马克思恩格斯选集》第3卷，人民出版社1995年版，第383页。

② 江泽民：《论党的建设》，中央文献出版社2001年版，第538页。

的，联系的观点和发展的观点是唯物辩证法的总特征。在法治教育中，要注重联系，要研究法治教育与其他教育形式以及社会现象之间的联系，尤其是，在法治教育内部要研究诸要素之间的联系。只有从联系的观点和发展的观点来观察、分析、研究法治教育才能保证法治教育学科的科学性。“当我们深思熟虑地考察自然界或人类历史或我们自己的精神活动的时候，首先呈现在我们眼前的，是一幅由种种联系和相互作用无穷无尽地交织起来的画面。”① 如果只见树木，不见森林，孤立地研究法治教育的各种现象，自以为掌握了法治教育的本质，其实，最易犯形而上学的错误。

4. 以马克思主义的认识论为指导。马克思主义的认识论是以实践为基础革命的能动反映论，实现了认识论的革命，第一次彻底地解决了思维和存在的关系问题。在法治教育学中坚持马克思主义的认识论，就是要把法治教育实践作为研究的基础，作为法治教育理论、知识的来源，当法治实践和法治教育实践进程发展了，法治教育要不断根据新的需要研究新的课题。同时，在法治教育的理论研究和实践活动中，要发挥主体的积极性，提高主体的理论水平和实践水平，才能发现法治教育的本质和规律。正如列宁指出：“人对事物、现象、过程等认识深化的无限过程，从现象到本质、从不甚深刻的本质到更深刻的本质”②，不要被各种法治教育的表面现象迷惑，要通过努力，不怕辛苦，不怕反复，要透过法治社会、法治活动、法治教育的种种现象，发现法治教育的本质。

5. 以马克思主义价值观为指导。研究认识与对象是否相符合、一致，研究这种一致、相符有什么用，能否满足人的需要，能满足人的什么需要，这是价值问题。知识是真理问题，马克思主义既是真理，也具有价值，是真理与价值的统一。在法治教育中，以马克思主义价值观为指导，就是指坚持法治教育的意识形态性，站稳无产阶级和劳动人民的立场，用法治教育的理论研究、学科建设、教育活动为人民服务。

6. 以马克思主义的历史观为指导。要求在法治教育的理论研究和

---

① 《马克思恩格斯选集》第3卷，第359页。

② 《列宁选集》第2卷，人民出版社1995年版，第412页。

实践活动中，研究人类社会的基本矛盾，只有理解生产力和生产关系的矛盾、经济基础和上层建筑的矛盾运动规律，才能更深刻地理解和把握法治教育，尤其是对社会存在的了解，有助于理解法治现状和法治教育现状。可以说，不了解社会存在，就谈不上法治教育的真正研究和有效实践，因为“物质生活的生产方式制约着整个社会生活、政治生活和精神生活的过程”①。还有，法治意识、法治理念、法治信仰属于社会意识形态，由社会存在决定，同时，受其他社会意识的相互影响。马克思主义的这些观点，能避免研究法治教育时陷入唯心主义历史观的泥潭。

马克思主义的唯物论、实践观、辩证法、认识论、价值观是辩证统一的关系，在运用马克思主义哲学指导法治教育研究时应注意联系。此外，不仅马克思主义哲学是法治教育研究的理论基础，马克思主义的另外两个组成部分，政治经济学和科学社会主义思想，也是法治教育研究的理论基础，对法治教育研究起指导作用。

（二）中国特色社会主义理论体系

中国特色社会主义理论体系是马克思主义中国化的伟大理论成果。中国共产党把马克思主义的普遍真理与中国的具体实际相结合产生了中国特色社会主义理论体系，中国特色社会主义理论体系，在新的时代条件下系统回答了什么是社会主义、怎样建设社会主义，建设什么样的党、怎样建设党，实现什么样的发展、怎样发展等重大问题。内容包括毛泽东思想、邓小平理论、“三个代表”重要思想、科学发展观和习近平新时代中国特色社会主义。马克思主义是一个有机整体，党在推进中国特色社会主义伟大事业中，不断取得马克思主义中国化的理论成果，极大地丰富了马克思主义的理论宝库，不仅推动了马克思主义的发展，而且为法治教育学奠定了坚实的理论基础。因此，要学习马克思主义中国化理论成果，从中国的实际出发，用马克思主义的立场、观点、方法来解决法治教育学面临的各种问题。也就是说：一要运用马克思主义的基本原理。二要密切联系我国法治建设的实际，以正在做的事情为中心。三要把马克思主义的理论运用与实际问题的理论思考相结合，推动法治

---

① 《马克思恩格斯选集》第2卷，人民出版社1995年版，第32页。

教育学的发展。

可见，应努力学习马克思主义，整体理解马克思主义，以完整的马克思主义的科学体系指导法治教育学。要理解马克思主义的整体性，就应坚持马克思主义的本质规定，只有坚持马克思主义的本质规定，才能真正用马克思主义指导法治教育学。因此，一要把握辩证唯物主义和历史唯物主义的世界观和方法论，这是马克思主义的根本理论特征。二要坚信科学社会主义和共产主义，这是马克思主义崇高的社会理想。三要为人民谋利益，全心全意为人民服务，这是马克思主义的根本宗旨。四要不断发展马克思主义，这是马克思主义的理论品质。

二 法治教育学的知识借鉴

（一）教育学知识借鉴

教育学是研究怎样培养人的规律的科学。教育学通过研究教育现象揭示教育的本质，为培养人服务的学问。教育学的一般原理与教育的分支学科是一般与个别、普遍与特殊的关系。广义的教育指一切教育，狭义的教育指学校教育。教育学的一般原理对教育分支学科有指导作用，教育分支学科要遵循教育学的普遍规律，同样，教育学的各个分支学科是教育学的发展、深化。法治教育学也是研究培养人的科学，只不过，它主要是研究培养人的法治素养的规律，因此，法治教育学要充分借鉴教育学的知识，这是个博采众家之长的综合过程。

一要借鉴教育关系的知识。教育广泛研究教育现象之间、教育现象内部各个因素之间关系，包括教育与政治、生产、经济、文化、人口之间存在的关系；学校教育、社会教育与家庭教育之间的关系；小学教育、中学教育、高等教育之间的关系；学校教育的各个学科之间的关系；教育者与受教育者之间的关系；德、智、体、美之间的关系；学习动机、学习态度、学习方法与学习实效之间的关系；等等。

二要借鉴形式主义教育的知识。形式教育论认为，教育的目的是发展学生的各种感官能力。一些形式课程如数学、逻辑、语言、古典人文课程最有价值，教学方法要遵循学生心理官能发展内在秩序的规律。因此，法治教育要通过教育增强教育者的官能，可以开设一些逻辑课程、语言课程，要通过加大人文学科教育教学的力度来培养法治思维，养成法治习惯，提高法治能力。

三要借鉴实质主义教育的知识。在实质教育看来，教育是为了向对象传授生活知识，所以，最有价值的学科和课程一定是与人的世俗生活密切联系的，应采取与儿童身心发展规律相适应的教学方法，教育教学应该是有效的、也是愉快的。可见，法治教育应与教育对象的生活密切联系，才是有效的法治教育；同时，要考虑法治教育对象的生理特征，要遵循法律素养形成的规律。

四要借鉴自然主义教育的知识。自然主义教育反对中世纪宗教教育或封建教育对教育对象个性的压抑，主张教育要遵循人的自然本性；教育的目的在于培养适应社会需要的身心和谐发展的人；教育应能够使人愉快地生活和学习，教育也是一种生活，要突出人在教育生活中的价值；因此，应根据人的年龄阶段和身心特征进行教育；教育原则和方法要多向自然学习、模仿，尤其要反对体罚。这些思想值得法治教育借鉴，比如，法治教育不能过多地强调法律的惩罚功能，要重视法律的褒扬和激励功能。法治教育要鼓舞人，而不是压抑人，要与人的生活联系，要遵循人的身心规律，用自然的方法进行法治教育。

五要借鉴国家主义教育知识。国家主义教育认为，教育权归属于国家，国家应承担教育责任，目的是培养合格的国民。值得法治教育借鉴的是国家对法治教育承担责任，法治教育就是为了培养合格的公民。但是，应该看到的是，我国无论是教育还是法治教育，受国家主义教育思想的影响太深。今后应该考虑的是，法治教育如何与受教育者的生活联系，为人们创造美好生活服务；如何遵循教育对象的身心规律；如何愉快地、自然地开展法治教育。只有这样，才能提高法治教育的实效性。

六要借鉴科学教育思想的知识。科学教育包括科学的教育化与教育的科学化，科学的教育化与教育的科学化两者之间相互联系，但含义不同。法治教育是一门科学，随着我国法治建设的发展和人们对法治教育研究的不断深化，越来越多的人将意识到这一点。因此，一方面，对法治教育规律、内在联系的把握，需要教育，也离不开教育，这就是科学的教育化；另一方面，法治教育也要尊重规律，不能凭主观意志来决定一切，这就是教育的科学化。这两个方面，相互联系，共同作用，推动法治教育的发展。

（二）法学知识借鉴

法学是法律科学的简称，法学是以法律理论和法律实践为研究内容的系统化科学化的理论体系。法治教育是以依法治国的法律制度、权力监督、权力制约为内容的教育，因此法治教育应广泛地借鉴法学知识。从法治教育的发展而言，法学知识的借鉴是法治教育知识借鉴的主体，为法治教育学的发展奠定了基础。

一是借鉴法律本质的知识。法律从阶级社会产生以来，一直是为统治阶级的利益服务的，是统治阶级统治被统治阶级的工具，这一点，在任何阶级社会是不会改变的，因此，在法治教育中，要借鉴法学中关于法律本质论述的知识，帮助受教育者认清社会主义法律与资本主义法律的区别，从而更深入地理解社会主义法律的特点，为社会主义的法治建设服务。就现实性而言，就是要认同社会主义制度，把人民的根本利益作为法治教育的归宿点。不可否认，随着社会的发展和人类文明程度的提高，法律规范的公共职能越来越强，尤其是不少自然科学规范、科学真理，不断上升为法律规范，但是，法律的阶级性依然没有改变，也就是说，在社会主义社会法律依然有意识形态性，对此，在法治教育中应充分地体现出来。

二是借鉴法律至上的知识。法律是至上的、崇高的，“法律必须被信仰，否则它将形同虚设。它不仅包含有人的理性和意志，而且还包含了他的情感，他的直觉和献身，以及他的信仰”。[①] 可以看出，在法治教育中，不仅要传授法律至上的知识，而且要培养法律至上的信仰。也就是说，法律与宗教有相同的地方，是有情感的，这种情感非常浓烈，达到了无坚不摧的程度。可是，目前一部分人对法律半信半疑，甚至不信任法律，宁可信钱、信关系、信权力，也不相信法律，法律成为所有的选择被否定后的无奈选择，这说明在法治教育中借鉴法律至上知识的必要性和迫切性。

三是借鉴法律的权利本位知识。法律是保护人的权利的，是为人的利益服务的。保护和张扬人的个性，为人的精神利益和物资财产利益提

① ［美］伯尔曼：《法律与宗教·导言》，梁治平译，中国政法大学出版社 2003 年版，第 3 页。

供坚实的保护，这是法律的本质特征之一。可是，在法治教育中，由于受极“左”思想的影响，尤其是新中国成立以来，我国长期受苏联法学思想的影响，只讲法律的阶级性、工具性，严重忽视法律的人性，义务本位的思想在法治教育中占据统治地位。其实，法律天生就是为人的权利而来，法律保护人的财产权利、物质利益和精神利益。从一定意义上讲，法律就是权利、就是利益。天赋人权的“天”，从本原上讲就是法律，因此，在社会主义的法治教育中，要注意培养人的权力意识、利益意识，因为这不仅关乎于个人利益的保护，而且关乎于人民当家做主权利的实现。

四是借鉴法律的规则知识。法律规则是一种标准、准绳、尺度，因此符合法律就受到保护 、违背法律就受到惩罚。作为法治教育，其首要目标就是培养人的规则意识、守则意识，训练人讲规矩、知方圆的行为。在我国，对规则意识的培养要从小做起，从各行各业做起，正如邓小平所说：“法制教育要从娃娃开始，小学、中学都要进行这个教育，社会上也要进行这个教育。”① 这里讲的法制教育主要就是规则意识的教育。可见，不仅从小要有规矩，而且在所有领域都要讲规矩。立法人员要有规则意识，立法人员如果规则意识不强，就会降低立法质量，污染国家治理权力的源头。执法人员要讲规矩，否则执法犯法，对整个国家危害巨大。

五是借鉴良法知识。所谓良法，就是符合人性，促进人的发展、社会文明进步的法律。良法体现了公平、正义、秩序、人性，因此在法治教育中，要充分借鉴良法知识，要教育人不是什么法律都要遵守的，不是什么规矩都要守的，要遵守的是良法、良规，对于恶法、恶规不仅没有遵守的必要，还应有破坏、斗争、鄙视的意识和行为，对此，亚里士多德认为：“法治应包含两重意义：已成立的法律获得普遍的服从，而大家所服从的法律又应该本身是制订得良好的法律。”② 由此可见，法律不是冷冰冰的规则，法律保护弱者、体现包容。在现阶段，借鉴良法知识，有利于社会主义新时代法治教育体系的建立和完善，对推动中国特色社

---

① 《邓小平文选》第3卷，人民出版社1993年版，第163页。

② ［古希腊］亚里士多德：《政治学》，吴寿彭译，商务印书馆1965年版，第202页。

会主义法治发展有重要意义。

（三）心理学知识借鉴

心理学是研究人的心理现象及其规律的科学。心理学涉及的方面众多，包括人的认知、情感、人格、意志、行为等多个方面。心理学在尝试用大脑的运作来解释个体基本行为与心理机能，同时，心理学也尝试解释个体心理机能在社会发展变化中的作用。心理学包括基础心理学和应用心理学。心理学知识对法治教育有很大的借鉴意义。

要运用心理学研究法治意识、法治信仰的形成过程。由于心理学的发展，心理学在各个研究领域的运用越来越广泛。法治心理学就是研究法治化进程中人的心理现象及其规律的科学。人的法治意识、法治信仰的形成、发展、变化从心理学的角度看，就是一个人的心理现象发展变化的动态过程，包括认知过程、情感过程和意志过程。法治教育的认知过程，是个体在法治教育活动中，对认知的法律信息接受、编码、储存、提取和适用，形成对法治的知觉、思维、记忆的过程。法治教育的情感过程，是个体在法治教育活动中，对法治知识、事件、情景的态度体验，这个过程对法治意识、规则意识的形成起关键作用。法治教育的意志过程，是个体自觉按照社会提出的法治素养要求、确定一定的法治素养目标，并根据目的调节自身的行动，克服困难，以形成一定的法治理念的心理过程。在法治素养的形成过程中，这三个过程相互联系、相互作用，共同对人的法治意识、法治信仰的形成起重要作用。

要运用心理学方法研究法治意识培养的精确化。心理学的很多研究方法，比如观察法、实验法、测验法、临床法对了解法治教育对象的法治意识现状的精确性，为靶向地培养法治意识、法治信仰提供了较好思路。在法治教育中，不仅要运用心理学的意识培养人的法治意识，而且还应运用无意识来培养法治意识。

要运用心理学研究法治信仰形成相关因素和机制。心理学不局限于描述心理事实，而且还揭示心理现象背后的规律，特别是研究各种心理现象赖以发生的机制，这对影响法治意识的相关因素研究、法治信仰形成的机制研究有重要启示。

要运用心理学指导人的法治行为。心理学知识不仅可以指导认识人的内心世界，而且还可以创造或者改变条件，来调整和控制人的行为；

同样，在法治教育中运用心理学知识，能预防犯罪，更有效地立法、司法、守法、执法。

（四）社会学知识借鉴

社会学是研究人的社会行为和人类群体的一门科学。社会学把社会作为整体，研究社会现象及其规律。社会学的研究范围广泛，包括由微观层级的社会或人际互动，到宏观层级的社会系统或结构。社会学研究的对象包括社会分层、社会阶级、社会流动、社会宗教、社会法治等问题。社会学分三类：第一类以社会整体为研究对象，在研究整体社会时，有的强调一般社会现象，有的强调特殊社会现象。第二类以个人和社会行动为研究对象。不属于前两种的观点多种多样，归为第三类。

法治教育活动实际上是一种社会行为，因此，社会学在研究内容和方法方面的许多知识值得法治教育学借鉴。

借鉴社会学、整体研究社会的知识。法治教育不能脱离社会这个整体，从整体上理解、研究社会，有利于理解国家法治的统一性，整体建构法治教育学和开展法治教育研究。当然，在整体研究法治的同时，也要注意法治的特殊性、差异性，把法治教育的统一性与差异性结合。

借鉴社会学研究社会结构的知识。社会是由各个部分结合而成，在研究部分时必然要研究要素，研究构成人类社会生活的诸要素及诸要素的性质、诸要素之间相互作用的关系等，社会学的这些研究视角和方法，有利于探求法治意识、法治理念形成的原因和规律，为有效地进行法治教育服务。

借鉴社会学研究社会微观层级的人际互动和宏观层级的社会系统的知识。法治理念、法治信仰在人际互动中产生、确立，一定社会形成什么样的法治理念，具体怎么形成，与社会的结构有很大关系。没有对社会结构的理解不可能对社会的法治有更深刻的理解，而没有人际互动的法治意识也是不存在和没有意义的，这是由社会的本质决定的。

借鉴社会学研究社会良性运行和协调发展以及以改善社会福利为目的的知识。法治教育学的价值，从社会的视角来看，就是为了社会的良性发展，为了人民的美好生活。社会的良性运行既是法治教育的目的，也是法治社会得以建成的标志。

借鉴社会学科学主义实证论的定量方法和人文主义的理解方法的知

识。借鉴社会学的定量方法，有助于较为准确了解法治教育的活动现状和法治教育学的研究现状。借助于社会学的人文主义理解法，有助于研究法治教育的价值、文化、环境、传播等。社会学的研究方法，不仅能够丰富法治教育研究方法，还能够在一定程度上创新法治教育研究方法。

第五节　法治教育学研究的方法与意义

一　法治教育学研究的方法

法治教育学要遵循一套研究方法，才能达到研究目的，指导法治教育活动。法治教育学属于社会科学，所以其他社会科学所采用的研究方法法治教育也适用。这里介绍一些常用的方法。

（一）文献法

1. 含义

文献法是通过文献检索搜集研究资料的方法。文献检索的工具有网络、报纸、图书、杂志、文件、档案、报告、报表等。广义的文献检索由文献存储和文献检索构成检索系统；狭义的文献检索，是指根据课题需要，用一定的检索工具查处文献和线索。在法治教育学研究中，文献检索贯穿于研究的全过程，是法治教育科学研究中最常用的研究方法之一，是重要的基础性研究方法。

2. 作用

一是通过文献检索才能全面掌握法治教育研究问题的情况、现状，最大限度地利用前人积累的经验，了解科研达到的程度。二是通过文献检索才能确定法治教育研究的选题、方向、重点、难点。三是通过文献检索，提供法治教育研究的论证依据和研究方法。四是文献检索能避免法治教育研究中的重复劳动，提高研究的效益。五是通过文献检索能开阔法治教育研究视野，提升研究的高度，加大研究的深度，增强研究的创新性。

3. 注意

一是在利用文献时，由于资料的繁杂，所以一定要对各种文献进行比较，尤其是要与当时的社会经济、政治、文化等联系起来整体分析、判断，才能鉴别文献的真伪。二是要围绕一定的法治教育研究主题搜集检索文献，不能盲目地搜集检索文献。三是要充分利用互联网搜集、检索文献。互联网的便捷性能较好地为法治教育文献检索服务，能起到其他检索工具所不能替代的作用。四是要搜集学术性、科学性强，对理论和实际有较大价值的文献。

（二）调查法

1. 含义

调查法是法治教育科研中重要的研究方法之一，与文献法相得益彰，如果说文献法的主要目的是收集已经存在的过去的文字资料，那么调查法主要是搜集现实的、非文字资料。在法治教育中，往往以问题的方式要求调查对象对问题进行陈述，从而了解法治教育研究中需要调查的主题情况。调查分为口头调查、书面调查两种形式，两种形式都可以列访谈提纲，开调查会、座谈会。按照调查的对象分为普遍调查、典型调查、个案调查和抽样调查。法治教育学研究时，调查问卷用得最多，常用选择法、是否法、计分法、等级排列法等形式设计问卷。还可以列访谈提纲，开调查座谈会。

2. 作用

一是在法治教育研究中，调查法能直接了解现实社会整体、局部和个体的法治教育情况，及时发现研究的主题、存在的问题，提出针对性较强的解决对策。二是调查法采取调查者与被调查者面对面的方式开展，法治教育情况的真实性有一定保障。三是调查法的形式直观，是法治教育中较为生动的研究方法，能满足法治教育研究者的兴趣，能增强被调查者参与的积极性。四是调查法提高定量研究的程度，增强法治教育研究的科学性。五是运用调查法，能同时搜/集大量的资料，研究的效率高，能节省法治教育学的研究成本，提高科研效益。

3. 注意

一是调查法要与文献法以及其他研究方法结合使用，要通过文献法初步确立研究的问题、大致方向，便于调查问卷的编制。二是调查法获得的数据资料，便于开展定量分析、研究，增强研究的科学性，但是，定量研究应与定性研究结合，才能保证法治教育研究课题在方向性、战略性、总体性等问题上实现研究目标。三是调查既可以面对面开展，也可以通过电话、网络、信函等多种形式运用，但是，提倡亲自开展调查，获取第一手资料，加深对研究问题的感悟、理解。四是调查数据的录入、分析、使用，在专业性、政治性、科学性，甚至对录入人员的责任心等方面都有一定的要求。五是调查样本的选择要有一定的代表性。

（三）测量法

1. 含义

在法治教育研究中，测量法是指根据已经确定的规则或者标准、尺度、准则，用数量化的形式来描绘、叙述法治教育现象或者法治教育当中客观存在的某些、某种属性。教育测量法包含三个必不可少的要素，一是要测量的对象及其属性，可以是法治教育中特定研究对象的人、人群的活动，法治中的某种现象是客观存在的。根据社会发展或者人的需要，研究的对象或者对象的属性不同，在一些时期，一些法治教育现象或者需要研究的属性进入研究者的视野，而在另一时期又可能淡出研究者的视野，从而推动法治教育和法治社会的发展。二是数字或者符号。在法治教育研究中，要用测量或者统计的数字来论证观点、问题或者要说明的某种法治教育现象、结论。符号是不同时期法治文化遗迹、法治文明进步的象征，或者考察研究法治、法治现象的某种存在物，只不过随着社会发展，这种存在物在研究者眼里只不过是特定法治现象的表达罢了。三是用来研究的法则、规则、原则、某种法治教育理念、法治信仰，或者某一范围内的规则，等等。在法治教育中，法则的研究是必不可少的要素，它指引、决定了法治教育研究的价值、方向。

2 作用

一是测量法在法治教育研究中的广泛运用，使法治教育研究向数量化方向发展。测量法使法治教育研究由定性研究，走向定量研究，到定性研究与定量研究相结合，标志法治教育研究的科学化水平的提高。二是测量法对法治教育对象进行测量，能较为精准地了解法治教育对象的现状和水平，对提高法治教育的实效性、建设法治社会的意义和作用重大。三是测量法把法治教育原则、理念作为标准来测量教育对象，可以反过来进一步完善测量的标准。

3. 注意

一是测量法测量时要准确、科学地选择有测量价值、有代表的典型样本。测量的对象既要有普遍性，能反映事物的普遍规律，又要有特点、有个性，能激发研究者的兴趣。二是测量法要求具有一定的数学、统计学知识，要征得研究测量对象的同意、配合，要有一定的社会知识背景，测量法才能顺利实施。三是要特别注意，对社会科学领域现象的测量要坚持用复杂思维方法加以鉴别，要考虑到复杂因素对测量结果的影响，否则，看似精确的研究，可能得出违反常识的、相反的荒唐结论。

（四）叙事法

1. 含义

叙事研究法是法治教育研究常用的科学研究方法，即以叙述故事的方式来描述教育对象的经验、行为和生活方式，通过法治教育对象所叙述的故事来研究法治经验、法治行为的意义，及其所蕴含的法治素养、法治意识、法治理念。由于法治教育活动是双边活动，因此，法治教育叙述研究法从教育活动的角度看，在外延上包括两个方面：一是教育者的叙事，二是被教育者的叙事。这两个方面的叙事是相互影响、相互作用的，要联系起来研究，但是，二者在研究的对象、叙事的内容、叙事者的法治素养等方面是有区别的。同时，根据研究的方向，来选择研究方法，如果主要是研究受教育者，那就用被教育者叙事研究法，如果研究方向是教育者，就用教育者叙事法。

2. 作用

一是叙事研究法的作用是通过叙事发掘，揭示内隐于日常生活事件中法治教育活动的意义。二是能使人探究法治教育思想、揭示法治教育活动特点。三是能弥补定量研究的缺陷，起到质性研究的作用。

3. 注意

一是叙事研究也是一种非常客观的研究，但是个体性、局限性、差异性、主观性也同时并存，所以，研究者在运用这一方法时，要明白其优缺点。二是要征得研究对象的同意。如果是外来研究者，要征得法治教育者和被教育者的同意；如果是法治教育者研究，需要征得被教育者的同意。三是在法治教育者研究法治教育被教育者时，教育者的叙事是一种自我叙事，自我叙事是主体直接进入研究对象的研究，更有价值，要大胆使用自我叙事。

（五）系统法

1. 含义

法治教育的系统法，是指以系统科学为依据建立起来的教育研究方法，是系统科学方法论在法治教育科学研究领域的运用。其特点是把法治教育看成一个系统，把需要研究的对象及其相关因素放在系统中，研究对象的整体与部分之间、部分与部分之间、整体与外部环境之间的相互制约关系。系统思维强调研究者思维的开放性。系统研究法研究的对象包括系统的目标分析、系统的要素分析、系统的环境分析、系统的资源分析和系统的管理分析。

2. 作用

一是法治教育是一个系统，系统中各个要素、整体与部分之间是相互影响的，只有在系统中才能对部分有深刻的理解，也只有深刻研究了部分，才能更好地把握整体。二是有利于把法治教育放在国家发展、民族复兴这个大系统中，把握法治教育的全局，更清晰地认识法治教育所肩负的使命。三是法治教育涉及的方面、要素众多，系统研究法能适应法治教育的现实复杂性。

3. 注意

一是法治教育的系统是开放的系统，研究者要有开放的思维才能进入这个系统。二是法治教育系统是动态、发展的系统，要学习马克思主义的唯物辩证法，才能掌握法治教育研究中的系统研究方法。三是法治教育的系统是无限与有限的统一，所以，在运用系统研究方法时，必须认识到由于人的认识能力有限，在一定时期只能认识到系统的某一层次，因此，用系统研究法研究法治教育是个不断深入的过程，任何浅尝辄止，都只能停留于法治教育研究的表面。

二 法治教育学研究的意义

（一）研究法治教育学，有利于提高法治教育的实效性

多年来，一直困扰理论工作者和实际工作者的问题是，我国法治教育的实效性差。有的甚至把法治教育效果等同于法治教育的课堂教学效果，用考试打多少分来衡量法治教育的效果。还有的把学了多少法律、法规，完成了普法文件规定的多少指标，犯罪率降低了多少等等，当成法治教育的效果，显而易见，这些理解都是很肤浅的。不可否认，我国法治教育的实效确实与这些因素有关，但是，什么是法治教育的实效性？

法治教育实效性的核心是什么，并没有深入研究，怎么谈得上法治教育的效果呢？法治教育学是一门应用型学科，所以，通过研究法治教育学，能为增强法治教育的实效性服务。

（二）加强法治教育研究，有利于夯实治国理政的基础

治国理政、依法治国、依规治党，是一个十分复杂的问题，要教育广大干部和群众，深入学习法律知识和治理知识，培养对法律、治理的研究能力和实践能力，才能夯实治国理政的基础，这一切都离不开对法治教育的研究。目前的法治教育偏重于“法”的教育，而忽视于“治”的教育，尤其是对“法”的教育与“治”的教育的关系更是缺乏研究，这正是要通过法治教育的研究来改变的。因此，法治教育的研究，关系到我国治理体系和治理能力的现代化。

（三）加强法治教育研究，有利于提高公民的法治素养

公民的法治素养，不仅是社会文明进步的重要组成部分，而且是公民全面发展的重要条件。一个人能否幸福，幸福的程度，从一定意义上说，取决于一个人的规则意识。一个人的规则意识是一个人法治素养的集中体现，只有加强法治教育研究，才能解决培养规则意识的种种问题。随着现代社会的发展，对人的规则意识要求越来越高，而人的规则意识需要后天的培育，尤其是离不开法治教育。法治教育是提高公民法治素养的主干课程，必须研究该门课程在提高公民法律素养中的地位、作用、教育方法、具体内容等，才能满足公民日益增长的法治素养的需要。

（四）加强法治教育研究，有利于法治教育的科学化

法治教育是一门学科，它有特定的研究对象，对法治教育研究对象的认识，是一个不断深入研究的过程，只有深入研究法治教育的研究对象，才能发现和掌握法治教育的规律，把法治教育建立在尊重规律和利用规律的基础上。法治教育之所以陷入浅层次，就是科学性不强。因此，要不断研究新形势下法治教育的先进法治理念，将法治思想转化为教材体系、课程体系、教学体系，建立科学的法治教育效果评价标准和评价体系，促进法治教育事业的发展。

（五）加强法治教育研究，有利于促进国际交流合作

在当今这个时代，由于全球化的影响，国与国、国与地区的联系更加紧密。一个国家内部的发展和治理需要规则意识，需要法治教育；同

样，在国际上，国与国之间的交往，也离不开规则意识，也需要法治教育。尤其是，我国“一带一路”战略的实施，沿线国家的联系更加紧密，国际公约、条约、法律、规则、惯例等的作用更加凸显，因此，不仅要关注国内法治教育的研究，也要关注国际法治教育的研究。要通过研究，解决国际法治教育方面存在的问题，扩大教育内容的范围，增强国际法律意识和国际规则意识，促进各国人民更加顺利地友好往来，国家之间更加有效地开展交流合作。过去，我们对国际规则不熟悉，对国际法律掌握欠缺，给我国经济、政治、文化、教育等诸多方面的交流造成了损失，其教训是深刻的，因此，必须加强法治教育研究。

第二章

法治教育的本质

法治教育的本质是法治教育的“元”问题，不仅关系到法治教育学科建设是否必要，而且关系到法治教育实效性可否增强。法治教育的本质，是指法治教育固有的、稳定的、必然的联系，是法治教育中起决定作用的性质。法治教育的本质是法治教育与其他教育区别的根本依据，对法治教育本质的认识可以是多方面、多层次的。

由于法治教育是新兴学科，其研究还处于初创阶段，考虑到法治教育属于马克思主义一级学科中的思想政治教育二级学科，所以，这里借鉴学术界关于思想政治教育的认识成果来分析法治教育的本质问题。有以下一些学说：一是“意识形态”说，认为法治教育有鲜明的意识形态性。二是“实践”说，认为法治教育是一种特殊的社会实践活动，比如，人的全面发展、用思想掌握群众、精神交往、精神生产等活动。三是“综合”说，一种观点认为法治教育是“法律”“制度”“教育”等多种因素的综合体；另一种观点认为，法治教育是科学性、价值性、目的性、社会性、实践性、人文性等多种要素的综合。四是“关系”说，持“个人—社会”关系论者，认为法治教育在本质上调节个人与社会的关系，实现个人与社会的良性互动；持“教育者—教育对象”的关系论者认为，法治教育的本质在于教育者与教育对象的双向互动。五是“教育”说，认为法治教育归根到底是一种教育，按照马克思主义的观点，法治教育是在有阶级存在的社会“阶级的教育”，而最终要克服教育的阶级性“消灭阶级”；还有人认为，法治教育是用统治阶级的价值体系对社会成员施加影响，形成统治阶级要求的个体价值观。六是“人性”说，认为法治教育在本质上是人的一种存在方式，是人生存发展的一种需要。此外，还有规律说、功能说，上层建筑说等等。①

这些认识从总体可以概括为“方面说”，即从各种不同方面、角度揭示法治教育的本质，有一定的说服力，对认识法治教育的本质提供了有益的启示，尤其是对推进学科发展、开展法治教育活动有较大的意义和作用；但是，这些认识对法治教育本质的分析比较平面，综合性不强，不能立体地、完整地反映法治教育的复杂性、现实性。

其实，法治教育的本质是多层次的，分为基础层次的本质、核心层次的本质和普遍层次的本质，这就是“层次”说。多层次分析和揭示法治教育的本质，才能反映法治教育的实际。三个层次的本质，从基础本质往外看，范围不断扩大，从普遍本质往里看，范围不断缩小。“层次”说用复杂思维方式认识法治教育的本质，具有立体性和揭示本质内涵丰富性的分析优势。

第一节　法治教育的基础本质是使人成为人

一　法治教育基础本质的依据

法治教育的基础层次本质是使人成为人。所谓使人成为人，就是使人成为他自己，成为一个不依附、有个性、自由而全面发展的人。法治教育的其他本质以基础本质为依据，没有基础本质，没有真正的人，法治教育的核心本质和普遍本质都不存在。对法治教育本质的分析，可以从“是”什么和怎么“是”的角度分析，而最缺少为什么“是”的分析角度。因此，下面就法治教育的基础本质是使人成为人的理论来源、现实反思、教训总结三个方面分析为什么“是”。

（一）理论来源

使人成为人的教育思想在理论渊源上源于人道主义。人道主义发源于14世纪下半叶，是新兴的资产阶级反对宗教神学的产物。人道主义者提倡思想解放，热情赞美人的尊严、歌颂人的伟大、张扬人的个性、肯定人的价值。人道主义反对用神性贬低人性。在17、18世纪，经过英国、法国等启蒙思想家的发扬光大，人道主义从伦理道德规范发展成为资产

① 张苗苗：《思想政治教育的本质是核心价值观教育》，《教学与研究》2014年第10期。

阶级的世界观和历史观，推动了资产阶级革命。在19世纪中后期，人道主义作为资产阶级的意识形态走向了反面，资产阶级扯下自由、平等、人权、博爱的虚假伪装，对无产阶级进行残酷的剥削、镇压，并用抽象的人性论攻击马克思主义和社会主义。所以，一些学者认为讲人道主义就是与社会主义制度、道路相背离，认为提倡人道主义就是反对马克思主义。其实人道主义的伦理道德与人道主义的世界观和历史观是有区别的，人道主义“一个是作为世界观和历史观；另一个是作为伦理原则和道德规范”①，可见，作为资产阶级世界观和历史观的抽象人道主义是要反对的，而作为伦理原则和道德规范的人道主义所蕴含的道德精神，确有经久不衰的魅力，对法治教育的影响是巨大的。在社会主义社会，革命的人道主义也是存在的，毛泽东认为：“世间一切事物中，人是第一个可宝贵的。”②

（二）现实反思

法治教育把培养人作为基础的本质，是对人类发展长河中若干践踏人的惨痛教训的总结。对人的践踏，是不重视人、不关注人和不培养人的极端事件，铭记这些极端事件，有利于痛定思痛，在人类当今的各项事业中彻底凸显为了人。1914年7月28日到1918年11月11日，发生了第一次世界大战，这场战争在欧、亚、非三大洲和太平洋、大西洋、地中海展开，有33个国家、15亿人卷入战争，是欧洲历史上破坏性最强的战争之一，参加的军队有6500万人，1939年9月1日至1945年9月2日，又发生了第二次世界大战，战火从欧洲烧到亚洲，从大西洋烧到太平洋，有61个国家和地区、20亿以上的人口被战火烧到，造成军民共伤亡9000余万人，共计4万多亿美元的经济损失。③

在国家治理中，对人同样不能蔑视。在中国，“文化大革命”中，各种与人道主义背驰的做法不堪回首，公检法被破坏，大批领导干部被作为专政对象打到，国家主席刘少奇、贺龙元帅、彭德怀元帅、陶铸副主

① 胡乔木：《关于人道主义和异化问题》，人民出版社1984年版，第1页。

② 《毛泽东选集》第4卷，人民出版社1991年版，第1512页。

③ ［英］乔治·威尔斯、［美］卡尔顿·海斯：《全球通史》，李云哲编译，中国友谊出版公司2017年版，第477页。

席被迫害致死，广大人民群众的政治权利、经济权利、人身权利、财产权利被任意剥夺和侵犯，党和国家的制度被严重破坏，等等。在“文化大革命”中，没有真正的法治教育可言，“往往把领导人的话当作‘法’，不赞成领导人的话叫作‘违法’，领导人的话改变了，‘法’也跟着改变”①。可见，没有人，没有对人的起码的尊重和重视，就没有人道主义的法律和制度，也没有对人道主义的法治教育。在苏联1937年前后的“肃反”时期，“1934年参加党的十七大的1996名代表中，1108名被捕，其中不少人被杀害。在军队中被杀害的高级将领人数之多更加惊人：5名元帅有3名被杀，10名二级集团军军长（元帅）全部被杀，57名军长中50名被杀，186名师长中154名被杀，456名团长中401名被杀”②。

这些沉痛的现实，不断勾起人们对人道主义的强烈回忆、向往和追求，无论是人类历史上发生的极端事件，还是国家制度被严重破坏的教训，都昭示人们，人道主义被踩在脚下，人类就没有美好生活，教育人道主义也就荡然无存。法治教育作为人类的一种实践活动，如果没有对人的尊重，没有把人放在重要地位，那么，这种活动就根本谈不上育人，只能是驯兽，结果是：离人成为人的真理越走越远。

（三）教训总结

一是“唯知识情结”的教训。把法治教育的实效当成法治知识掌握的效果，不可否认，学习法治知识是法治教育必不可少的前提和基础，但是，法治知识要内化为人的素养，才能发挥作用，如果把法治知识存储的多少当成法治教育活动效果的高低，就等于把人当成存储知识的容器，其错误在于，人与知识谁主、谁次的地位没有搞清楚。二是“唯法律条文情结”的教训。在法治教育活动中，法律条文至上，用法律条文取代对人的培养和关注，这种“情节”忽视了国家立法和实施法律的最终目的，用法条取代法治信仰的神圣性，其最大错误就是无善法与恶法之别，容易导致对恶法和专制之法的容忍。三是“唯指标情结”的教训。“唯指标”就是把诸如犯罪率高低、好人好事的件数、抓了多少“坏蛋”、普法成绩的合格率、学习了多少部法律、多少人参加学习法律的活动等，

---

① 《邓小平文选》第2卷，人民出版社1994年版，第146页。

② 蒋传光：《邓小平法制思想概论》，人民出版社2009年版，第20页。

当成衡量法治教育效果的指标，法治教育活动的实效性与抽象出来的各种表面指标相关，其实，脱离使人成为人的实质指标，任何指标都没有意义。四是“唯长官意志情结”。这种法治教育现象是指，什么是法治教育活动，法治教育活动怎么开展，效果怎样，一到具体的教育环境，就由上级领导、主管部门说了算。说你违法你就违法，说你不违法你就不违法，说你不违法你违法也不违法，说你违法你不违法也违法，这种上级的主观意志贯彻法治教育的始终，使法治教育陷入主观唯心主义的泥潭，其结果是法治教育应有的特性、价值、目的等完全丧失。

这些法治教育的教训，其共同点就是，在教育活动中只见物，不见人，法治教育活动离人越来越远，把法治教育异化为压迫人、打击人的一种可怕力量。如果对远离法治教育本质的现象不加以准确识别、研究、揭露，并引以为戒，各种肆意妄为和专制意志，将在法治和法治教育美丽外衣的遮盖下畅行无阻，不仅是教育不能使人成为人的灾难，也是国家发展的灾难。

二　法治教育基础本质的内容

（一）使人成为一个有法治素养的人

首先，要有法治道德。德是法治素养的灵魂。没有德，就不可能制定善法，也不可能用善来指导法的实施。善就是仁爱之心，就是时刻不忘为人民服务的宗旨，就是在学法、立法、执法、司法、守法等环节心存善意。因此，在任何时候，要成为一个有法治素养的人，必须政治立场坚定，有理想信念，拥护中国共产党的领导，走中国特色社会主义的道路，认同中华民族的文化。

其次，掌握基本的法治知识。法治知识是人类文明的积淀，包括法律、治理、制度等各项知识；要理解人权、公平、正义、自由、民主、秩序、发展等含义。没有基本的法治知识储备，一个人是谈不上任何法治素养的。对法治知识的掌握是法治素养的基础，必须重视这个环节。

再次，具备良好的法治思维。法治思维，简言之，就是权利与义务统一的思维。法治思维拒斥特权和奴役，如果一个人享有权利，那么他必然应尽义务；反过来，如果一个人尽了义务，他也必然应该享有权利；

享有权利的多少与所尽义务的多少是成比例的。法治思维的其他含义，比如，法律至上、权力制约、人权保障、正当程序等，都是其基本含义权利与义务统一引申而来的。

（二）使人成为一个有法治信仰的人

法治信仰是一个人对法治的极度信任、确信。法治信仰是对法治的信任感、认同感，是对法治常怀敬畏之心、常思敬重之情。“法律必须被信仰，否则它将形同虚设。它不仅包含人的理性和意志，而且还包含了他的情感、他的知觉和献身，以及他的信仰。”①

首先，信任法律。相信法律是人民制定出来的，也是代表人民利益的，发自内心地拥护法律，自觉地遵守法律，保证法律的实施，为了捍卫法律的尊严和实施法律，愿意牺牲自我利益、甚至生命。相信自我牺牲暂时的、短期的利益，法律终究会保障自己的长远利益。

其次，选择法律。在协调个人与个人、个人与集体、个人与国家之间的关系时，法律是首选。就目前情况而言，很多人迷信的是金钱和权力，这与法律在人们生活中起的作用并不突出有关，随着社会主义市场经济的深入发展，法律在现代社会的作用将日益突出，成为人们解决纠纷的首选。

再次，遵守法律。人们自觉接受法律的约束、限制，按照法律的规定行使权利，不越法律之界，不愈法律之矩。法律在人们心中有崇高的权威，把法律内化于心、外化于行。遵守法律，同时意味着任何人在法律面前一律平等，任何人没有超越于法律之外的特权，任何人违反了法律都要受到惩罚。

最后，捍卫法律。面对各种违法犯罪行为，人们敢于揭露、批判；为了维护法律的尊严和法律的神圣性，人们不惜牺牲自己的利益，甚至生命；面对各种违法犯罪行为，人们挺身而出，而不会袖手旁观，听任违法犯罪行为发展下去；对各种守法行为，能够得到他人、集体和社会的褒扬、奖励。

---

① ［美］伯尔曼：《法律与宗教·导言》，梁治平译，中国政法大学出版社 2003 年版，第 3 页。

（三）使人成为一个有法治实践能力的人

法治实践能力是法治素养的基本本质。所谓法治实践能力就是指人们具有立法、执法、司法、守法上的技能、技巧、方法、策略，能够把崇高的法治理念化为具体的现实行为。

首先，会学法治知识。在这里“会”是方法、策略、路径的意思，既是实践能力的要求，也是实践能力发展的结果。会学，不是机械式、复制式的学习，而是懂变通和灵活运用的学习。也就是说，对法律、条文、法治基本概念、理念的学习是有方法的，要学会掌握法治精神实质的方法。具体方法，因人而异，因时而变，但是有一点是不变的，那就是以人为本，在学习法律、制度、治理知识时，突出理解其中蕴含的保护人民利益的精神实质，用人民的利益来解读法治，把原则性与灵活性、理论与实践相结合，找到具体的学习法治知识的方法，达到会学法治知识的目的。

其次，会用法治知识。会用法治知识，能弥补立法上的缺陷和漏洞，克服法律滞后性的弱点。由于现实社会千变万化，日新月异，这就需要在会用上下功夫。只有及时、准确、高效地运用法治知识，才能促进社会公平正义，保护当事人的合法权利。再多的法治知识如果不会用，也只能等于零；如果用错了，会起反作用，甚至阻碍社会进步，不利于人民追求美好生活。因此，要学习运用法律条文、各种司法解释、立法解释的技能、技巧，在实践中及时总结、反复训练、开展技能大赛，增强会用的能力。

再次，善解社情民意。社情民意是社会情况和个人意愿的简称。学法、用法，是一定社会现实的条件和情况下的学法、用法，是一定社会民意的反映。在实践中，法律和治理之策走样，往往是主观主义造成的，其原因就是对真实的社情民意不了解。所以，学法和用法首先必须了解社情民意。学什么法、怎么学，用什么法、怎么用，要对国情、省情、市情、县情、乡情、村情有所了解，要明确实地的社会、政治、经济、道德、传统、文化、风俗等情况，才能增强学法、用法的针对性和实效性。换言之，人民的意愿是学法、用法的关键，要想人民所想、急人民所急，在学法、用法中倾听人民的心声、接受人民的监督。

会学法治知识是前提，会用法治知识是关键，而善解社情民意则是基础，要成为一个有法治实践能力的人，这三方面的素质都不可少。

三 法治教育使人成为人的策略建构

（一）制度建构

法治教育使人成为人是教育的真谛，在于它揭示出了教育的实质，反映了客观实际。但是，对于使人成为人的认识，不能仅仅停留于认识领域，停留在教育讨论、话语、文章，甚至号召、政策层面。如果将法治教育使人成为人的认识建章立制，就不仅仅是一般性的认识问题了，而是转化为社会行为规范，具有普遍效力，所有的社会成员都应该遵守的问题；否则，就会受到相应的惩罚。

在以往，人们并没有认识到使人成为人教育本质立法的重要性，主要是受法治社会发展的进程限制，在过去，我国处于法治建设的初级起始阶段，人们的法治意识不强，不会想到将使人成为人的立法思想变为行为规范的重要性。在现阶段，建设法治中国已经成为全国人民的共识，人们对良法的诉求不断增强，所以，才有法治教育使人成为人这一问题的提出。

另外，还受限于教育的发展。在过去，教育、法治教育的本质多受工具论的影响，人们想到的是教育的工具性，即服务功能，很少认识到教育对人本身的作用。随着社会生产的发展，以人为本的思想日益为现代社会所接受，人们才从教育使人成为真正的人方面思考教育。

在过去，法治教育使人成为人不可能进入立法视野，现代社会的进步，终于使法治教育使人成为人有了立法的可能，那么，怎样进行立法呢？

首先，制定全国性的法律，明确规定社会主义法治教育的本质就是使人成为人。既可以通过制定单行的全国性法律来达成这一目的，也可以通过对现行法律的修改来实现。比如，可以在《宪法》中明确规定教育的本质就是使人成为人，也可以通过修改《教育法》《义务教育法》《教师法》等，来做出明确规定。

其次，加强地方立法，明确规定法治教育的本质是使人成为人。由于各地的具体情况不一样，因此，在执行具体的法律规范时要结合本地的政治、经济、文化等情况，做出地方性立法规定，使法治教育的本质是使人成为人，化为操作性强的具体规范。

再次，把法律规范与其他形式的社会规范相结合。比如，与道德规范、家庭规范、社区规范、乡规民约等形式结合，不仅应依靠法律的强制力来保障规范的实施，而且更多地依靠人们的自觉、内心确信、理想信念、社会舆论等力量来保证实施。

（二）理念建构

法治教育要使人成为人，必须更新教育理念。更新理念的过程就是理念建构的过程，什么样的理念决定了什么样的教育行为，也决定了什么样的教育效果。

比较有代表性的法治教育理念有：工具人、社会人、家庭人、人本人、个性人、制度人、新人、未来人，等等。工具人就是把人当成一种工具，法治教育的宗旨就是驯服人，让人成为一个被动的知识、技能的接受者，为他者服务；社会人就是通过法治教育促进人的社会化，培养能适应社会的人；人本人，是以人的根本利益作为法治教育的宗旨；人性人就是把人的本性、天性、个性作为法治教育的价值取向；制度人从现实社会制度的要求培养人；新人就是培养一种全新的、不同于过去时期的人；未来人，认为法治教育的要求就是为社会的未来培养人。上面这些观点是一定社会制度和一定时代的产物，有的观点有一定的历史局限性，有的观点应该说是有一定道理的，还有的观点是正确的。

法治教育使人成为人的“成为”是一个过程。“人永远不会变成一个人，他的生存是一个永无止境的完善过程和学习过程”①，这个过程就是人的本质的实现，“人以一种全面的方式成为一个完整的人，占有自己的全面的本质”②。法治教育要成为的人应该是一种完整的人，这种人，对现在来讲是一种新人、未来人，即不同于现在的、旧的人。“现在，教育

① 联合国教科文组织国际教育发展委员会：《学会生存——教育世界的今天和明天》，教育科学出版社 1996 年版，第 196 页。

② 《马克思恩格斯全集》第 42 卷，人民出版社 1979 年版，第 123 页。

在历史上第一次为一个尚未存在的社会培养着新人。”① 法治教育就是用现在的法律规范和制度教育培养未来的新人，所以，法治教育要牢牢地把握面向未来这个大方向，立足于法律制度的发展趋势开展教育，而不能仅仅局限于现有的规定。也就是说，今天的法律制度不可避免地带有局限性，而我们培养的人却是未来的新人，因此，法治教育的预见性很重要。要预见未来社会可能的文明、可能的发展，特别是要预见未来社会人们美好的生活状态。

（三）行动建构

行动建构是基础本质实现的最终环节，没有行动建构，任何制度建构和理念建构都是没有意义的。只有通过行动建构，才能把合理的制度和理念建构变成现实。行动，是达到一定目的进行的活动，是做、实践、行为的意思。在法治教育中，使人成为人到底应有哪些行动呢？

一是在实际生活中认真贯彻执行制度建构的内容。也就是说，制定了使人成为人的法律制度规范，还只是第一步，而最重要的一步是把这些法律制度规范在实际生活中贯彻执行，真正用这些规范来改造陈旧的法治教育，发挥制度在培养人方面的国家意志性、权威性和稳定性。

二是把先进的教育理念化为日常的教育行为。这就需要对法治教育使人成为人的教育理念内涵加以细化、分解，变成教育者和被教育者日常的教育行为习惯，用理念改造人、塑造人、培养人，使人更加成为人。同时，把培养未来新人发展的教育理念化为行动，需要人的自觉行动、自愿行为。

三是需要整体行动。使人成为人，固然离不开教育者的行动，同时也需要受教育者的行动，还有需要受教育者与教育者的互动。不仅需要教育部门的行动，还需要社会各个部门、家庭各成员的行动。比如，司法部门的执法、立法部门的立法、宣传部门对法治教育先进理念落实过程的宣传等，都是不可少的。

---

① 联合国教科文组织国际教育发展委员会：《学会生存——教育世界的今天和明天》，教育科学出版社 1996 年版，第 36 页。

四是需要有效的行动。有效行动的标准就是看法治教育使人成为人是不是成为真正的人，成为他自己，成为属于具有真人规定属性的人。如果在成人的过程中，不断受到干扰，偏离成人的方向，法治教育最终又会回到工具人的原点。当然，法治教育成人的行动，无疑是一个过程，这个过程在人的发展和社会发展中永不停止。

第二节　法治教育的核心本质是认同国家制度

一　对社会制度的认同

从字面上讲，法治教育就是法律制度、社会治理和国家治理知识的教育、技能的培养和素养的形成，所以，法治教育的本质从内容核心层面来讲，是对一个国家制度的认同。也就是说，法治教育不是培养国家、社会的对立者，而是培养认同者，在中国现阶段就是培养对中国特色社会主义制度的认同者。如果丢掉了法治教育的核心本质，不仅会在西方法律制度面前迷失我国法治建设的方向，而且会在西方法律文化面前丧失信心。

（一）认同中国特色社会主义经济制度

我国基本的经济制度是以公有制为主体，多种所有制经济共同发展。这一基本经济制度是由我国社会主义的性质和初级阶段的国情决定的。

作为社会主义国家，必须坚持公有制作为社会主义经济制度的基础。公有制是人民当家做主的经济基础，公有制经济包括国有经济和集体经济，以及混合所有制经济中的国有成分和集体成分。公有制的主体地位，主要体现在公有资产在社会总资产中占优势和国有经济对国民经济命脉的控制。坚持公有制才能确保我国的社会主义性质，坚持公有制才能保证坚定地走社会主义道路，坚持公有制才能巩固和发展社会主义制度。同时，公有制本身是社会化大生产的客观要求，是人类社会发展的必然结果；此外，公有制还是社会主义生产关系与资本主义生产关系相区别的根本特征；公有制是社会主义优越感的体现，是全面建成小康社会，实现中华民族伟大复兴“中国梦”的制度保障。

同时，中国特色社会主义基本的经济制度还包括多种所有制经济的发展。这是因为我国处于社会主义的初级阶段，生产力还不够发达，各地的发展也不平衡，不能离开社会主义初级阶段的实际发展经济，所以要发展多种所有制经济。“一切符合‘三个有利于’标准”的所有制形式都可以用来发展社会主义，所以，社会主义初级阶段的基本经济制度，既包括社会主义经济基础的公有制经济，也包括非公有制经济。

可见，以公有制为主体，多种所有制经济共同发展的基本经济制度既是中国特色社会主义制度坚实基础的重要支柱，也是社会主义市场经济的根基。因此，法治教育要毫不动摇地教育对象认同中特色社会主义经济制度，巩固和发展公有制经济，坚持公有制的主体地位，发挥国有经济的主导作用，不断增强国有经济的活力、控制力和影响力；同时，要鼓励、支持和引导非公有制经济的发展，把非公有制经济的活力和创造力激发出来，把坚持公有制主体地位和促进非公有制经济的发展统一起来。

（二）认同中国特色社会主义政治制度

认同中国特色社会主义政治制度，即认同中国特色社会主义民主。中国特色社会主义民主是人民民主专政的国体、中国特色社会主义根本的政治制度和社会主义基本的政治制度的统一。

认同我国的国体。我国的国体是人民民主专政。人民民主专政是马克思列宁主义关于无产阶级专政的理论同我国革命的具体实践相结合的产物。我国现阶段的人民民主专政实质上是无产阶级专政，人民民主专政同无产阶级专政的性质、作用、职能和使命都相同。我国的人民民主专政包括新民主主义和社会主义两个时期。人民民主专政的提法，更符合中国实际，更易于被接受。我国宪法规定：“中华人民共和国是工人阶级领导的、以工农联盟为基础的人民民主专政的社会主义国家。”宪法规定表明，人民民主专政是工人阶级领导的、以工农联盟为基础的、对人民实行民主和对敌人实行专政相结合的国家政权。在我国，国家的一切权力属于人民。坚持人民民主专政的实质，就是发展社会主义民主，保证人民当家做主，同时，要加强国家政权的专政力量，打击各种敌对势力和违法犯罪，维护人民的政权，保护人民的根本利益。

认同我国的政体。人民代表大会制度是我国的政体。我国宪法规定：“中华人民共和国的一切权力属于人民，人民行使权力的机关是全国人民代表大会和地方各级人民代表大会。”人民代表大会制度是由我国的政体决定的，是政体的体现形式，符合中国国情。人民代表大会制度能够保证人民当家作主的根本政治制度的实现，是中国政治文明的重要载体。在我国，各级人民代表大会由人民选举，对人民负责，受人民监督，人民是国家的主人，是国家权力的主体。因此，必须毫不动摇地坚持、巩固和完善人民代表大会制度。

认同中国共产党领导的多党合作制度。这一制度是马克思主义政党理论与中国具体实践相结合的产物，是中国民主政治制度的重要组成部分。中国共产党的领导是前提，多党合作是核心。多党合作是指与民主党派的合作。民主党派各自与一部分社会主义劳动者、社会主义事业建设者和拥护社会主义的爱国者相联系。多党合作的基本方针是“长期共存、互相监督、肝胆相照、荣辱与共”。中国人民政治协商会议是中国人民爱国统一战线的组织，是中国共产党领导的多党合作、政治协商的重要机构，主要职能是政治协商、民主监督、参政议政。协商民主丰富了社会主义民主的形式，因此，在新形势下要利用好这一形式为人民谋福利。

认同民族区域自治制度。民族区域自治制度是我党解决民族问题的基本政策，是在国家的统一领导下，在各少数民族聚居的地方设立机关行使自治权，实行区域自治。民族自治地方的自治机关是自治区、自治州、自治县的人民代表大会和人民政府，根据宪法和法律制定自治条例或者单行条例。民族区域自治制度的核心是保障少数民族当家做主，自主地管理本民族、本地方事务的权利得到落实。实践证明，民族区域自治制度能保证我国各民族平等、团结和繁荣。

认同基层群众自治制度。基层群众自治制度是中国特色社会主义民主制度的重要内容之一，根据我国宪法和有关法律规定，由居民（村民）选举人员组成居民（村民）委员会，实行自我管理、自我服务、自我教育、自我监督的民主制度。目前，我国已经建立了农村村民委员会、城市居民委员会和企业职工代表大会的基础民主体系，这些形式是我国社会主义民主最广泛、最深刻、最直接、最生动的社会实践。发展基层民主对保障人民当家做主，行使民主权利具有重要意义。

认同中国特色社会主义政治制度，是法治教育核心本质的重要内容，意义十分重大。正如习近平总书记指出："中国实行工人阶级领导的、以工农联盟为基础的人民民主专政的国体，实行人民代表大会制度的政体，实行中国共产党领导的多党合作和政治协商制度，实行民族区域自治制度，实行基层群众自治制度，具有鲜明的中国特色。这样一套制度安排，能够有效保证人民享有更加广泛、更加充实的权利和自由，保证人民广泛参加国家治理和社会治理；能够有效调节国家政治关系，发展充满活力的政党关系、民族关系、宗教关系、阶层关系、海内外同胞关系，增强民族聚居力，形成安定团结的政治局面；能够集中力量办大事，有效促进社会生产力解放和发展，促进现代化建设各项事业，促进人民生活质量和水平不断提高；能够有效维护国家独立自主，有力维护国家主权、安全、发展利益，维护中国人民和中华民族的福祉。"①

二　对社会主义核心价值观的认同

社会主义核心价值观是社会主义意识形态的本质要求，体现了社会主义制度在思想层面上质的规定性，是中国特色社会主义道路、理论、制度的价值表达，是实现民族伟大复兴的中国梦和人民为美好生活奋斗的价值指引。因此，法治教育从本质上讲，离不开引导教育者认同社会主义核心价值观。社会主义核心价值观使国与国之间相区别，是当代中国的显著特征。法治教育不仅不能回避对社会主义核心价值观的认同，而且认同社会主义核心价值观是法治教育的核心本质。从这种意义上讲，离开对社会主义核心价值观的认同，我国的法治教育就会因丧失本质属性而不存在。

我国的社会主义核心价值观反映了当代中国的价值目标、社会基本的价值取向和每一个公民的价值准则。内容包括：富强、民主、文明、和谐，自由、平等、公正、法治，爱国、敬业、诚信、友善。"富强、民主、文明、和谐"是国家层面的价值目标，表达了国家发展的价值走向，回答了建设一个什么样的国家的问题，居于社会主义核心价值观的最高层次；"自由、平等、公平、法治"是社会层面的价值要求，回答了建设

---

① 习近平：《在庆祝全国人民代表大会成立60周年大会上的讲话》，《人民日报》2014年9月6日第1版。

一个什么样的社会的问题，表达了人们对美好社会生活的向往；“爱国、敬业、诚信、友善”是对每一个公民提出的价值要求，回答了培养什么样的公民的问题，是公民必须遵守的基本道德规范。

确立法治教育的核心本质是认同社会主义核心价值观，不仅是对法治教育本身的教育、教学规律的正确反应，而且是对国际、国内形势精确的分析、判断和总结。当今时代，在国际上各种思想文化不断交流、交融和交锋；在国内，随着改革开放的不断扩大和深入，尤其是随着社会主义市场经济的发展，人们的思想意识日益多元、多样、多变。如何应对这一系列的挑战，从法治教育的角度来讲，就是要深刻认识和理解法治教育认同社会主义核心价值观的核心本质属性，在法治教育的研究和教育、教学实践中，全面践行社会主义核心价值观。

法治教育通过传授治理知识、揭示治理规律，有效整合、凝聚社会意识、共识，培育和弘扬社会主义核心价值观，从而提高社会治理的效率，推进国家治理体系和治理能力的现代化。国家治理不仅是一项重要的政治艺术和管理艺术，而且也涉及价值观。要全面依法治国，就必须在法治教育中把社会主义核心价值观的教育贯彻始终，解决社会治理的价值问题。如果价值观取向不明，社会治理不仅会陷入混乱，而且会迷失方向。所以，从一定意义上讲，法治教育的核心不仅在于传授法律、治理知识、技能技巧，而更重要在于引领受教育者学习、领悟这些知识、技能后面所蕴含的核心价值观，这样才能抓住全面依法治国的实质。因此，法治教育要自觉承担弘扬社会主义核心价值观的神圣使命，提高教育对象的治理能力，完善国家的治理体系，真正落实全面依法治国的治国方略。

法治教育与社会主义核心价值观的契合，说明了法治教育的核心本质是认同社会主义核心价值观。法治教育从内容上看，是对“法治”的教育，而社会主义核心价值观所倡导的“法治”与法治教育的“法治”在内涵上应该说是完全一致的。包括法治国家、法治政府、法治社会一体建设，依法治国、依法执政、依法行政共同推进，科学立法、严格执法、公正司法、全民守法整体开展，也可以认为法治的核心精神在于“法律至上”“制约权力”“保障权利”。英国思想家洛克认为，所谓法治就是个人可以做任何事情，除非法律禁止；政府不能做任何事情，除非法律许可；法治给公民最充分的自由，即公民的权利必须保护，给政府尽可能小的权力，即政府的权力必须受限制。以上这些含义是法治教育与社会主义核心价值观的共同之义。当然，在法治教育里，社会主义核心价值观是作为一个整体理解的，不仅包括“法治”的内容，还包括其他内容。

把法治教育的核心本质定位于认同社会主义核心价值观，是对法治教育规律的正确认识。长期以来，不少人认为法治教育就是法律、制度知识的教育。其实，作为一个国家核心的制度，除了体现在国体、政体等制度层面，还体现在一个国家的核心价值观上，也可以说，一个国家的国体、政体等制度是一个国家的核心价值观在制度层面的体现和展开，是观念的制度化。所以，法治教育在本质上认同核心价值观是再明白不过的事情了。那么，为什么长期以来，在法治教育的过程中，对核心价值观的教育又没有及时提到议事日程呢？这是因为，在我国，对法治教育本质认识有一个过程，在没有认识到法治教育的核心本质是认同核心价值观时，自然不会在法治教育中重视社会主义核心价值观教育贯穿始终的问题；同时，对社会主义核心价值观的凝练和概括也需要一个过程，过去没有凝练出社会主义核心价值观，也就谈不上在法治教育中明确地提出进行社会主义核心价值观教育的问题，但是，没有明确地提出社会主义核心价值观的教育，不能说法治教育中不体现和渗透一定的社会主义核心价值观，可以说，不体现渗透一定社会核心价值观的法治教育从来是不存在的。因此，我们应增强在法治教育中认同社会主义核心价值观的自觉性，自觉把握法治教育的核心本质是认同社会主义核心价值观。

三 对民族精神的认同

从法治教育的内涵视角看，内蕴民族精神的认同。民族精神是一个民族在长期发展进程中积淀而成的民族意识、民族文化、民族习俗、民族信仰、民族价值观、民族宗教等特质，这些特质维系着民族的生存和发展，体现了一个民族的生命力、创造力和凝聚力。在旧中国，没有真正意义上的民主，也没有现代意义上的法治，因此，法治教育内蕴的民族精神是伴随着新中国法治建设的伟大实践开始出现的。新中国成立后，我国开始了社会主义法治建设的艰辛探索，这当中既取得过辉煌的成就，也犯过令人痛心疾首的“文化大革命”那样破坏法治的错误，党的十一届三中全会后，法治建设重回正道，开始了法治建设的新征程，在我国民族的性格中，逐渐积淀了法律至上、公平正义、保障人权、权力制约、社会和谐等特质。在法治教育中，逐步意识到传播、传承、发扬光大这些民族特质的重要性。

从法治教育活动的环境视角看，须臾不可离开民族精神。法治教育活动的开展，是不能脱离国家、社会、民族的，因此，也就不能脱离民族精神。在一个国家的民族精神里，有法治传统，那么，法治教育自然会与这种民族传统相融、相长；如果一个民族的精神里没有法治精神、法治传统，那么这个国家就没有法治教育。所以，从一定意义上讲，法治教育是一个民族重视民族精神的法治气质的真实写照。可见，法治教育不仅是我国民族精神发展的必然结果，而且，法治教育活动的顺利开展，尤其是实效性的增强更是离不开民族精神作为动力。因此，在法治教育中很自然地伴随着对民族精神的认同。

从法治教育的社会价值看，需要对民族精神的认同。法治教育不仅使人成为人，而且还承担着使社会更为和谐、稳定、发展的职能，社会的聚合、凝聚、团结离不开民族精神；离开了民族精神，社会就是一盘散沙，就不能向共同的目标奋斗，实现中华民族伟大复兴的中国梦就会变成空话，因此，从社会价值来看，法治教育需要焕发出民族精神，才能真正实现法治教育对社会发展的推动作用，当然，这需要充分挖掘法治教育中的民族精神才能达到目的。比如，爱国主义作为我国民族精神的核心，不仅具有最深厚的民族精神传统，而且是鼓舞中国人民团结奋斗的精神旗帜、是推动中国社会发展的精神动力，因此，从民族精神这个角度来认识法治教育，也可以说，民族精神是法治教育的核心本质。

从法治与道德的联系看，法治教育与民族精神有本质联系。民族精神是一个国家道德风貌的集中体现，不难明白，如果国家的民族精神昂扬、积极、健康、向上，那么，这个国家的道德就会呈现正向价值取向。法治与道德有着密切的联系，法治是建立在一定意识形态和社会理想之上的，而意识形态的主要内容就是道德，道德是法治的基础，道德高于法治。法治是一定道德的系统化、明确化、规范化，它以特定的方式保证道德的实施，对道德起维护作用。道德是法律的指引，一个国家的道德尤其是民族精神，指引着法治文明建设的方向，从这个意义上也可以认为民族精神是法治之魂，所以，在法治教育中贯彻民族精神、肯定民族精神，是法治教育的本义。

从我国的立法实践看，法治教育必须认同民族精神。法治教育必须以我国现行《法律》尤其是现行《宪法》为依据，我国现行《宪法》处处体现了对民族精神的认可，《宪法》在《序言》中规定："中国是世界上历史最悠久的国家之一。中国各族人民共同创造了光辉灿烂的文化，具有光荣的革命传统。""中华人民共和国是全国各族人民共同缔造的统一的多民族国家。平等、团结、互助的社会主义民族关系已经确立，并将继续加强。"《宪法》第二条规定："国家提倡爱祖国、爱人民、爱劳动、爱科学、爱社会主义的公德，在人民中进行爱国主义、集体主义和国际主义、共产主义的教育，进行辩证唯物主义和历史唯物主义的教育，反对资本主义的、封建主义的和其他的腐朽思想。"我国《宪法》的这些规定，无一不体现出中华民族在五千多年的历史长河中形成的以爱国主义为核心的、团结统一、爱好和平、勤劳勇敢、自强不息的民族精神，这些民族精神既然为我国的根本法所规定，就具有最高的法律效力，因此，法治教育必须要认同这些民族精神，并持续、有效地把民族精神融入法治教育中。

第三节　法治教育的普遍本质是维护全人类的共同利益

一　确立维护全人类的共同利益的客观必然性

（一）全人类共同利益

改革开放以来，中国与世界的联系日益紧密，不仅世界影响中国，中国也深刻地影响世界。在很多领域，世界的利益即全人类的公共利益与中国的利益高度统一，如何顺应历史潮流，维护全人类的利益已经成为一个迫在眉睫的现实问题摆在我们面前。这个问题不仅仅是政府层面、国家层面的问题，而且也是社会科学领域、自然科学领域，甚至是每一个人不可忽视的问题。因此，法治教育从普遍本质来讲，必须维护全人类的共同利益。

全人类共同利益，不同于前苏联戈尔巴乔夫的“新思维”，戈尔巴乔夫认为在世界成为整体和核威胁下，阶级利益和民族利益退居其次，“全人类的利益高于一切”。“新思维”看到了世界的变化，试图用全人类的共同利益来消除国家之间的意识形态对抗，但是，他把抽象的人道主义当成处理国家问题的原则，用国际利益否认国家利益和阶级利益，在西方“和平演变”的攻势下，具有很大的麻痹性。全人类的共同利益与现在流行的“世界主义”也不同，“世界主义”的实质是建立西方国家主导的国际秩序，其目的是维护霸权主义和强权政治。我们所主张的全人类共同利益是为了建构持久和平、共同繁荣的和谐世界。尤其是我国提出的“一带一路”倡议，加速了中国与世界的联系，国家间的和平合作、开放包容、互学互鉴、互利共赢，必将成为全球发展的趋势。因此，从历史发展的趋势看，国家利益与全人类共同利益是有机统一的。

可见，全人类共同利益是国家关系发展，是全球经济、社会发展的必然产物。由于资本的输出超出了国界，出现了经济全球化，经济全球化带来了其他各个领域的全球化。全球化使传统的主权观念受到挑战，但是，应该看到，今后相当长的时期，主权国家依然是国际关系中最基本的行为主体，主权国家的利益依然是国际间利益的主要部分。

（二）全球化趋势的必然结果

自从出现人类社会以来，特别是国家产生后，国家利益一直在国际社会关系的缠斗中占据统治地位，尖锐复杂的国家民族之间的利益关系，尤其是不断出现为维护国家主权的较量，甚至发生战争。维护国家主权的行为逐步积淀成为一种牢固的国家意识形态，并根深蒂固，经久不衰，当国家遭受外敌入侵，经济社会发展处于弱势地位时，这种意识尤为强烈。于是，出现了盲目排外，闭关锁国。国际利益、人类利益，是伴随着经济社会的发展、国与国之间交往的频繁，尤其是开放领域的不断拓宽，开放的程度不断加深而出现的。所以，在人类社会的早期，由于经济、社会、科技、文化的落后，没有出现国家的普遍交往，更少开放，因此，就谈不上全人类的共同利益一说。

随着资本主义的产生，才有了现代意义上国家的出现。现代意义的国家本身就意味着，全人类共同利益日益凸显。经济全球化浪潮势不可当，其他领域的全球化，甚至全面的全球化，也是大势所趋，世界日益相融。当然，其间经历各种曲折、反复，甚至倒退也是有可能的，但是全球化的总趋势是不会改变的。国家之间的利益，日益体现为一种相互影响、相互依存、相互交织的全人类共同利益；维护世界和平、缩小甚至消除南北差距、治理面临共同的生态环境、打击各种恐怖主义和极端主义等，都离不开主权国家之间的配合。有人言到，由于网络通信、计算机科学的发展，地球变得就像一个村落，我们每一个人就是这个村子里的村民，全人类的共同利益把我们每一个人联在一起，谁也离不开谁，尤其是在一些共同的问题上，越来越需要超越社会制度和意识形态的局限，克服国家利益、民族利益的障碍，用全球的视野来考虑事关人类生存和发展的共同利益。可见，主权国家需要国际社会的合作才能生存和发展。

（三）生产力发展的结果

全人类共同利益是社会生产力发展的结果。马克思指出："资产阶级，由于开拓了世界市场，使一切国家的生产和消费都成为世界性的了。……过去那种地方的和民族的自给自足和闭关自守状态，被各民族的各方面的相互往来和各方面的相互依赖所取代了。物质的生产是如此，精神的生产也是如此。"① 生产力的发展使人类社会的生产和消费联系紧密，出现了共同利益。从15世纪的地理大发现，到18世纪的工业革命，再到20世纪六七十年代国际分工的高度发达，生产越来越专业化，尤其是科技革命的浪潮、通信信息技术的发展，全人类的共同利益日益凸显，不论是为了创造人类更加美好的生活，还是为了解决人类共同面临的一系列挑战，都使人们不断意识到全人类共同利益的存在。当今时代，在经济上，一个国家要获得最佳的经济效益，必须在全球范围内配置生产要素；在政治上，国内、国际政治利益往往交织在一起，各个国家再也不能像过去那样，只关注国际政治，或者只关注国内政治；在文化上，国家之间相互学习、借鉴、吸收彼此的文化长处，同时，各种思想文化又相互冲突、激荡，一些新的思想、共同的价值观不断形成；在教育上，各个国家面临共同的培养国际型人才的问题，离不开彼此之间的分工与合作。可见，生产力的发展，既变革着人们的生存方式，也不断出现越

① 《马克思恩格斯选集》第1卷，人民出版社1995年版，第276页。

来越多的全人类共同利益。

二　确立维护全人类的共同利益的法理分析

全人类的共同利益可以从多种角度分析，既可以从政治学角度分析，也可以从哲学、社会学等角度分析。分析的中心既可以放在“利益”的词义上，也可以放在“全人类”的词义上，不过，从法学的角度看，分析的中心在“全人类”这个主体上，所谓法理上的全人类共同利益，即全人类利益，也就是全人类作为一个整体的生存和发展的利益。全人类利益既不是单个个人利益的简单相加，也不是所有民族、种族和国家利益的简单求和，它是一个新的法律主体的利益。只不过对这个主体的认识、理解、实践不能再简单地用国内法来理解，而需要赋予新的含义。尤其是主权国家的利益与全人类的利益发生冲突时，如何解决这一冲突，单一的视角已经不能解决问题，而需要复合的视角来思考，既要看到现在的利益，更要从过去理解现在的利益，从未来反观现在利益，才能在法律上找到解决全人类利益所面临的种种冲突。

接下来的问题就来了，既然“全人类”是个法律主体，那么谁来代表“全人类”这个主体呢？一个国家？某些国家？个别国家或者少数国家，自认为是全人类共同利益的代表者，把国内法强加于其他国家，只可能导致粗暴地干涉他国事务，产生强权政治、霸权主义，并不能代表“全人类”这个主体。“全人类”作为一个法律主体不是指某一个国家或者某些国家，而是一个新的认识视角、研究方法，这就是20世纪下半叶在现代生物学和物理学基础上产生的系统方法，世界是一个复杂的统一的整体，只有认识、理解各个部分之间的相互关系，才能理解世界这个生态系统的整体性。系统通常表现为多层次结构，每一个层次又可以分为一个子系统，每个子系统对其他部分而言是一个整体，而相对于其他更大的整体而言又是部分。然而，生态系统的完整性与国家主权的分割性之间产生了矛盾，长期以来，把国家作为一个独立主权国家的集合体来看待，这是有进步意义的，也起到了一定的积极作用。

但是，随着社会的发展，生产的进步，科技的发展，尤其是人的认识水平的不断提高，还有就是国际法研究的不断深入，过去对国际社会的认识局限性也不断地暴露出来，所以，人们提出了把国际社会作为一个单一的整体来看待，这就是“全人类”主体的出现，尽管该认识在理论上还有些含义不甚清晰，但是，作为一种与人类发展的总趋势相一致的新认识，其巨大的理论解释力、社会实践的适应性还是很快被展现出来。

可见，“全人类”法律主体，从新的视角来看待人类社会的生存和发展所面临的各种关系。通信、交通的高度发达，使地球的空间变得越来越小，国家间出现了日益复杂的相互依赖关系，一个国家不可能完全封闭，人们对社会关注的焦点逐步由国家转向“全人类”，如果把“全人类”当成一个系统的整体，那么，国家正好是这个整体中的子系统。强调整体，强调整体内部的国家、民族、种族的相互关系，就需要从国际法的角度确立“全人类”这个法律主体。

20 世纪以来，“社会本位”成为各国立法的主导思想。社会本位实际上就是一种“国家本位”，它强调社会整体利益，通过对个人权利作适度限制来实现社会整体利益。而“国际社会本位”即“全人类本位”所强调的是国际社会的整体利益，也就是全人类的整体利益，它通过限制主权国家的利益来实现全人类的整体利益。人类进入 21 世纪以来，由于世界的经济、政治和科学诸多方面的迅猛变化，出现了由“国家本位”向“全人类本位”转变的立法趋势。这不是国家主权观念的消灭，而是新的时代条件下，国家主权利益实现形式的新变化，是国家主权观念的新发展。也就是说，国家行为要受到基于全人类利益而制定的国际法规范的制约，虽然，任何国家都可以自主地处理本国的内部事务，他国不得非法干涉，但是，任何国家也不能仅仅从本民族的利益出发而肆意妄为，更不得损害他国和整个人类社会的共同利益。“我们已经进入一个国际法的时代。在这个时代，国际法不仅促进单个国家的利益，而且超越它们和它们的地方利益，着眼于更大的人类的和行星福利。”①

全人类共同利益的价值。把全人类共同利益作为国际法的基本准则其价值在于：维护全人类整体的生存和发展。所有的国家，无论是发达国家，还是发展中国家，都面临一个共同问题，这就是人类的整体生存

---

① 王曦主编：《国际法院盖巴斯科夫·拉基玛洛工程案卫拉曼特雷副院长的个别意见书》，《国际环境法资料选编》中译本，民主与建设出版社 1999 年版，第 664 页。

和整体发展。国家不分大小，不分贫弱、富强，不分先进、落后，在国际法主体上是一律平等的，在发展过程中，面临着一系列共同的问题需要解决，而生存和发展是首要问题。

既要有全世界的整体存在和发展，也要有单个国家的存在和发展，还需要维护国际社会的正义、和谐、秩序。正义不仅是国内法追求的价值，也是全人类共同利益的法律原则追求的价值，也就是说，整个人类也有共同的正义。人类共同的正义来源于人类共同的善，根源于共同的人性之中，即人类都有对美好生活的追求。国与国之间在对生存和发展的价值追求中，难免会产生矛盾和冲突，这就需要相互妥协、退让，求同存异，和谐相处，所以，和谐也是“全人类”的基本价值之一。要达到和谐状态，在国际社会中，秩序是必不可少的，没有秩序，就会失去组织性和条理性，整体的“全人类”不仅不能健康、快速地发展，而且也难以维持基本的生存状态，所以，为了消除混乱，必须确立秩序在全人类共同利益中的重要地位。因此，从法理的角度不难看出，对“全人类”这个主体而言，生存、发展、和谐、正义本身就是一种秩序。只有坚持“全人类共同利益”正确的目的价值导向，确立其符合人类基本的善，才能有世界的永久和平和共同繁荣。

三　法治教育维护全人类共同利益的路径

（一）增强对法治教育的普遍本质是维护全人类共同利益的认同

一般而言，人们对法治教育的基础本质使人成为人和核心本质对国家制度的认同，不难达成共识；但是，对法治教育的普遍本质是维护全人类的利益，就有点难以理解了。其原因在于，由于对国内法的陈旧认知，不理解为了维护本国的利益，需要国内法认同全人类的共同利益，否则，仅靠国内法很难全面实现一国的利益。对国际法缺乏理解，不理解国际法是为了维护全人类的共同利益而诞生的法律，即由于国与国之间联系的密切，人类的整体利益的维护，离不开国际法。因此，作为法治教育，不仅要有国内法的视野，而且也要有国际法的视野，要理解法治教育的本质，从世界的、普遍的角度而言，就是维护全人类的共同利益。这既是法治教育学科发展的必然趋势，也是人类社会发展的必然趋势。

（二）在法治教育中增加国际法知识的教育

国与国之间在交往过程中，必须依靠国际惯例和国际规则，因此对国际惯例和国际规则的熟悉是法治教育的一个重要内容。只有熟悉国际惯例和国际规则，才能维护全人类的整体利益。因为，国际惯例和国际规则就是为了全人类的利益而产生的。然而，相当长的一段历史时期，我国对国际惯例和国际规则的教育没有引起普遍重视，尤其是改革开放前，实行闭关锁国政策，国际交往不普遍，后来，由于改革开放的发展，我国与其他国家的经济、政治、文化、教育等方面的交往不断加深和拓宽，客观上要求我们熟悉理解国际惯例和国际规则，所以，在法治教育中，国际法知识的教育分量不断加重，因此，在实践中，我们逐步意识到把中国的利益与全人类的共同利益统一、融为一体，这是一种客观存在，因此，法治教育作为一门生机勃勃的学科，要扩大国际法知识教育的比重。

（三）加强制度建设，把国际意识作为制度建设的重要内容之一

所谓制度建设，就是建立一套运行机制，制定相应的制度规范、并严格执行相应的制度规范，做到有规可依、有章可循。这就要求我们在制定法律、法规，尤其是在制定教育方面的法律、法规的时候，应明确规定对全人类共同利益的认同和维护，也就是说，立法要有世界视野、全球眼光、人类胸怀，建立制度要考虑中国利益与全人类利益的联系。比如，我国提出的“一带一路”倡议，得到了全世界很多国家的响应，如果我们在制定国内法的时候，明确规定“一带一路”沿线国家的利益，我们的主张一定能从法律上得到世界各国人民更多的支持。可见，明确规范中国的发展与世界发展的紧密联系，这不仅是客观的发展趋势，也是制度建设上的新突破。

（四）提高教师的素质，培养维护全人类共同利益的师资队伍

在法治教育中，要切实贯彻执行维护全人类共同利益的教育思想，必须依靠一支深刻理解全人类利益、有世界胸怀的教师队伍，才能肩负起新时代法治教育的任务。这就需要大力培养相应的教师人才，提高现有教师队伍的素质。在培养教师人才时，要加大国际法的学习力度，让教师理解国际规则和国际惯例，尤其是要理解、领会国际规则、国际惯例制定的背景，特别是要联系当前的世界政治、经济形势，深刻领会维

护全人类利益的重要性。培养维护全人类共同利益的师资队伍，实际上就是培养外向型教师。实践证明，开展国际联合办学、让教师出国留学、开展对外学术交流、参与国际间的教学交流，能收到较好的效果。还要更新教师教育的内容，转变教师教育的理念，制定提高教师心怀全球素养的制度。总之，要通过不断优化教师培养策略，培养大批具有人类情怀的教师。

（五）改革法治教育方法，增强教育对象维护全人类共同利益的能力

在当代，国与国之间交流频繁，有维护全人类共同利益的需要；单个的个人，在国际间的经济、文化、旅游、访亲等交流方面也很普遍，所以，也需要培养和增强维护全人类利益的能力。要维护全人类的共同利益，需要各国人民共同努力，尤其需要有扎实的专业素养、较强的专业能力的现代法治人才。现代法治人才，是复合型、有爱国情怀和国际主义精神、善于解决国际复杂问题的人才。目前的法治教育方法如果不改革，很难适应培养现代法治人才的需要。在法治教育中，不仅要运用传统的讲授、讲解法，给教育对象讲清维护的全人类共同利益是什么、为什么、与维护主权国家利益的联系，而且要运用体验、感悟法，让教育对象通过影视、视频、阅读、实地考察等多种方式，进入情景，体验不维护全人类利益的严重后果，从而感悟出维护全人类利益的真谛。可见，只有深刻领会维护全人类利益的实质，才能为提高能力打下扎实的基础。最重要的是，要在实践中提高培养维护全人类共同利益的能力，所以，实践法是法治教育改革应坚持的基本方法。

第三章

法治教育的价值

法治教育有没有价值，到底有何价值，是法治教育学要解决的重要问题。在马克思看来，“‘价值’这个普遍的概念是从人们对待满足他们需要的外界关系中产生的”①，这就给我们清楚地表明，法治教育的价值来源于主体的需要，法治教育价值的形成条件是法治教育客体有满足主体需要的属性，法治教育价值的形成实际上就是法治教育主体与法治教育客体之间的需要与满足之间的关系。可见，法治教育的主体、法治教育的客体、法治教育的主体与客体之间的关系是法治教育价值研究的三个重要问题。由此可见，法治教育的价值是一个关系范畴，而这个关系范畴带有生成性，其生成性就是指动态性、发展性，既包括人的发展，也包括社会群体的发展、社会整体的发展以及整个人类社会的发展。法治教育的价值就是从动态的角度考察法治教育是如何满足法治教育主体的需要。

第一节　法治教育的价值主体

一　法治教育价值主体的内涵

法治教育的价值主体就是法治教育的主体，法治教育的主体是与法治教育的客体相对应的一个概念，法治教育的主体是从哲学的高度来认识理解法治教育，是哲学上的主体概念，所以，我们可以认为法治教育的主体就是具有思想、思维，运用物质和精神认识和改造世界的人，可

---

① 《马克思恩格斯全集》第19卷，人民出版社1965年版，第406页。

见，法治教育的主体是人，除了人，其他东西都不能作为法治教育的主体。

法治教育主体与法治教育客体要联系起来理解，没有脱离法治教育客体而存在的法治教育主体，也没有脱离法治教育主体而存在的法治教育客体。不过，对法治教育的主体与法治教育客体的关系，又不能仅仅从价值层面来理解。一般而言，法治教育的主体与法治教育客体的关系表现为实践关系、认识关系和价值关系。在法治教育实践中，法治教育主体是实践主体，在法治教育的认识关系中，法治教育主体是认识主体，而在法治教育的价值关系中，法治教育主体是价值主体。法治教育主体的三种身份要放在现实的法治教育社会实践中来理解，有时独立，有时重合、一致，很难完全分开。可见，法治教育主体既可以当成认识理解、也可以当成实践理解，而我们这里研究的是当成价值理解。

但是，只要我们讨论的是法治教育价值，就必须讨论法治教育的主体，因为，法治教育的主体总是价值中的主体，而法治教育的价值也离不开法治教育的主体，离开法治教育价值也就无从谈法治教育价值主体。在马克思看来"'Value，Valeur'这两个词表示物的一种属性。的确，他们最初无非是表示物对于人的使用价值，表示物对人的有用或者使人愉快等属性。……实际上是表示物为人而存在"①。这就是说，法治教育的价值是法治教育客体与法治教育主体的一种属性，是指法治教育能够满足法治教育主体的需要，与法治教育主体发生的特定的效用关系。没有法治教育主体和法治教育主体的需要，没有与法治教育主体和法治教育的主体需要发生关系，也就不会有法治教育的种种属性。也就是说，法治教育客体要主体化且与主体联系，法治教育主体的需要是构成法治教育价值的基础，而法治教育客体是为法治教育的主体而存在的，换言之，法治教育是为人的法治教育，法治教育不能脱离人的需要，人对法治教育的追求、对法治教育给予的希望，以及人的需要的特点，构成法治教育评价、选择，是法治教育发展的内在动力。

还要看到，法治教育的主体是具体的法治教育主体，而不是抽象的法治教育主体，法治教育主体总是一定阶级、阶层、社会集团中的主体，

---

① 《马克思恩格斯全集》第26卷（第3册），人民出版社1974年版，第326页。

它有特定的生产、生活方式。这就不难理解，不同国家的法治教育不一样，就是同一个国家在不同历史时期法治教育也不一样。在同一段历史时期，对青年学生的法治教育不同于对党员干部的法治教育，也不同于对农民工的法治教育，更不同于对监所、劳动改造对象的法治教育。这也就是说，从法治教育价值主体这个角度讲，法治教育要有针对性，没有普遍的法治教育。这就要求我们在制定法治教育政策时要有针对性，不能脱离具体实际、具体情况开展法治教育。在开展法治教育时，要研究法治教育主体有何需要，这种需要有何特点。

二　法治教育主体的种类

（一）个体法治教育主体

法治教育的主体从人的数量结构上区分，可分为个体主体、群体主体和人类主体，其中人类主体又称为“类”主体。何为个体？个体是群体中的特定主体，或者是特定的生物个体。从哲学上讲，个体处于一定社会关系，有一定的社会地位、能力或者作用，这就把社会中的个体与有生命的个体区别开来。法治教育要研究个体，个体是法治教育中重要的主体，这是因为在中国的主流文化中往往忽视个体的力量和作用。研究法治教育个体，还在于要以现代文化为背景，批判传统文化的消极面对个体的遮蔽，明确“人”的价值，肯定个体的潜能。

个体作为一种主体的意义，在于发挥个体的积极性，通过个体在法治教育中法治素养、观念、意识、行为、习惯的改变，发挥改造主观世界和客观世界的目的。具体讲，个体法治教育主体的意义在于：第一，发展功能。法治教育中的人，既是社会的人也是个体的人，作为社会的人具有社会性，而作为个体的人则具有个性。社会性就是寻求共同性，而个性就是寻求独特性。所以，法治教育在发展的功能上体现为社会性与个性的统一、共同性与独特性的统一，可见，在法治教育中，人的两种属性是相互对立又相互统一的。法治教育的发展功能，就是包含个体社会化和个体个性化，这两个矛盾者的向相对方向的不断变化、不断整合、不断系统化的过程；一方面，通过法治教育，培养个体的法治思维、提高法治能力、养成法治习惯，促进个体社会化，增进对个体职业和个体身份的认同，达到个体社会化的目的。另一方面，法治教育既具有促进个体社会化的功能，同时也具有促进个体个性化的功能，由于我国传统文化等多种因素，导致我们往往忽略个体的个性化。个性主要体现为人在社会实践中形成的自主性、独特性和创造性。法治教育中的个性化过程，就是通过法治教育增强个体的自主性、独特性和创造性的过程。在法治教育中我们往往太重视普遍性、共同性，而忽视独特的个性。这就涉及对具体法律知识、法律条文的理解，对法与德、情与理关系的恰当处理。

第二，生存功能。法治教育个体在接受法治教育中还体现出一种功能，这就是生存功能。生存功能是法治教育个体最直接的功能。法治教育通过传递生活经验、生活智慧，比如，对劳动保护条文的学习、对特定主体享有法律上的特殊权利的了解，以及对债权、债务、人身权利、知识产权等众多权利的了解、把握、行使等，将直接为个体的生存服务。所以，法治教育总是基于个体生存与发展的现实需要，事实上成为了个体生存与发展的基本要求，也可以这样讲，法治教育在现代法治社会，越来越成为个体生存与发展的基本手段和途径。在法治教育中，习得的各种法治知识，首先是为了满足个体生存的需要，也是为了使个体更好生存的需要，从这里我们不难看出，法治教育具有个体生存意义上的价值，即法治教育也可以看成一种与人须臾不可离的谋求生存的必备手段、基本方式和有效途径。

第三，享用功能。促进人的发展是法治教育的基本使命，也是法治教育功能的直接指向。法治教育不仅满足人的生存、发展需要，而且指向“人之为人”的内在需要、“人之成人”的基本形式，在此意义上，法治教育个体享用功能就此彰显。幸福是生活的主题，法治教育从根本上讲就是培养个体感受幸福、追求幸福和创造幸福的能力。幸福给我们展示了完善的人性、幸福、智慧、情感、道德。法治教育不仅传授给法治教育个体法治知识，而且完善和提升个体人格，让个体体验到精神上的幸福。可见，法治教育的享用功能就在于促进人的身心和谐发展，在于造就完满的人格，让人成为一个自由的人、一个幸福的人。

（二）群体法治教育主体

群体由两个或者两个以上的人组成。群体成员之间有共同目标，成员对群体有认同感、归属感，有相同的价值追求。在现实中，法治教育所针对的对象往往不是个体，而是群体。群体的存在离不开个体，群体是由个体组成，没有个体也就没有群体，个体也不能脱离群体而存在，它受群体的制约。原始族群、氏族、民族、阶级、阶层、党派、团体、机构、部门、单位，都可以称之为群体。群体成员之间能相互识别、相互交流、相互影响。群体成员结构的划分多种多样，可以按照年龄分、也可以按照能力、知识、专业、性格、价值观、信仰等划分，群体还可以按照成员间的接近程度，分为同质结构和异质结构。群体往往具有某种共同属性、若干共同点，有共同的利益诉求。确立群体法治教育主体，能帮助我们研究群体的共同特征，把握群体法治教育规律，最大限度地发挥群体法治教育的整体功能，提高法治教育的实效性。群体作为法治教育的主体，其意义在于：第一，优化法治教育。群体是由若干个体组成的，各个个体相互联系，构成了有机联系的群体。群体的构成，从领导到成员，从成员到成员以及群体的规章制度、组织方式、成员的构成方式，要从整体的角度进行优化，才能最大限度地减少内耗，发挥法治教育的整体功能。这就要求我们研究群体中个体的特征，了解群体的组成方式，研究组成群体的制度等，从而选择法治教育的内容、方式、手段等。也就是说，群体给我们提供了一个研究群体内部各个因素，以及各个因素之间联系的可能，通过对这些因素的优化，有利于发挥法治教育的整体功能，发挥法治教育的最大效益。

第二，寻找群体的共同特征。不同群体与群体之间有不同的特征，但是就同一个群体而言，在一定时期、一定条件下，其某种特征是相同的。就群体特征的区别而言，中、小学生群体与大学生群体不同，大学生群体与监所劳改群体不同，农民工群体与产业工人群体不同，一般干部群体与领导干部群体不同，领导干部群体与普通群众群体不同，吸毒群体与偷盗群体不同，对这些不同的群体，在法治教育内容的选择、方法上也应有所不同。这些不同特征是基于群体的本质决定的，所以，在法治教育中一定要研究群体主体的特征，思考不同群体的接受特征、心理特征、思维特征等，才能有针对性地开展法治教育。

第三，研究群体法治教育的诉求。不同的群体对法治教育的利益诉求不同，不同的诉求反映了一个群体共同的法治教育需要。对中小学生而言，他们的法治教育诉求是学习基本的法治知识，为健康成长、全面发展服务；而农民工的法治教育诉求则是对基本权利、利益的了解，对生产、生活涉及的法治知识的学习，对与群体相关的法治能力的习得、培养、提高；而对干部的法治教育，则主要是社会主义法治理念、治国理政的法治知识的学习、能力的提高；对党员干部而言，除了对基本的法治知识的学习和能力提高之外，还有对党规、党纪的学习以及行为习惯的养成。

（三）“类”法治教育主体

马克思揭示了人类社会的三种基本存在形态，是人类社会发展的必然的历史阶段[①]。最初，以族群为本位，这个阶段称之为人的依赖阶段；其次，是个体本位阶段，这个阶段称以物的依赖性为基础，人具有一定的独立性；再次，经过物的依赖性阶段最后到达人的最高发展阶段，在这个阶段，人全面占有自己的本质，也可以称为自由人联合体的发展阶段，或者叫作人的“类”存在。“类”是人特有的本性，人或者人类社会从群体本位、个体本位再走向类本位，是社会发展的一种必然。在教育领域，尤其是法治教育领域，“类”作为一种教育主体，以前很少被人提到，但是，这并不能否认就人类发展的整体趋势而言，人的“类”教育、“类”教育主体的存在。确立“类”法治教育主体的意义在于：第一，法治教育是面向未来的教育。法治教育具有未来性，这种未来性既体现在法治教育发展的趋势上，也体现在法治教育内容的变化上。法治教育要适应未来社会的需要，要与人类社会的发展趋势相一致，人类从最初的族群存在、个体存在，再到“类”存在，这是社会发展的必然趋势，是任何人也改变不了的趋势，这种发展趋势是一种客观存在，是不以人的主观意志为转移的，因此，法治教育的主体变化，是人的认识能力提高的必然结果，是法治教育自身发展使然。“类”法治教育主体，就是从人类发展的视角认识法治教育主体，“类”主体具有不同于群体主体和个体主体的特征，它包含人更大程度的解放，人对自身本质更多的占有是教育主体发展的最高和最后阶段，这一阶段目前还没有完全到来，但是在现阶段却包含着即将到来的某些特征。因此，我们在法治教育内容的选择上，一定要考虑“类”主体的需要，也就是说，法治教育要立足于未

① 《马克思恩格斯全集》第46卷（上），人民出版社1979年版，第104页。

来，立足于人类社会的发展趋势。

第二，法治教育是面向世界的教育。“类”法治教育主体的确立还意味着，法治教育在当今社会、当今时代，不仅仅是一种面向主权国家内的人民的教育，也是面向世界各国的人民的教育，法治教育的世界性由此而生。就内容而言，法治教育的内容主要是国内法的教育，同时，也包含国际法的教育，可见，法治教育在内容上本身就具有世界性。就涉及的主体而言，法治教育的主体有逐步扩大的趋势，即由国内扩展到国外。党的十九大把“构建人类命运共同体”作为建设中国特色社会主义的基本方略。建构人类命运共同体，是基于人类共同的利益需要；反过来，也需要法治教育来促进共同体的价值认同，由此可见，法治教育是面向全世界的教育，法治教育具有世界性。

第三，法治教育是公共生活规则逐步增多的教育。在马克思看来，在阶级社会，法律、法治具有阶级性。马克思认为，教育是为统治阶级服务的，具有阶级性。因此，把法律、法治作为教育内容的法治教育，无论从内容来看，还是从教育的目的来看，也具有阶级性，这是确定无疑的。但是，在法律、法治的具体内容里，有一部分规范、规则具有明显的阶级性，而有一部分规范、规则是中性的没有阶级性，比如，科学技术规范、公共社会规范、环境保护规范，等等。并且，随着人类社会的不断发展，人类的文明程度不断提高，法治教育中的科学技术规范、公共社会规范将越来越多。也就是说，随着人类社会的发展，法治教育的阶级性将逐步消亡。法治教育阶级性逐步消亡的过程，必然是公共生活规则逐步增多的过程。

三 法治教育主体的需要

“需要”是一个心理学术语，指有机体感到某种缺乏、获得满足的心理倾向。需要是自身和外部要求在头脑中的反应，需要与生俱来。我们谈的需要一般是指个体的主体需要。美国心理学家马斯洛 1943 年提出人的需要是按照从低到高的层次分为生理、安全、社交、尊重、自我实现五种需要。一般而言，人只有低层次的需要实现后，才有高层次的需要。法治教育由于主体的分类不一样，因此，其需要也不一样。

（一）成人的需要

成人的需要，是个体法治教育主体的需要，是法治教育最基本的需要。法治教育的其他的需要，都是以个体成人的需要为基础，在不同主体类型中的体现。

何为法治教育主体的成人需要呢？所谓成人，就是成为一个真正的人，一个完全占有自己本质的人、也就是人的自由而全面的发展。按照马克思的设想，要在共产主义人才能真正成为一个人，实现马克思所言的，“任何人都没有特殊的活动范围，而是都可以在任何部门内发展，社会调节着整个生产，因而使我有可能随自己的兴趣今天干这事，明天干那事，上午打猎，下午捕鱼，傍晚从事畜牧，晚饭后从事批判，这样就不会使我老是一个猎人、渔夫、牧人或者批判者”①。由此可见，成人的需要，就是人的能力、技能的全面发展。成人需要是其他需要的基础，没有成人的需要，其他需要就没有根基。成人需要就好比土壤，具有健全的成人需要，才有生长其他需要的可能。

法治教育首先要满足个体成人的需要，要把个体培养成为一个真正的人。通过培养人的法治意识、权利意识、权利与义务统一的意识，教育人学习法治知识、法律条文、规则，养成人遵法、护法、守法的习惯，从法治教育的角度满足人成人的需要。

由此可见，作为法治教育本身，要深入研究、挖掘法治教育的内涵，不断丰富和发展法治教育的功能，让法治教育满足人的成人需要。然而，长期以来，人们忽视法治教育的成人需要，在一定程度上只注意到法治教育的社会功能，其实，没有让人成为一个人的需要，尤其是成为一个真正的人的需要，也很难说法治教育的其他需要能真正得到实现。

（二）治国理政的需要

法治教育要满足群体治国理政的需要。当然，从需要的多样性来讲，法治教育满足群体治国理政的需要；同时，这种需要其实也是一种个体的需要。一个国家、一个群体要存在，要依靠什么最可靠呢？依靠道德，依靠中国传统文化中的“礼”，依靠风俗习惯等，都不失为一种选择，而且这些选择或者某一种选择，在一定的条件和范围内也体现出了较大的

① 《马克思恩格斯选集》第1卷，人民出版社1995年版，第85页。

适应性。但是，就现代社会而言，尤其是世界历史目前发展的大趋势而言，法治才是最好的选择。法治教育在传播法治理念、法治知识，在治国理政中担负有神圣的使命，而目前的法治教育作用大多仅仅局限于法治知识、法律条文的学习，而从治国理政的高度来认识法治教育，发挥法治教育的作用还做得远远不够。因此，要重新认识和发挥法治教育在推进国家治理体系和治理能力现代化中的作用。

机构与群体是联系在一起的，不同的机构由不同的群体构成。不同的机构在国家治理中发挥的作用也不同，因此，法治教育要区别在国家治理体系中，不同机构的种类和性质，有针对性地对不同的机构开展法治教育，提高法治教育的实效性，满足机构的法治教育需要。这就要求我们针对不同的群体，深化法治教育的内容和方法的改革，编写质量较高的能满足不同群体需要的法治教育教材读本，尤其是要加强对不同群体法治教育规律的研究。

（三）建立人类命运共同体的需要

人类命运共同体，是中国共产党第十九次代表大会正式写入报告的一个大政方针。这就是说，随着我国经济、政治、文化、军事、外交等各种实力的提高，中国的发展与世界的发展联系更为紧密，中国特色社会主义建设不仅为中国人民谋福祉，为了中国人民美好的生活，而且也为了给世界人民谋福祉，为了世界人民的美好生活。

法治教育从教育的主体而言，不仅有个体主体、群体主体，而且有“类”主体。法治教育的“类”主体意味着，在当今时代中国的法治教育不仅是主权国家中一个国家的事情，而且要把全人类作为教育的主体。法治教育要考虑世界人民的诉求，要自觉承担国际教育使命，这就要求我们广泛地开展调查研究，了解全世界各个国家对法治教育的需要，研究世界法治教育规律，通过我们的对外宣传、国内法治教育、教育合作交流等多种形式和手段，开展国际法治教育，满足建立人类命运共同体的需要。

事实上，我国的国内法治教育中国际法教育部分，从开始法治教育之初就有了，只不过刚开初国际法部分内容偏少，随着我国经济、政治、文化等快速发展，国际法部分所占比重逐渐增加。开始，人们开展国际法教育仅仅是满足国内经济、社会等的发展需要，随着我国综合国力的提高，人们逐步意识到，国际法教育对我国履行国际使命、建构人类命运共同体具有重要作用。

法治教育满足建构人类命运共同体的需要，与干涉他国内政不同，法治教育仅仅是一种教育，它满足建构人类命运共同体的基础是基于教育合作、共赢、平等、互助、自愿、选择等原则。所以，法治教育承担的国际使命，其导向是人类的文明、发展、进步。世界性共同规则、规范、人类命运共同体的理念，是“类”主体法治教育的主要内容。由此可见，在当今这个时代，加强法制教育的国际理解，从建构人类命运共同体的宽广视野理解法治教育，不仅是法治教育规律的反映，而且也顺应了人类社会发展的总趋势。

第二节　法治教育的价值客体

法治教育作为价值客体具有满足价值主体的需要，与价值主体产生关系，形成法治教育的价值。作为法治教育的客体是法治教育价值重要的研究对象。这里需要认识的是，何为法治教育的客体，法治教育客体有何特征、属性，这些特征、属性是怎样形成的，又会怎样发展变化，其发展变化的趋势是什么，在当今这个时代背景下，又该如何把握法治教育客体，怎样运用这些客体来满足法治教育主体需要等一系列问题，是法治教育客体研究的主要内容。

一　法治教育客体的含义

从哲学的角度讲，客体是指主体之外的客观事物。客体是相对于主体而言的，没有主体就没有客体。也就是说，某一事物衍化为主体形态，与之处于对应关系的物就是客体。法治教育的客体是相对于法治教育的主体而言的，在特定的法治教育活动中，法治教育主体与提供法治教育资源的部分都可以称之为法治教育的客体，这是广义的法治教育客体。广义的法治教育客体包括法治教育实物资源、制度资源、教材、教师、开展的法治教育活动、运用的法治教育方法、法治理念、对法治教育自身的理解，等等，都是法治教育客体；而狭义的法治教育客体则是指法治教育活动。

在法治教育的价值中，既要研究广义的法治教育客体，也要研究狭义的法治教育客体。要分析法治教育客体属性，尤其是狭义的法治教育客体的属性，并在实践中正向拓展这种属性，最大限度地满足法治教育主体的需要，实现法治教育的价值。

就广义而言，法治教育客体是个宽泛的范畴，也就是说，与法治教育主体相对应的都可以称之为法治教育客体。确立广义的法治教育客体概念，有利于从联系的角度、整体的角度、宽广的视野思考法治教育，开展大视域的法治教育。也就是说，法治教育不仅仅是法律条文、法律知识、法律程序等的教育，而是国家制度、政治制度、社会制度、经济制度、文化制度的教育，是一个国家意识培养的教育，法治教育既涉及法治教育活动、教材、媒体、手段、方法、策略、制度支撑，也涉及与法治教育主体对应的各种客体因素。事实上，我们的法治教育就是在广阔的社会大背景、大视域下开展的。过去，我们对法治教育广义的客体研究不够、重视不够，这不仅影响了法治教育的实效性，也影响了对法治教育价值的认识，特别是影响了对法治教育功能和作用的认识。目前，随着我国全面依法治国的活动开展，法治在国家和全体社会成员中的作用日益凸显，因此，对法治教育客体有必要重新界定、理解，尤其是要把广义的法治教育客体纳入研究的范围，以利于将来我国从国家战略意义上来认识法治教育、规划法治教育。

就狭义而言，法治教育客体就是指法治教育活动。法治教育活动就是指法治教育、教学活动，主要是指学校的法治教育活动。法治教育活动，要满足人的需要。满足人的哪些需要，这是狭义的法治教育活动要研究的。在法治教育活动中，人对法律知识、治理知识的学习，对国家的法律、制度的了解，对与自身的生活、生产密切相关的权利、义务的了解，权益的实现路径、保障手段、实现程序等的学习、习得、养成、践行，无疑是狭义的开展法治教育活动的主要内容。法治教育客体除了要研究法治教育客体的内容之外，还要研究法治教育客体的组织方式，活动的组织机构的建立，还要考虑活动本身的有效性。

二 法治教育客体的特性

第一，教育性。法治教育既然是一种教育活动，那么它必然以各种形式影响人的思想和行为，促进人的身心发展，因此，教育性是法治教育的首要的基本特性。法治教育的教育性与法治教育的知识性密切想联系，不仅培养人的规则意识、权利义务意识，而且培养人的德性。其一，通过法治教育到达对“大道”、对规律的认识和把握，因为，在现代社会，尤其是科学技术规范、环境保护规范、公共社会规范等本身就是自然规律的结晶和体现。因此，法治教育的教育性，主要体现在两个方面：一方面，法治教育涵养人的德性。主要通过对法治教育条文、规范的理解，从而加深对人类社会和自然界规律的认识和把握，促使人从必然王国走向自由王国，促进人的道德升华，当然，这里的道德升华不仅有“道”（对规律把握）的升华，也有我们现在所理解的人的法治素养、思想道德水平、国家意识等方面的提高和增强。其二，法治教育的教育性体现在使人“成为人”，当然，这里的人不是我们日常生活中理解的人，因为就日常、世俗的理解而言，我们本身就是人，无所谓成不成人的问题，这里的成人是成为“真人”，是“臻于至善”，达到人的最高境界。其三，就是法治教育要教会人习得具体的法治知识、掌握与自身的生存和发展密切相关的法治、法律、规则、规章的具体规定。这个方面是法治教育的教育性的具体展开，是微观层面的教育性。法治教育的教育性的这三个方面相互联系、相互印证。法治教育的微观教育性，是宏观教育性（把握“道”、“成为人”）的基础、展开、落实，法治教育的宏观教育性是法治教育教育性的最终追求、引领、目标导向。这也说明，法治教育的教育性是有层次的，而我们过去在法治教育中往往对这种教育的层次性不理解，这就自然导致了法治教育无论是高度、还是深度，或者广度都不够，因此，法治教育就难进入国家决策层面，这不仅与全面依法治国大背景下法治教育应当承担的使命不相符合，也使得具体的法治教育缺乏崇高的教育性引导，而越来越在实际的教育活动中走形式，逐步消解其教育的实效性。

第二，人本性。法治教育客体的人本性意味着法治教育要围绕人来开展，人是法治教育活动的中心，因此，在法治教育活动中要研究人的利益、人的诉求、人的需要。法治教育不能以物为本，不能以物为中心，也就是说，法治教育活动本身不能把规则、条文、知识、治理、管理等作为追求的目标，而要把以上所言的各种物的要素、因素与人联系起来，确立人在这些物的要素、因素中的核心地位、崇高地位。当然，法治教育人本性中的人是具体的人，比如，小学生法治教育的需要不同于大学生法治教育的需要，而大学生法治教育的需要又不同农民工法治教育的需要，农民工法治教育的需要与领导干部的法治教育需要也有较大的不同，因此，法治教育的人本性就意味着，在法治教育活动中一定要研究具体的人的需要，从而选择恰当的法治教育内容。在过去，我们比较忽视法治教育的人本性，从而使得法治教育活动本身变得枯燥无味，法治教育中所蕴含的社会主义法治理念、社会主义法治价值很难落地生根，法治教育仅停留在表面的法律知识、法律条文上的教育，因此，在新时代，法治教育要从思想和水平上得到提升，必须确立法治教育的人本性。

第三，内生性。法治教育具有内生性，内生性是法治教育内在的特性、特征，它揭示了法治教育这种特殊的教育与其他教育不同的质的规定性，也就是说，法治教育到底要教给法治教育主体什么，能给人们带来什么，这些东西与其他教育活动带给人们的收获有何不同。法治教育的内生性，要从法治教育本身来考察。随着法治社会的推进，人们的认识水平的提高，社会科学研究的深入，尤其是法治教育研究的深入，法治教育的内生性将不断深化。就目前的认识和实践而言，法治教育的内生性主要包括权利与义务的统一性、法治思维、法治能力、规则意识、权利意识、人权意识等。这是法治教育这种特殊的教育活动能够带给人们直接的受益。法治教育首先要教会人们习得的是权利与义务的统一性意识和行为，也就是说，作为一个主体首先要有权利意识，最基本的就是人权意识，当然，在享有权利的同时，必须尽自己的义务，必须把权利与义务统一起来，在我国，没有只享有权利而不尽义务的主体，同时也没有只尽义务而不享有权利主体。法治教育内生性的其他内涵都是法治权利与义务统一的具体展开，比如，法治思维实际上就是权利与义务统一的思想，法治能力实际上是用权利与义务统一的立场、观点、方法、处理问题、分析问题和解决问题的能力，而规则意识则是权利意识过于突出、权利没有边界、权利过于膨胀的纠偏，权利意识和人权意识则是在一定条件和场合下，对过于忽视权利、人权的宣示和提醒。可见，法治教育的内生性的基础是权利与义务统一的特性。在法治教育中，我们要把握好这个内生性，才能理解法治教育客体，也才能较为准确有效地开展法治教育活动。

第四，发展性。发展性是法治教育的重要特性。法治教育是一种发展性教育，发展是法治教育的本质特征。马克思主义的否定之否定规律揭示了发展的前进性和曲折性，在马克思看来，发展的实质就是新事物的产生和旧事物的灭亡。法治教育是一种发展性教育，新的法治教育不断代替旧的法治教育，法治教育的发展过程中充满曲折，但是，就整体趋势而言，法治教育是不断向前发展的。在奴隶社会、封建社会，没有法治教育，法治教育产生于资本主义社会，法治是与民主、权利、人权密切相联系的。社会主义社会的民主是一种全新的民主，因此，社会主义的法治教育是一种全新的法治教育。在新时代，我国人民享有的权利越来越多，因此，法治教育也呈现新的时代特征。在过去，我们对法治教育的意义和作用认识不够，没有把法治教育当成一门真正的科学，在教育种类中，法治教育无论是学科建设，还是理论研究、教育教学实践活动的开展，都很不深入。随着中国特色社会主义事业的推进，依法治国不仅成为我国基本的治国方略，而且全面依法治国不断向我国的各个领域推进，而在这种时代背景下，我们再反观法治教育，就目前的状况而言，无论是学科建设、科学研究、教育活动、人才培养、师资培养都与国家战略的要求很不适应。法治教育是一门发展性的教育学科，这不仅从法治教育产生的历史能得到说明，而且从法治教育所蕴含的发展动力、社会对法治教育提出的发展要求，以及全体人民对法治教育寄予的发展希望都能得到说明。

第五，整体性。整体性观点认为，研究对象是由要素构成的有机联系的整体，整体与部分之间是相互依赖、相互制约的关系。对象的整体性并不意味着形成整体的要素的简单机械相加，整体性是由要素（子系统）的相互作用规定，因此，要揭示整体性，必须从整体与要素的相互依赖、相互联系、相互制约中来揭示。就法治教育而言，整体性的特性尤为明显，法治教育涉及的方面众多，既有教材、教师、教育对象、教学方法，还涉及教育环境、设施、教育制度、方针、政策、科学研究、学术交流、资金投入等，每一个部分（可以看成是要素或者子系统）下面又是由若干要素或者子系统构成，子系统下面又可以分更小的子系统（或者称之为一级子系统、二级子系统，等等）。法治教育具有整体性，在开展法治教育活动时一定要注意联系，不能孤立地、个别地考察法治教育因素。首先，要把法治教育放在全面依法治国这个大的战略背景下来考察，才能弄清楚法治教育的战略地位，从而有效地开展法治教育的教学和研究。其次，法治教育与其他教育不同的是，它与社会的法律、制度、国家治理直接相联系，因此，要考察法治教育必须更加注重整体性。再次，法治教育不仅仅是一种学校教育（当然，学校教育是法治教育的主要方面），法治教育更是一种社会教育，因为，法治教育的效果、成果，是通过社会生活、社会风气、社会发展直接体现出来的，这也说明了法治教育的整体性。

三 法治教育客体的分类

法治教育活动，根据不同的标准可以有多种划分方法，这里的划分是针对狭义的学校法治教育而言的。学校的法治教育可以更狭义地理解为学校法治教学活动。

（一）从形式上分有：法治教学活动、法治课外活动、法治实践活动

1. 法治教学活动

法治教学活动，是以教学班级为单位的以法治为内容的课堂教学活动。法治教学活动是一种基本的教学工作形式，由各个教学环节相互联系、依次衔接，构成一个完整的教学系统，包括复习、导入新内容、讲授新内容、师生互动、总结讲授的内容和布置作业等几个环节，这些教学环节不是每节课都必须具备的，可以根据具体的教学内容做出调整。法治教学的构成要素包括受教者（学生）和施教者（教师）。可以说，教师和学生构成了法治教学的基本因素，这两个因素在教学活动中的关系推动了教学活动的深入开展。法治教学活动可以用多种方式进行，比如，谈话、研讨、实践活动、竞赛、自主学习等。可见，法治教学活动，就是通过法治教学内容由施教者对受教者进行教与学的双边活动，达到传授法治知识、训练法治技能、培养法治观念的活动。

2. 法治课外活动

在我国古老的典籍《学记》中就载明了："大学之教也，时教必有正也，退息必有居学"，"正业"就是课堂教学，而"居学"就是课外活动。可见，法治课外活动是课堂教学的一个补充，是培养法治人才不可缺少的

教学途径，学生可以根据自己的兴趣、爱好、特长有选择地参加。因此，它具有广泛的适应性、自主性、灵活性、多样性。法治教学的课外活动可以分为校内的课外活动和校外的课外活动，这两种课外活动在组织方式、参加学生的范围、活动的地点、时间等方面有所不同。过去我们往往不太重视法治教学课外活动的开展，其实，法治教育要真正获得实效性离不开课外活动，法治课外活动不仅能开阔学生的法治眼界、让学生获得直接的法治体验，把学到的法治知识、法治理论联系实际，而且能真人融入法治社会，扮演好法治角色。法治课外活动还在培养法治人才方面具有重要意义，它能让我们在法治教学中更好地处理好全面发展与因材施教、普遍要求与重点提高的关系。因此，必须重视法治课外活动的开展。

3. 法治实践活动

法治实践活动，是学生自主参加法治实践，获得法治知识与技能的一种教学活动。实践教学则是学校或者社会组织有计划地组织学生开展的一种获得法治知识与技能的活动。无论是实践活动也好，还是实践教学也好，都是为了把学到的法治理论知识与社会实践相结合，这里不对这两种形式作严格的区分。

法治实践活动的显著特征是：其一，以培养人才为己任。实践教学就是为了让学生在实践中增长才干，加深学生对法治社会的感悟、理解，培养既有理论知识又有实践技能的人才。其二，以学生的自主参加为特征。社会实践教学与课外活动类似，以学生的自主参加为主要特征。在社会实践教学中，学生的参与性、自主性居于矛盾的主要方面，教师或者说活动的组织者反而居于辅助性、指导性、从属性的地位。其三，定向性。法治实践教学也可以称之为一种教学活动，因此，具有鲜明的计划性、目的性，这与一般的课外活动有较大的随意性有明显的不同。其四，联系性。法治实践教学与法治课外活动、法治课堂教学活动是密切联系的，运用得当能更好地完成教学任务，起到相得益彰、相互配合的作用。其五，多样性。法治教学实践活动的形式多种多样，可以是参观、访问、调查，也可以是亲身体验、感悟，还可以是顶岗实习、短时代岗等。

（二）从主体上分：有教师的法治教学活动和学生的法治教学活动

1. 教师的法治教学活动

教学活动是一种双边活动，所以，单纯的教师法治教学活动是不存在的，但是，这不妨碍我们从教师的视角考察、研究法治教学活动。教师的法治教学活动研究教师在法治教学中所起的作用，所承担的任务、职责。教师是法治教学活动的组织者、指导者、引领者，教师在法治教学中起重要作用，没有教师也就没有法治教学。那么，如果没有教师的活动是什么呢？是单纯的学生自主学习，再也不是教学活动了，可见，在法治教学中，离不开教师。因此，教师要从知识上做好法治教学的准备，努力学习，增加知识积累；同时，教师要参加法治实践，积极投身到中国特色的社会主义法治建设，积累相关的法治教学实践经验；此外，教师还应制订好法治教学计划，进行周密、详尽的法治教学预设。最后，就是教师在法治教学中，一定要摆正自己的法治教学位置，教师是法治教学的组织者、引领者，怎么引领，引领什么，这不是仅仅有点法治知识就能解决问题的，教师的世界观、人生观、法治观、人格魅力无一不影响教师作为引导者作用的发挥。

2. 学生的法治教学活动

这是从学生的视角考察、研究法治教学活动，学生是法治教学的主体。如果说法治教学活动是矛盾的统一体，那么学生就是矛盾统一体中起决定作用的一方。因为，教学以学生为中心、以学生为本，学生的法治兴趣、法治知识的接受情况、法治技能的熟练程度等，决定了法治教学活动的推进。因此，在法治教学活动中，教师既要充分发挥学生的主体性、积极性；同时，学生也要自觉地发挥自己的主动性、积极性，要在法治教学活动中主动学习、探究学习。在课堂教学中，学生要主动与教师对话；在社会实践教学活动中，学生要积极主动与其他组织者对话。当然，学生作为法治教学活动的主体，要真正发挥作用，还很不容易，容易受传统教学观念的制约，我们往往把学生当成知识的被动接受者，这要引起注意；同时，学生主体作用的发挥受自己知识、经验、阅历、身心发育程度的影响，这些都迫切需要讨论研究。我们不能用教学活动的双边的考察、研究，代替单边考察的深入。

（三）从教学内容上分：社会主义法治理念教学活动，宪法教学活动、刑法教学活动、民法教学活动、商法教学活动、程序法教学活动

1. 社会主义法治理念教学活动

社会主义法治理念，是中国共产党对社会主义法治建设的历史和经

验的总结，体现了社会主义法治内在要求的观念、信念、理想和价值，同时也是社会主义法治实践的指导思想和立场、观点、方法，所以，法治教学的首要任务是开展社会主义法治理念教学活动。社会主义法治理念包括依法治国、执法为民、公平正义、服务大局、党的领导。依法治国是核心内容，执法为民是本质特征，公平正义是价值追求，服务大局是重要使命，党的领导是根本保证。

2. 宪法教学活动

宪法是国家的根本大法，是依法治国的总章程，宪法规定国家的根本任务、根本制度、国家的国体、政体，具有最高的法律效力，所以，无论是社会公众的法治宣传教育，还是学校的法治教学活动，都把宪法列为重要的教学内容。比如，开展升国旗、唱国歌、诵读宪法的活动等，都是宪法教学活动的有效形式。

3. 刑法教学活动

刑法是规定犯罪、刑事责任和刑罚的法律。统治阶级为了维护本阶级的统治和利益，根据自己的意志规定哪些行为是犯罪，应负何种程度的刑事责任，并应给予何种程度的处罚。刑法是一个人社会化要学习的最基本法律，刑法教学活动让受教育者明白何种行为是犯罪，应受到何种惩罚，罪与非罪有何不同，此罪与彼罪有何不一样。刑法是基本法，所以，无论是何种层次的法治教学活动，刑法都应重点教学。

4. 民商法教学活动

民商法的最大特点就是主体之间的平等关系。民法是调整平等主体之间的公民、法人或者非法人组织之间的人身关系和财产关系的法律规范，民法的基本原则是平等原则、自愿原则、公平原则、诚实守信原则、公序良俗原则。而商法是调整平等主体之间的商事关系的法律规范，民法的基本原则在商法中均能得到体现。我国的民法总则规定了民法的基本原则。我国还制定了合同法、物权法、侵权责任法、婚姻法、收养法、继承法等基本的民事法律，制定了证券法、票据法、海商法、专利法、商标法等基本商事法律。这些都是法治教学不可缺少的基本内容。

5. 行政法教学活动

行政法是调整行政主体与行政管理相对人之间因为行政管理活动发生的关系。规定的内容有：行政权的授予、行政权的行使以及行政权监督。行政法遵循的基本原则是职权法定、程序法定、公正公开、有效监督等原则。我国基本的行政法有行政处罚法、行政复议法、行政许可法、行政强制法，此外，还有环境保护法、公务员法、居民身份证法、治安管理处罚法、教育法、高等教育法、义务教育法、体育法、兵役法、网络安全法、食品安全法、国家安全法、科学技术进步法、文物保护法等基本的行政法。行政法教学活动是法治教学的重要内容，学生的很多治国理政知识，都是通过行政法的学习获得的。

6. 经济法教学活动

经济法是国家对市场经济进行宏观调控的法律手段和制度，经济法调整的是纵向的管理关系，目的在于防止市场经济的自发性和盲目性。可见，经济法不同于民商法调整平等主体之间的民商事关系，它是国家从整体利益出发，对经济活动的宏观干预。我国制定的经济法有预算法、价格法、中国人民银行法、企业所得税法、个人所得税法、税收征收管理法、农业法、种子法、铁路法、公路法、民用航空法、土地管理法、森林法、水法、矿产资源法、可再生能源法、节约能源法、反不正当竞争法、反垄断法等。经济生活、经济行为是重要的社会行为，在法治社会，经济法教育活动是法治教学的重要内容。

7. 社会法教学活动

社会法教学活动涉及的内容比较广泛。社会法是调整劳动关系、社会保障、社会福利、特殊群体保护的法律规范。社会法遵循公平和谐原则、国家适度干预原则，体现了在我国社会主义制度下，对劳动者和弱势群体的必要的保障，从而维护社会的公平正义。随着社会的不断向前发展，我国的社会法将越来越多、越来越发达，规定也将越来越科学、细密、全面。我国制定了主要的社会法——劳动法，将劳动关系和与劳动关系密切联系的劳动保护、安全、培训、争议、监察等置于法治的框架下。此外，还有矿山安全法、职业病防治法、安全生产法、劳动合同法、就业促进法、劳动争议仲裁法、红十字法、公益事业捐赠法、慈善法、工会法、社会保险法等法律。

8. 程序法教学活动

法治教学活动，不仅包括实体法的教学，也包括程序法的教学。我国的程序法包括诉讼程序法和非诉讼程序法，诉讼法规范是通过司法程序解决纠纷的法律依据，非诉讼程序法规范是仲裁机构和人民调解组织解决社会纠纷的依据。我国的诉讼法包括刑事诉讼法、民事诉讼法、行政诉讼法，非诉讼程序法包括仲裁法、人民调解法、引渡法、海事诉讼特别程序法、劳动争议调解仲裁法、农村土地承包经营纠纷调解仲裁法等。在程序法教学活动中，要把这两部分的法律规范结合教学。

第三节　法治教育价值的形成

一　法治教育价值的形成条件

法治教育价值的形成，就是法治教育的客体属性满足主体需要的过程。法治教育价值的实质，就是法治教育主体与法治教育客体之间需要和满足关系的不断生成。

（一）法治教育价值形成的主观条件

首先，要有主体，还有主体的需要。主体和主体的需要是联系在一起的，也就是说，主体总是有需要的，需要也总是主体的需要，既没有脱离主体的需要，也没有无须要孤立存在的主体，在马克思看来，“富有的人同时就是需要有完整的人的生命表现的人，在这样的人的身上，他自己的实现表现为内在的必然性、表现为需要”①。在现实生活中，主体为了满足自己的需要，从事各种各样的实践活动。法治教育也是这样，法治教育主体为了“成人”，为了治国理政，为了全人类的幸福生活，不断参与法治教育实践，通过法治教育来获取资源，满足自己的发展、社会的发展以及人类发展的需要。人的法治教育需要，是自身在法治实践、法治教育活动中，对其缺失状态所进行的观念把握，也就是说，法治教育需要是一种缺失，这种缺失是人的法治教育实践活动的内在动因，人的法治教育实践活动总是社会生活中的法治教育实践活动，不能脱离社会而孤立存在，因此，法治主体的需要，不仅是人的本性，而且具有社会性，是自然性与社会性的统一。

这里需要明确的是，价值源于主体的需要，价值不同于事实。事实是指客观存在的事物和发展规律，事实如果不同具体的主体联系，还不

---

① 《马克思恩格斯全集》第42卷，人民出版社1979年版，第129页。

能把这种主体称之为需要。也就是说，法治教育的价值是法治教育的客体属性与主体需要的效用关系。法治教育的价值要得以生存，既需要客体属性这个客观条件，也需要主体需要这个主观条件，法治教育的价值生成是主观条件和客观条件的统一体。从这里可以看出，事实是不以人的意志为转移的客观存在，它有自身的发展变化规律，可以不与具体的人相联系。而价值却不同了，客体即使有某种属性，也能满足主体的需要，但是，如果主体对这种属性视而不见，不为其属性所动，还不能称之为价值。

其次，在法治教育价值的形成中，无论是主体也好，主体需要也好，还是客体以及客体的属性也好，都具有很大的流变性。在法治教育的价值中，主体是变化的，比如从幼儿、小学生、中学生，到大学生，再到步入社会成为社会人，每一个阶段，人的身心特点是不一样的，人在成长中的需要也是不一样的。同样，我们的法治教育活动随着社会的不断进步发展，无论是法治教学活动，还是法治教育实践，还是法治教育制度，法治教育的学科建设、法治教育的科学研究、人才培养，以及法治教育的资金投入、物资设施建设，等等，都是发展变化的，因此，法治教育的价值形式是一个不断变化的过程，只能从动态中才能把握法治教育的价值。

再次，法治教育价值的动态性并没有否定法治教育价值的相对稳定性。正因为法治教育价值的相对稳定性，才为法治教育价值的研究提供了可能性，我们判断、确定、分析人的需要和法治教育活动都是以法治教育价值的相对稳定为前提的。

最后，这里还要论及的就是，法治教育的价值追求和法治教育的科学认识到底哪个重要。我们说，在法治教育中，既要追求、肯定法治教育的价值在法治教育活动中的重要性，同时也要明确法治教育的科学认识是非常重要的。法治教育要以科学研究为根据，要通过科学研究探索法治教育内在的、本质的、必然的联系，要加深对法治教育规律的探究，没有法治教育的科学认识，法治教育的价值就没有依据，也没有任何意义，而法治教育的价值则关系到人们的法治教育评价和用法治教育的价值选择来建构自己的法治生存方式。由此可见，法治教育活动既是一种科学活动，也是一种价值活动，是科学活动与价值活动的统一体。

（二）法治教育价值生成的客观条件

法治教育价值的生成，不仅要主观条件，而且要客观条件。客观条件就是客体和客体属性。也就是说，要有法治教育活动的存在，因为，法治教育活动作为客体是法治教育主体活动的对象，法治教育主体通过对客体资源各种属性的利用来满足主体的需要。所以，首先要有法治教育活动的存在，并且其属性能满足主体的法治需要。特定的法治教育客体和客体的属性，决定了法治教育主体的价值选择、价值评价，法治教育客体就好比矿山，矿山的种类、矿产量决定了能开采多少年，能满足多少主体的何种需要和满足需要的程度。比如，法治教育活动与政治活动、经济活动、外交活动不同，政治活动满足主体的政治参与需要，经济活动满足人们追求经济利益的需要，而外交活动则满足作为主体的国家与他国交往的需要。

法治教育客体属性、存在、规律决定了法治教育主体的价值评价、选择方向和能到达的水平。法治教育主体只能顺应法治教育客体的属性、状况、规律来活动，从而形成法治教育主体的价值追求。也就是说，法治教育主体不能超越法治教育价值客体的限制、条件、水平来形成主体的价值追求。因此，在法治教育价值活动中，法治教育主体虽然具有一定的能动性，但是，这种能动性的发挥要受到法治教育活动客体的限制，也就是说，法治教育主体的作用不是无限的和绝对的。

（三）法治教育价值的生成过程

法治教育的价值在客体满足主体需要的关系中生成。法治教育价值的实质就是法治教育客体满足法治教育主体需要，到底怎样来满足主体的需要，根据价值哲学，有以下一些观点。主观论者认为法治教育是作为主体的人的法治偏好、法治情感、法治信仰等心理，在客观论看来，法治教育价值直接等同于法治教育的属性。这两种论点的不足之处在于，没有看到法治教育是复杂的法治教育主体与法治教育客体之间的关系。比较有代表意义的是“关系说”，认为：“价值不是一个实体范畴，它不表示在主体、客体之外的第三种实体，不能把它理解为一种独立存在物；价值也不是一个属性范畴，在孤立的主体或客体身上都不存在着‘价值’这种属性，不能把价值理解为任何存在物生而有之的固然属性；价值是一个关系范畴，它表明主体之间一个特定关系方面的质、方向和作用。”[①]“关系说”突破了单纯的主体或者单纯的客体来说明价值，其进步之处在于看到了价值的互动性、复杂性。关键是怎样确定这里的新质，有的人认为是既定的主体与既定的客体之间产生的新质，有的试图对“关系”质进行界定。有人认为价值“关系说”仍然存在本体思维的痕迹，先验的确定价值自在的质，试图超越“实体化”“本质化”的研究思路。可见，法治教育价值的实质理解，既要以“关系说”为基础，又要超越“关系说”，既要看到人的主体性，又要看到关系的复杂性、互动性、客观性，更不能忽视关系中的人。

根据价值哲学的指引，法治教育的价值到底产生于何时，是法治教育理论和实践必须关注的。一般认为，产生于法治教育的客体属性满足于主体需要的那一刻。这一刻又是一个延续的过程，旧的需要满足了，新的需要又不断被主体和社会创造出来。所以，法治教育价值的生成是一个动态的、不断发展和完善的过程。可见，法治教育的价值，作为一种质不能独立而永恒地存在，它是一个在主体需要与客体属性之间不断展开的动态质。

二　法治教育价值的真假之辩

“真实价值与虚假价值非常复杂，它涉及价值的产生根据、存在理由、社会功能、判断标准、实现手段等一系列问题。真实价值与虚假价值既是个价值本质问题，因为它与人需要的真实反映与歪曲反映有关；同时又是个价值评价、价值选择、价值实现问题”[②]，因为法治教育的价值是法治教育客体与法治教育主体需要满足的效用关系。

法治教育有价值，能满足人的需要，也能满足人组成的组织机构的需要，这是毫无疑义的，但是，法治教育要满足人的正当需要，符合人的发展和社会发展的价值取向，才能形成正向价值。法治教育的正向价值是法治教育的真价值。相反，法治教育如果与人的发展和社会的发展背道而驰，就只能形成负向价值，即虚假价值。

---

① 李德顺：《价值论》，中国人民大学出版社 1987 年版，第 124—125 页。

② 阮青：《价值哲学》，中共中央党校出版社 2004 年版，第 65 页。

法治教育的真价值与虚假价值有所不同：

第一，法治教育的真价值是社会和个人承认的正向价值，法治教育的虚假价值是社会和个人所否认的负向价值。真价值是法治教育追求的价值，而假价值是法治教育要极力避免的价值。

第二，法治教育的真价值源于人的健康需要、社会的文明发展需要，而法治教育的负价值是人的不健康需要，同时，假价值会阻碍法治社会的形成。

第三，法治教育价值的真假之分，不能看表象，而要看实质，这个实质就是对人的需要的满足、对人追求美好生活的促进功能。所以，实质好的是真价值，实质不好的是假价值。

第四，法治教育的真价值能得到社会底层群众的认可，而法治教育的假价值由于其虚假性，更多地得到剥削阶级、官僚政客的认可。

第五，法治教育的真价值的哲学基础是唯物主义，而法治教育的假价值的哲学基础是唯心主义。所以在表象上，真实价值往往表象为务实、真话、实事求是、进步、正能量，而法治教育的假价值表象为形式主义、教条主义、官僚主义、假话、大话、空话，形象工程、窗口工程、假政、庸政，等等。

由此可见，法治教育的真价值具有合规律性，法治教育的假价值具有逆规律性。只有认识和把握了法治教育的规律，法治教育的真价值才能发挥出来；同样，也只有认识和把握了法治教育价值的规律，法治教育的假价值才能最大程度地避免。

三　法治教育虚假价值的表现

从法治教育的客体看：

其一，表现在对法的理解表面化。对法治教育的“法”要有个深刻的理解，并不容易。一定社会的法，必须放在特定的社会的经济关系中才能正确理解，不仅要理解法的字面意思，而且要理解蕴含在法里面的深刻的利益关系。

其二，法条主义、惩办主义盛行。初学法律的人，对法治的宽严理解往往失度，认为法就等于惩罚，对法律、法治的原则性与灵活性的理解往往不正确，不是因为原则性失去灵活性，就是因为灵活性失去原则性。

其三，把法与德和其他社会规范对立。法有特定的适用范围，调整的社会关系也有限，而道德和其他社会规范在调整社会关系中有其独特的作用，这种独特作用是法所不能代替的。对法、法治仅有粗浅理解的人，往往看轻道德规范和其他社会规范，不能在法治教育过程中正确地处理法治教育与道德及其他规范教育的关系。

其四，不能正确处理合理性与合法性的关系。在具体的现实社会生活中，如何适用法，不是仅仅靠严格依法办事就能做到的，要正确处理合法性与合理性的关系。不仅法要容情，而且法容情才是善法、好法，法容情的治理才是善治，才是好的治理。

从法治教育的主体看：

其一，主体需要虚置。法治教育主体到底有何需要，一定要在恰当的时间、以恰当的方式表现出来，如果主体的需要表达方式错误，就称之为主体需要虚置。主体需要的虚置，直接后果就是导致主体需要不能满足或者错误满足。

其二，主体的需要认识不清楚。法治教育的价值存在离不开主体的需要，但是，主体的需要应认识清楚才行。对主体需要的清楚认识，是满足主体需要的前提。试想，主体究竟有何需要都不清楚，何谈这种需要的满足呢？

其三，不能正确处理主体的短期需要与长期需要。法治教育主体有需要，但是这种需要从时间的角度来划分，有及时需要、短时需要、中期需要、长期需要。法治教育需要的满足可以说是有一个过程。

从法治教育主体与客体属性之间的关系来看：有的法治教育主体的需要得到了满足，然而他口头表述为没有满足，有的是此种法治教育需要得到满足，然而他却表述为彼种法治教育需要的满足。还有主体对所满足的需要的虚假表述，会直接导致法治教育的虚假价值。特别是，在什么样的情况、什么样的条件下才算满足主体的需要，满足了需要的主体有何表现？有没有满足的标准？怎样进行测量？不同的人群又有何不同？满足后会产生哪些功能？这些因素是否恰当处理，有可能会直接导致法治教育的虚假价值。

四　法治教育虚假价值产生的原因分析

第一，复杂因素原因。法治教育的价值，并不是客体属性满足主体健康需要那一瞬间就形成的字面上理解的这么简单，主体的需要，不论满足还是不满足，都有其深刻的社会、政治、经济、人为、个体差异等原因，而法治教育的虚假价值可能由此而生。可见，复杂因素原因是一种复合原因，其复杂性在于：这当中既有主观因素，也有客观因素，是主、客观因素交织的复合原因。

第二，主观原因。法治教育的虚假价值，很多是法治教育主体自身造成的。不同的世界观、人生观、价值观、法治观，就有不同的法治教育价值。法治教育的虚假价值，就是由错误的世界观、人生观、价值观、法治观造成的。

第三，客观原因。法治教育的虚假价值，有些时候是客观原因造成的。一些部门、群体，法治教育走形式、搞过场，只要形式主义，不要实事求是，把法治精神、依法治国教条化，这就容易弄虚假成真、法治教育的虚假价值盛行。

五　法治教育虚假价值的消除路径

第一，生产力的发展。在马克思看来："大工业极其所引起的生产无限扩大的可能性，使人们能够建立这样一种社会制度，在这种社会制度下，一切生活必需品都将生产很多，使每一个社会成员都能够完全自由地发展和发挥他的全部力量和才能。"[①] 首先生产力发展了，人们的生活必需品大量满足了，人们才会萌发和生长很多法治教育的需要，由此才能产生法治教育的真价值，消除法治教育的虚假价值。

第二，制度的健全。法治教育虚假价值产生的一个重要原因之一，就是对法治教育的虚假价值缺乏从制度的源头上约束。需要制度规定，法治教育必须务实，力戒表面化、形式主义尤其要防止弄虚作假。法治教育要满足人的需要、服务社会的发展，不是办几个专栏，开几次会议，几套法治教育的试题就能够解决的，也不是以某位首长、领导的满意度

① 《马克思恩格斯选集》第1卷，人民出版社1995年版，第237页。

为标准的。法治教育对人和社会的价值，需要从制度上量化、细化，消除随意性，从而杜绝法治教育虚假价值的产生。

第三，人的素质的提高。法治教育虚假价值的消除，一方面要从客体的属性入手，杜绝虚假价值的产生，因为法治教育客体的属性有两面性，既有产生正价值的属性，也有产生负价值的属性，对产生负价值的属性要做好识别、杜绝工作；另一方面，要提高人的综合素质，加强对真假价值的认知、识别。为什么会产生虚假价值呢？除了社会原因之外，还有一部分人由于受个人私利的影响，认同了虚假价值。此外，要提高个人思想道德修养，认同法治教育的真价值，消除法治教育的虚假价值需求。

第四章

法治教育学的基本内容

法治教育学的基本内容就是研究法治教育的基本范畴，范畴是一门学科的基本概念，构成了学科研究的基本内容，任何学科的研究都是从范畴开始的。“范畴是现象之网的网上的纽结”、“是认识世界的过程中的一些小梯级”[①]。要认识和了解法治教育学，首先必须了解和认识法治教育学的基本范畴。法治教育的范畴是法治教育学的基本概念。要认识、理解、科学合理地建构法治教育学，必须从法治教育的基本概念入手。法治教育的范畴来源于法治教育实践，随着法治教育实践的发展，法治教育的范畴将不断发展，它标志着人对法治教育规律掌握的深度和广度。法治教育的范畴和法治教育的范畴体系，是法治教育理论形成的基本条件，它是组成法治教育学的基本单位。就是说，法治教育学通过法治教育范畴和范畴体系来展示，法治教育范畴在法治教育的整个理论的建构过程处于基础地位。可以说，法治教育范畴的成熟程度，标志着人们对法治教育认识发展的水平。对法治教育范畴的研究关系到法治教育理论的科学性、法治教育学科的建构、法治教育实践的发展。可以说，法治教育范畴与法治教育规律同等重要，都是从法治社会的法治教育现象中抽象概括出来，反映法治教育本质的思维形式；法治教育范畴反映法治教育中合乎规律的联系，而法治教育规律反映的是法治教育范畴与范畴之间的关系，法治教育规律是由法治教育范畴和法治教育范畴之间的联系构成。法治教育范畴是认识和把握法治教育的工具，随着我国全面依法治国的开展，对法治教育范畴的认识将越来越科学、严密、准确。法

① 列宁：《哲学笔记》，中共中央党校出版社1990年版，第90页。

治教育的基本范畴包括：法治意识与法治行为，法治教育者与法治受教育者；守法与违法；法治知识与法治能力；法治与德治；管理与治理等。

第一节　法治意识与法治行为

一　法治意识

（一）含义

一般认为，法治意识是指人们对法律发自内心的认可、崇尚和服从。这是目前网络媒体、学界和实务中一部分人对法治意识的认识。这种观点认为法治意识包含着积极的价值判断，通俗地讲，认为法治意识是个好东西，而与此相应的法律意识、法制意识既包含了积极的价值判断，也包含了消极的价值判断，也就是说，法律意识和法制意识有可能是好东西，也有可能是坏东西。目前对法治意识的理解主要源于对我国法律文化、法制传统以及新中国成立以来中国特色社会主义法治建设的经验教训的总结，反映了我国人民对良法善治的渴求；但是，这种认识不仅忽视了对治理的理解，而且也忽视了良法在具体运行中的社会复杂性，这毕竟是一厢情愿。所以，作者认为：法治意识对法律和治理的理解、认同、观点、观念，是对法治的一种心理活动。法治意识本身不包含着价值判断，它可以是正面的、积极的、肯定的，也可以是反面的、消极的、否定的。可见，我国现阶段公民的法治意识就是对新时代中国法律和治理的心理活动。

（二）法治意识的特征

第一，法治意识源于法治实践。法治意识不是凭空产生的，法治意识是法治实践的反映，对法治生活实践的一种观点、看法。法治实践是法治意识的源泉，离开了法治实践法治意识就是无源之水、无本之木，根本不存在，所以，理解法治意识，必须从法治实践入手。当然，这里的法治实践，既包括社会整体的法治实践，也包括个体单独的法治实践。社会整体的法治实践，必须进入个体单独的法治体验即法治实践才能产生法治意识。在现阶段，随着中国特色社会主义法治实践的不断展开，为我国公民产生积极的法治体验提供了取之不竭的源泉，所以，就整体而言，我国公民的法治意识是健康的，是发自内心深处对现行法律、治理产生崇尚和服从。

第二，法治意识具有自发性。法治意识不是依靠外界的力量强制灌输形成的，虽然在法治意识的高级阶段法治思想体系确实需要外界的教育、培训，但是，就法治意识的基础法治心理而言，外界的任何强制是无能为力的，如果强行规划、设计、安置、种植、根植人的法治意识，有时往往会适得其反，不仅不能加深人对现行法律、制度的认同，相反会促使人从内心讨厌、反对现行法律、制度。所以，为了加速健康、为统治者需要的法治意识的形成，社会应该提供宽松的法治环境，应该从立法、执法的源头上为法治意识的形成打下良好的基础。总之，法治意识的自发性，反映了人的心理活动的规律，应该遵循、把握和利用好这一规律。

第三，法治意识具有阶级性。这就是说，不同的阶级有不同的法治意识，法治意识有可能是对立的。比如，资本主义的法治意识，是人们对资本主义法律和资本主义治理的心理反应，体现了资产阶级的立场，代表的是资产阶级的利益。而社会主义的法治意识则是社会主义法律和社会主义治理的心理反应，体现无产阶级的立场，代表劳动人民群众的利益。不仅如此，在同一社会，法治意识还具有阶层性，即不同的社会阶层尽管在根本上法治意识大体一致，但还是有差别的，有不同的层次要求、需求。理解了这一点，对我们有针对性地培养社会主义法治意识具有重要指导意义。

第四，法治意识由人的社会存在决定。法治意识不仅来源于社会法治实践，是一个人整个社会存在的反映，而且由人的社会存在所决定，这是马克思主义的基本观点。也就是说，法治意识是由人的经济关系决定，这就不难理解，不同社会的不同阶级、同一社会的不同阶层的法治需要、法治诉求有较大的差异；也不难解释，在同一个社会有的人违法犯罪，有的人遵法、守法。也就是说，在一个人的经济处境较差的情况下，要让他对法治发自内心的认同和服从是很难的，人们不得不为生存的必需品而争斗，这时他所拥有的与其说是法治意识，不如说是对法治的恐惧、畏惧。所以，较高层次的法治意识的形成，必须从社会的经济基础入手，要发展社会生产才能从根本上解决问题，但是，这仅仅是一般规律，法治意识也有相对独立性，也就是说，经济基础差，法治意识也可能较为先进。

第五，法治意识具有个性。法治意识的个性是指不同的个体，由于其个性特点不同、个人的法治体验不同，法治意识也具有独特性。比如，幼儿园小朋友的法治意识与小学生的法治意识不同；普通市民的法治意识不同于国家机关干部的法治意识，更不同于法律专业人员的法治意识。法治意识的个性，不仅反映人的不同年龄阶段法治意识的特征，而且反映了法治意识所隐含的职业性、家庭背景、生活经验、教育程度等的不同。法治意识具有个性特点，并不违反一个社会法治的统一要求。可见，法治意识是独立的、丰富多彩的，我们没有必要让每一个人都形成一样的法治意识，这不仅不可能，也是做不到的。

（三）法治意识的分类

从法治意识的主体组成来分：群体法治意识和个体法治意识。群体法治意识就是组成某一相对固定的团体的法治意识。

1. 群体法治意识是某一类人的法治意识，它反映了这部分人对法律、治理的观点、观念，是某一类人相同的社会存在的反映。群体法治意识来源于大体相同的法治社会实践体验。

群体法治意识的特征：

第一，同质性。群体法治意识在本质上是相同的，尤其是在阶级属性上没有差别。比如，资产阶级的法治意识，体现了资产阶级少数人的利益，是资产阶级对法治的共同看法，资产阶级民主、人权思想、阶级属性是相同的。

第二，抗阻性。不同的群体法治意识往往相互区别的，甚至对抗、对立，这就是群体法治意识的抗阻性。通过抗阻，防止其他群体法治意识的侵蚀，从法治意识的角度维护本群体的团结和安全。

第三，继承性。群体法治意识通过教育为下一代所继承。每一个群体都不遗余力地让其法治意识不断完善、发扬光大，扩大影响，造福后代。当然，那些落后的、与人类社会发展趋势相违背的法治意识，必然是短命的，这也从反面说明了群体法治意识的继承性。

第四，理想性。群体法治意识超越、高出个体法治意识的地方，就在于它的理想性；它摒弃了个体法治意识的不足，能够代表本群体的利益，具有先进性；它是一个群体中少数先进个体法治意识的总和，即少数先进个体的法治意识为本群体的多数人所认同。

第五，公度性。这是指群体法治意识体现本群体的整体意志，是一种自觉的公共意识，超越了自发性局限。比如，我国社会主义的法治意识，代表了中国人民的意志，是中国人民整体利益在法治领域的体现。

2. 个体法治意识。个体法治意识是指单个的个人对法律、治理的认识。个体法治意识源于自己对法治经历、法治社会的体验认识，它包括个体对法治的认知，以及产生的法治情感和最后形成的法治意志，它包括个体的法治知识、能力、觉悟的认知，个体对法治实践的体验，以及个体遵法、守法、护法子系统。个体法治意识的形成，源于个体对法治的正确认知、个体对自己法治水平的正确评价，以及个体的学法、用法。个体的法治意识是不断发展的，一方面随着自己的身体、心理的不断完善而完善；另一方面，随着法治社会的发展而发展。

个体法治意识具有以下特征：

第一，自我性。这是法治教育的个体在法治方面的自我认识、自我体验、自我评价、自我控制、自我监督、自我发展。个体法治意识在于个体、自我，而不在于他人和社会；尽管他人和社会对个体法治意识也有影响，但是，都必须通过个体因素才能发生作用。

第二，主体性。也叫主动性、积极性，个体要形成什么样的法治意识，怎样形成法治意识，依赖于个体的主体作用的发挥。也就是说，作为主体的个人能够通过自身积极的学习、体验，并参与社会实践，形成个体需要和社会需要的法治意识。

第三，阶段性。个体的法治意识大体经历了从低级到高级阶段，从年龄上讲，也有法治意识的幼儿期、童年期、少年期、青年期、成年期、晚年期。在幼年，个体初识法律、规则、管理，逐渐养成粗浅的法治意识；随着身体、心理的成熟，法治意识进入一个成熟期。当然，由于社会和个体的复杂性，不妨碍法治意识在个体成长中出现突变，猛然变好或者急剧衰退。

第四，社会性。个体法治意识不能脱离社会而存在，它是所在群体法治意识的一部分。因为人是社会中的人，社会的发展对个体的发展有重大影响。个体法治意识的社会性，反映了个体法治意识与群体法治意识是密切联系在一起的。

第五，同一性。这是指个体法治意识一旦形成，在一定时期、一定条件下总是稳定的，也就是说，单独的个体对法律、治理的看法在一定时期是稳定的、不变的。个体法治意识的同一性，使个体法治意识被认识、理解成为可能。当然，个体法治意识的同一性，是可变性中的同一性。个体法治意识的同一性与可变性是辩证统一的关系。

法治意识的分类，如果从每一个群体的特征，比如，从事的职业，还可以分为：农民工的法治意识、工人的法治意识、党政干部的法治意识、学生的法治意识，等等；如果为了研究某一地域的法治意识状况，在我国，还可以分为：东部地区法治意识、西部地区法治意识、中部地区法治意识；如果从法治意识的阶级性来划分，可以分为：资本主义社会的法治意识和社会主义社会的法治意识；如果从法治意识存在的历史阶段来分，可以分为：过去的法治意识，现阶段的法治意识，未来的法治意识。法治意识的多种多样分类，是为了从多侧面认识、研究法治意识。

（四）与相关概念的区别

1. 法治意识与法律意识

法治意识与法律意识都是社会意识，都由社会存在决定，因此，法治意识与法律意识有本质的联系，在一定社会，比如，同一的资本主义社会，并没有本质的不同。但是，法治意识与法律意识还是有区别的。

第一，法治意识是关于法治的认识，而法律意识是关于法律的认识，二者不能等同。法治比法律内涵丰富、外延广，所以，法治意识的内涵比法律意识更丰富、更深刻。

第二，法治意识只在人类社会发展的特定历史阶段资本主义社会和社会主义社会存在；而法律意识存在于除原始社会和共产主义社会的人类发展的整个阶段。

第三，法治意识是与民主联系在一起，是人类文明进步的象征之一；而法律意识既可以与民主联系在一起，也可以与专制联系在一起，法律意识可以是先进的、文明的，也可以是落后的、野蛮的。

第四，个人对二者的态度不同，一般认为：法治意识是个体发自内心深处的对现行法律、制度、治理方式的认同、遵守和服从；而个体对法律意识的态度则既可以是肯定的，也可以的否定的，还可以是肯定与否定混同。

第五，法治意识与法律意识相比，具有更大、更多的灵活性、可变性、适应性，而法律意识则具有稳定性，相对的不变性，适应性也不如法治意识。这是因为，社会治理的情况矛盾众多，面对纷繁复杂的人和事，在管理、治理方面，不可能不随着形势的变化而变化。

2. 法治意识其他相关概念的区别

法治意识与法制意识。区别主要在于价值取向不同，法治意识的取向是积极的、人本的，而法制意识的取向是中性的；法治意识以动态的法治为意识的对象，而法制意识则以静态的法制为对象；法治意识源于良法的社会基础，是内心的自愿、自由意识，而法制意识则可能是被迫的、外在强化而形成的意识。

法治意识与法治心理。都是人脑的机能，但是，有高级、低级之分。法治心理是法治意识的组织部分，是法治意识的低级阶段，是对法治体验的初级、简单的总结。法治心理可能发展成为法治意识的高级阶段，也可能停留在法治意识的初级阶段。要培养人的法治意识，必须了解人的法治心理。

法治意识与法治思想。法治思想是法治意识的高级阶段，法治思想可能形成法治思想体系。群体法治意识一般都要发展到法治意识的高级阶段，形成较为系统的法治思想体系。法治思想以法治意识的低级阶段即法治心理为基础，离不开法治心理的支撑。法治思想形成法治哲学，即对法治社会系统化的、根本的理论观点，从而对法治社会的建立起重要指导作用。

法治意识与法治信仰。法治信仰是法治意识的最高阶段，是法治认识、法治情感、法治思想、法治意志的统一。法治信仰与法治意识一样，源于法治社会实践，只有实践才能产生法治信仰。法治意识只有发展成为法治信仰才能最终巩固。法治信仰寄托了人们对法治社会良法善治的一切美好理想，最终的确立，不论是个人，还是群体，都是一个非常艰难的过程，其间充满了各种反复，发展道路并不平坦。

二 法治行为

(一) 含义

法治行为就是在法治意识的支配下所做的外部行为。根据法治行为产生的原因可以分为个体法治行为和群体法治行为。个体法治行为是单独个体的法律行为和治理行为，通过个体的遵法、守法、护法，管理社会和接受社会的管理体现出来。个体的法治行为受个体的法治意识支配，可以说，有什么样的个体法治意识，就有什么样的个体法治行为；而集体的法治行为同样受集体的法治意识支配，有什么样的集体法治意识，就有什么样的集体法治行为。

(二) 特征

第一，价值肯定性。无论是个体法治行为，还是群体法治行为有一个最大的特点，就是从价值取向来看，是对特定历史时期因为法治价值的认同而采取的行动，所以，法治行为就其整体而言，是对特定社会法治价值认同的外在行为体现。比如，参与法治社会的建设，自觉遵守法律，维护法律的尊严，在社会治理中严格依法办事，等等。法治价值的肯定性，源于法治本身发展的规律。法治是对人治的超越，人治有可能导致专制、独裁，人治总体的价值取向是否定的。法治的价值肯定性还意味着社会多数成员对法治行为的认可，并把法治行为作为自己生活实践的最佳选择，这就是遇事找法律，办事讲规则，违法受追究。

第二，行为复合性。法治行为是个复合行为，不仅包括个体的法治行为，而且包括群体的法治行为。一方面，个体要严格守法、遵法、护法，用法治规则调整自己与他人、组织、群体、社会、国家的关系，当自己的利益与外界发生矛盾冲突时，能依据法律制度规则做出正确的选择；另一方面，群体要严格依法、按照制度办事，不能法外用权，更不能法外治理，甚至权力非法扩张、膨胀，对社会和个体造成危害、损失。这就是我们所说的法治政府、法治社会的建立。法治行为的复合性，还在于：它不是单纯的公民个体行为，也不是单纯的群体、社会组织、政党、管理机构、部门机关的行为，而是这两种行为交织在一起的一种复合行为，因此，法治行为的最终形成，不是一个单方行为，而是一个多方行为。

第三，社会文明性。法治行为是人类文明的体现，具有进步性。这就是说，法治行为与人类过去的行为相比，更有利于人类创建美好生活，法治行为体现了多数人的意志和利益，是多数人自觉的行为选择。细言之，文明是野蛮、不开化的对立物。在原始社会，人类的治理方式是朴素的、原始的，是美梦与血腥的交织，比如，当时解决与异族的矛盾，往往使用同态复仇的方式。而在奴隶社会，奴隶主可以任意处置奴隶，包括出卖、杀害，奴隶就像牲口一样，谈不上在治理中享有一定的地位；而封建社会的治理更是等级森严。相对来说，资本主义社会是人类治理行为的一大进步，标志着社会治理的进步、文明，但是这种文明不是真正的文明，真正的法治行为文明只有在社会主义社会才存在。

第四，行为主体性。法治行为不是被动行为、被动选择，而是一种主动、积极的行为，所以，法治行为具有主体性。一方面，在法治社会，每一个公民认识到法治行为体现了自己的利益，能够使自身的利益最大化，在生活中自觉采取法治行为；另一方面，社会组织，尤其是政府和政府授权的机构也要主动有所作为，绝不能消极懈怠、懒政、庸政，更不能乱政、破坏法治。也就是说，法治行为是一种主动做出的行为，当然，这里的主动行为并不意味着对个人、对他人合法行为的干涉，也不意味着政府越俎代庖干涉公民的私生活，管大量管不了也管不好和不该管的事，而是依法主动作为。行为的主体性与行为的被动性、受动性相区别，被动性不是法治行为所要求的行为，不管这种行为是作为还是不作为，都不具有主体性。深言之，法律规定的不作为，如果作为了就不是法治行为的主体性。

第五，历史阶段性。法治行为只在人类社会的一定历史阶段存在。法治行为是民主政治的产物，只存在于资本主义社会和社会主义社会，人类历史上的其他社会阶段不存在法治。资本主义所有制代替封建主义所有制，资本主义的经济基础决定了要采取新的社会治理方式，这就是法治方式、法治行为。民主政治的载体就是法治行为，但是，作为资本主义的法治行为，难免带有历史局限性，所以，相比之下，社会主义社会的法治行为才是最好的法治行为，但是，我们也要看到，由于社会主义社会存在的历史并不长，其间还经历了种种曲折，比如中国的“文化大革命”前苏联的“肃反”，等等。所以，社会主义法治行为也需要不断发展、完善，但是，就法治行为的生机和活力以及发展前途而言，社会主义的法治确实是人类历史发展阶段最好的法治。个体的法治行为的阶段性，出现于个体的法治心智发展成熟后，对法治行为的自觉选择，把法治行为作为人生阶段的必然行为。

（三）法治行为的种类

法治行为到底怎样分类，这是个复杂问题，因为法治行为的主体具有复合性、复杂性，再加之法治本身就是一种复杂的社会现象。不过，我们还是可以从社会主体存在的大量行为，从法律、制度、治理、管理的视角加以分类，进行认知，因此，大体可以分为：法律行为、政治行为、管理行为等。

1. 法律行为

法治教育学研究的基本范畴法治行为包括法律、社会治理、经济管理等行为，这里的法律行为从广义上讲，既包括刑事法律上的犯罪行为（犯罪行为当然包括在法律行为中），也包括民法上讲的狭义的法律行为。由于在社会生活实践中广泛存在大量的法律行为是民事法律行为，所以这里的法律行为排除了刑法上讲的犯罪行为，仅指民事法律行为，这是一种合法行为。

民事法律行为的特征包括：

第一，民事法律行为是私行为。民事法律行为是民事主体以意思表示做出的私权利行为。民事法律行为是自然人、法人等做出的行为，与政府机关、审判机关利用公权力做出的行为相区别。当然，公权力行为的损害后果，也可以导致民事诉讼，从而发生民事法律的私行为。

第二，民事法律行为是合法行为。合法就是不违反法律社会公共利益。违法行为中的意思表示，如，不履行合同、侵犯他人的财产，也能引起法律效果，但是，那不是当事人意思表示的效果，而是法律的直接规定。

第三，民事法律行为是表意行为。意思表示，是当事人要实现意思效果的内心意思对外界的表示。如打算购买衣服，这是内心意思，而实际去买衣服就是意思表示。任何民事法律行为都必须具有意思表示这一要素，意思表示使民事法律行为与不追求民事法律效果的合法行为区别开来，如朋友之间一起看电影，就不是民事法律行为。民事法律行为也与非表示行为不同，非表示行为是不以意思表示为要素的合法行为。当然，这种行为也可能含有引起权利义务关系发生的意思表示，也可能不含有意思表示，然而，作为法律要件，如文学创作，只要有行为就行了。

第四，民事法律行为是由意思决定效果的行为。也就是说，民法主张意思自治，人们在民事生活中要对自己的行为负责，自己做主。只要意思表示实现的效果是合法的，法律就依其内容发生法律效果，设定权利和义务，或者使权利义务变更、终止。

此外，行为按照适法性可分为合法行为与违法行为。合法行为是不违反禁止性或限制性法律规范的行为；反之，就是非法行为。

还可以按照行为有无私法效果意思可分为表意行为和非表意行为。表意行为，是指行为人通过意思表示，目的在于设立、变更或者消灭法律事实关系的行为。非表意行为，是指行为人在主观上没有产生民事法律关系的效果意思表示，而在客观上却引起了法律效果发生的行为。比如，侵权行为，行为人主观上并没有效果意思，但是在客观上却导致了法律后果的产生，因而要承担侵权后果的行为。民事行为是表意行为，包括民事法律行为以及无效、可撤销、效力未定等其他民事行为。

2. 政治行为

政治行为指在特定利益基础上，围绕政治权力的取得和运用以及政治利益而开展的活动。政治行为由特定的要素构成：

首先，要有政治行为的主体，即有权从事该政治行为的组织机构或者特定的人群或者个人。就法治视野的政治行为而言，政治行为主体是指民主政体的授权主体。主体的授权，在资本主义社会由选民直接授权，或者选民选举的代议机构即议会授权；在社会主义社会是人民选举的代表机构授权。

其次，不同主体的政治行为的价值取向不同，在资本主义社会，一切政治行为是为资本主义服务，是代表资产阶级利益的；而在社会主义社会，人民是国家的主人，人民行使权力的机构是人民代表大会及常务委员会，或者有权力机构选举或授权的组织、个人行使政治行为。

再次，无产阶级政党、组织、人民的政府的性质与资产阶级的政党、组织、政府的性质根本不同。原因就在于两种政治行为的经济基础不同：

资本主义社会是生产资料私有制，而社会主义社会是生产资料公有制，因此，二者代表的利益也是不同的，无产阶级政党的政治行为代表劳动人民的利益，而资产阶级政党则代表剥削阶级的利益。

最后，政治行为的方式也不同。资产阶级的民主政治行为是由普选制、议会辩论和议会立法以及舆论监督制度构成的民主形式，这种行为是资产阶级管理国家的有效方式。资产阶级政治行为在国家层面的体现有：议会制共和国、议会制君主国、两党制、多党制、三权分立等。而社会主义社会一般实行间接民主，最高权力机构由人民间接选举，代表全体人民行使权力，多采用一党领导下的多党合作，这样的政治行为方式更适合社会主义的实际。

以上分析的是群体的政治行为，就个人而言，当人们与政治环境发生关系，介入社会的政治生活时，它所做出的行为就是政治行为。政治行为是一个历史的范畴，是社会出现阶级以后出现的，也必将随着阶级的消亡而消亡，个体的政治行为除了具有行为的一般特征，还有阶级性和法律性两个重要特征。但是，就法治行为视角的个体政治行为而言，个体真正的政治行为只能发生在民主政体里，即资本主义社会和社会主义社会。社会主义国家公民个体的政治行为是个人意志的自由体现，人民是国家的主人，有权自主地管理国家事务、经济事务和社会事务。在我国的村民自治和居民自治组织里，每一个个体都是主人，都可以从多数人的利益和意志出发，自由地管理各种事务。

3. 管理行为

管理行为是指一定的组织或者个人为了一定目的按照既定的规则对管理对象实施的行为。管理行为具有控制性、过程性和动态性。

第一，控制性。组织就是一个控制系统，控制是组织实施管理的重要特性。一般来说，把对物、机器、生产过程等有目的的干预行为叫作控制，把对机构、人有目的的干预叫作管理。控制是管理的职能，所以，管理的过程实际上就是控制的过程。组织通过反馈来进行控制，反馈就是控制系统的输出信息转变为新的输入信息并影响第二次输出，从而达到控制的过程。完整的组织控制系统由决策系统、执行系统和监督反馈系统组成。一般讲，管理行为分为四个阶段：即调查研究阶段、方案制定阶段、方案执行阶段、监督反馈阶段。

第二，过程性。管理的控制性决定了管理的过程性，控制实效要求有一个反馈和负反馈的过程，也就是说，管理机构或者个人通过一系列活动、手段，才能达到目的，这一系列中介、活动构成管理过程，这个过程也可以看作是由一个计划、组织、人事、领导和控制组成的系统的、整体的、不间断的过程。管理的组织系统包括环境、主体、客体、目的四要素。换言之，管理过程就是管理主体在一定的组织环境下，利用组织资源实现组织目的的活动过程。

第三，动态性。管理行为是一个不确定的行为，当中充满各种可变的因素。也就是说，尽管管理预设的质量高，但是也不一定能完全达到目的。静止是相对的，运动是绝对的，管理行为受多种因素影响，最后才达成一个结果。所以，在管理过程中，要注意组织的目标、环境、主体、客体都在运动变化、发展，要不断更新观念，随机应变，注意权变、弹性和创新。

三　法治意识与法治行为的关系

法治意识与法治行为的关系是：法治意识支配法治行为，法治行为反映法治意识，法治行为对法治意识的形成具有重要作用。

（一）法治意识支配法治行为

一方面，就群体法治意识而言，群体法治意识支配、决定群体的法治行为。群体法治意识称为群体的法治思想、法治理念。不同性质的群体法治意识决定了不同群体法治行为的性质有所差异，甚至是本质上的不同。比如，资产阶级的三权分立思想，决定了议会、司法、政府三权分立的法治行为，资产阶级的天赋人权、私有财产神圣不可侵犯，决定了在资本主义社会个人权利的保护、私有制的全面施行等法治行为。而在社会主义社会，人民是国家的主人，一切权力属于人民，全心全意为人民服务，公有财产神圣不可侵犯的法治观念，决定了采取人民选举的代议机构行使最高权力，所有公务员是人民的公仆，保护公共财产，实行公有制等法治行为。在社会主义新时代，群体具有全面依法治国的国家法治意识、思想、理念，因此就有了建设法治政府、法治社会、法治国家的行动。

另一方面，就个体法治意识而言，个体法治意识支配、决定了个体的法治行为。在人的行为中，条件反射行为是无意识行为，剩下的大多数行为都是意识行为，人的大多数行为都受人的意识支配。就个体的法治行为而言，它受个体的法治意识的支配。

首先，法治意识决定人做出正确的法治行为。遵法、守法、护法绝不是人的无意识行为，在法制健全的社会，它是人的自觉行为，尽管有时人的无意识行为并没有违反法律，但是这种无意识行为并不能称为法治行为，法治行为是对法律、制度有意识的行为，没有意识只能算人的无意行为或者本能。

其次，法治意识支配、决定了人纠正不正确的行为，使之成为法治行为。人的行为并不都是法治行为，有些行为是合法行为，不违反法律、制度的禁止性规定和限制性规定也是允许存在的；而有些行为要变成法律行为却需要人在法治意识的支配下，进一步完善才能成为法律行为，比如，对某些民事行为的要件进行补充，使之符合法律规定，就能变成民事法律行为。

最后，法治意识支配人不断完善法治行为。作为个体的人要在法治社会生活得幸福、美好，必须在较强的法治意识支配下，使自己的各种行为都有相应的法律、制度依据。尤其是当个体的利益受到侵犯时，更要依法维护自己的合法权利，不能以暴制暴。总之，要在良好法治意识的支配下，不断完善、优化自己的社会行为和法治行为。

（二）法治行为反映法治意识

无论是个体法治行为还是群体法治行为，法治行为都反映了法治意识。法治行为也可以称之为法治实践，一定的法治行为是一定的法治意识、思想、理论的体现，反映了法治意识的立场、观点和价值取向。

首先，法治行为是法治意识的来源。法治意识不是凭空产生的，它是法治社会实践即法治行为的需要。

就群体法治行为而言，新中国成立后，我国在法治建设过程中走过了曲折的道路，沉痛的教训使人铭记只有实行法治才能保证国家的繁荣昌盛和长治久安，依法治国的观念深入人心，因此，我国宪法规定了依法治国的方略。在党的十八届四中全会上做出了《全面依法治国的决议》。没有新中国对法治建设的艰辛探索，就没有全面依法治国的群体法治意识。

其次，就个体法治行为而言，每一个人都是通过法治实践，用行为加深对法治的理解、认识，由感性逐步到理性，由不完善到逐步完善，由低级到高级。也可以说，没有个体的法治行为，也就没有个体的法治意识，正确而有效的个体法治行为不仅是法治意识的来源，而且还能形成个体坚定的法治信仰。

再次，法治行为的发展是法治意识发展的动力。

就群体法治行为而言，无论是资本主义还是社会主义，法治意识、法治思想上的进步、发展，其动力来源于法治行为实践。法治行为催生了法治思想的产生，没有资产阶级的革命实践，也就没有资产阶级的两党制和多党制；同样，没有社会主义革命和社会主义改造，也就没有共产党领导的多党合作制和人民当家做主的制度。不仅如此，法治思想的发展，也是法治行为实践推动的结果，在社会治理中，群体依靠不断总结实践经验，不断完善群体思想理论，比如，中国特色社会主义法治思想体系就是我国法治行为实践发展推动的结果。

同样，个体的法治意识要不断完善，就其最终动力来讲，不能来源于个体法治意识本身，只能来源于个体的法治行为实践。在社会生活中，个体不断反思自己的法治行为；然后，把这种行为加以抽象概括，上升到思维中的具体，使法治意识由较低层次不断上升到较高层次。

最后，法治行为是检验法治意识是否需要进一步完善的标准。法治意识是否正确，是否需要进一步改进、提高，其直接标准是法治行为实践，法治行为实践是检验法治意识是否正确的标准。

就群体法治意识而言，一个国家的治理理念是否正确，其检验标准只能是行为实践。新中国，尤其是改革开放以来，社会主义建设的伟大实践，使中国发生了翻天覆地的变化，社会生产力获得了巨大发展，综合国力跃居世界前列，人民生活水平得到极大改善，这都说明中国特色社会主义道路的正确性；同时，也说明中国的治理理念是正确的，尤其是证明了全面依法治国思想的正确性。

就个体法治行为而言，一个人的法治意识是否正确，有哪些地方不完善，还需要个体进一步努力，只能通过法治生活、法治行为这把尺子来丈量。个体的法治行为，改善了自己的生活境况，对社会和国家有利，对自己的发展和个人的价值实现有利，带来了实实在在的效果、真真切切的正向价值感受，说明个体对法治的认识、体验是正确的；反之，是不正确、不完善的，需要进一步提高。

综上所述，法治意识与法治行为是辩证统一的关系，二者既有区别，又相互联系、相互促进，我们应该用马克思主义的唯物辩证法思想和历史唯物主义思想准确把握这种关系。要认识这种关系的客观性，并且动态地、辩证地把握二者之间的关系，这不仅对完善社会主义法治、全面依法治国具有意义，而且对于法治教育的改革、创新，尤其是对提高法治教育的实效性也具有意义。

第二节　法治与德治

一　法治

（一）概念

按照通俗讲法，法治就是法律之治，就是法律的统治，即通过法律治理国家；法治也同时意味着通过法律，使权力和权利得到合理配置的一种社会理想状态。对法治概念的不同理解，代表了不同的法治观。社会主义法治，指社会主义国家依法治国的原则、方略，即与人治相对的治国理论、原则、制度和方法。社会主义法治体现了社会主义核心价值观，其核心是社会主义法治理念的具体化。社会主义法治的指导思想是马克思主义，其经济基础是社会主义的公有制，在这一点上，社会主义法治与资本主义法治有本质的区别。

（二）概念的认知脉源

从概念的脉源上讲，认知法治才能提升对法治的理解水平，增强法治的实践能力，更清楚地了解“自己”，把握法治建设和法治教育的规律。对法治概念的认知有两种不同的路径：理想主义遵循西方的古典传统，认为法治内含基本的价值准则和对法律的道德要求，以此证明理性的法律秩序存在的合理性和可能性。这种解释在西方法律思想史上源远流长，影响极其深广。相比而言，法治的实证主义解释较晚，它绕开理想主义的接受路径，从法律秩序本身寻找对法治的认知和实践。法治实证主义认为，法治是一个形式上的概念，法治与法律的制定、基本权利、公平、正义等等没有联系，仅仅关注成文法的实效，也就是所谓的“恶法亦法"，这种解释使纳粹政权等都能从文本上获得合法性来源，支持君主集权和多数人的暴政。[①] 第二次世界大战后，人们痛定思痛，反思"恶法"，呼唤"良法"的出现。良法的价值包含了正当性和合法性，代表了"无权者的权力"。实证主义的解释带有浓厚的工具主义色彩，与中国历史上法家的"法治"有某种程度的契合。理想主义的解释带有异域风情和道德上的浪漫主义，从总体上看，中国目前的法治概念解释偏重于理想主义。

（三）特征

第一，法治内涵的深刻性。这一点，与法制对比一下就很好理解，法制的内涵不如法治深刻，社会主义法制指由国家制定或者认可、体现人民意志和利益的法律规范的总称，要求是"有法可依，有法必依，执法必严，违法必究"，其核心是依法办事；"概括起来就是有法可依、有法必依。但如果一个国家的法律不好，那么法律越多、越有权威，情况就会越糟糕。"[②] 可见，如果法律的质量不好，那么，法律越多对国家的发展和人民的幸福就越不利，而执行得越严，其危害性就越大。社会主义法治中的法治，是讲依法治国成为国家治理的基本方针、战略、选择；"法治"里的"法"是指的"良法"；"法治"里面的"治"是指的"善治"，"现代法治的主要价值是保障权利"[③]。法治在内涵上更为深刻、完善，它是社会主义法治建设发展的新阶段。

第二，法治的最高权威性。法治与人治不同，人治中的法律可能被特权所超越，对少数人没有效力，因为人治是指统治者的个人意志高于国家意志，国家的发展存亡取决于领导者个人的能力和素质，人治可以实现某一个历史阶段一时的兴旺发达，但是不能实现国家长久的繁荣昌盛。法治中的法律、制度对所有人的行为有约束力，法律在社会规范中具有最高权威，法治是众人之治，是大多数人的治理，是与民主联系在一起的，其权威性必然大于少数人之治的人治。具体而言，在我国，法

① 陈晓枫、周鹏：《德治与法治：国家治理二元方略的互洽》，《江苏行政学院学报》2017年第5期。

② 李步云：《准确理解和落实依法治国》，《探索与争鸣》2015年第1期。

③ 李龙：《关于"善治"的三个追问》，《法治与社会发展》2017年第1期。

治的权威性是指宪法、法律具有至高无上的地位，这不仅仅是对普通公民而言的，而且对领导干部甚至最高国家机关而言。因此，宪法和法律不但是牢牢根植于内心的理念，而且是实际工作和生活行为的指南和准则。

第三，调整社会生活的广泛性。法治从词义上显示了介入社会生活的广泛性，而法制主要指法律、制度及其实施。从狭义上讲，法制讲的法律制度是相对于政治制度、经济制度、文化制度等而言的一种制度，从广义上讲，还包括法律实施活动，而法律对社会生活影响的深度和广度无法从字面上看出，而法治含义明确，是指国家和社会生活的所有活动都必须依法办事，不仅普通民众、一般的机构、单位要依法办事，而且国家机关、武装力量、政党也要依法办事，执政党也没有例外。也就是说，法治对社会生活影响的广泛性远胜于法制。

第四，法治具有价值正当性。法制中的法律制度强调的是秩序价值，并不一定要求其价值具有正当性，只要“有法可依，有法必依，执法必严，违法必究”就可以了，纵观人类历史上的法律制度，奴隶社会、封建社会、资本主义社会的法律制度，被少数人作为镇压人民、维护统治地位的工具；我国社会主义法治是人民民主基础上的法治，具有价值正当性。由此可见，法治与专制、独裁相对立，与人民当家做主相联系；法治是社会生活法律化的要求，可以更好地维护人民的自由、人民的权利，实现人民的利益，从根本上改变社会生活中强制性社会规范过多、过滥的弊端；法治使社会行为和交往的可预测性和确定性增加，使所有社会生活者的安全感普遍增强。

二 德治

（一）概念

德治就是用道德治理国家、社会、个人。可以认为：德治是人治的理想模式，人治通过发挥政府官员高尚的人格魅力来管理国家，因此，勤奋、敬业、和谐、人性成为人治的基本要求。我国的社会主义德治是以马克思主义为指导，以为人民服务为核心，以集体主义为原则，以爱祖国、爱人民、爱劳动、爱科学、爱社会主义为基本要求，以社会公德、职业道德、家庭美德、个人品德为落脚点，建立与社会主义市场经济相适应，与社会主义法律体系相配套的社会主义思想体系，使其成为全体社会成员普遍认同和遵守的行为规范，并通过这些规范来治理国家、社会和个人。

（二）德治的概念脉源

德治是中国古代的治国理论，它源于儒家学说。“德”字在我国商代就存在，在当时并不是重要的价值观念。从周初开始，“德”在古代治国才开始占据核心地位，周人把德当成最重要的与人相关的品质，同时也是赢得上天眷顾的依据。① 周公提出了“以德配天”，天命变化的依据在德。商纣王无德，逆天而行，天帝命周文王取而代之，也就是说：“道德是天命变化的依据，是无德的统治者失去权力的依据，也是有德的统治者获取权力的依据。”② 这可以说就是德治来源。

在春秋战国时期，儒家思想得到了发展与完善。孔子提出：“为政以德”（《论语·为政》），“政者，政也”（《论语·颜渊》），“其身政，不令而行；其身不正，虽令不从”（《论语·子路》）。在西汉武帝时，董仲舒提出“罢黜百家，独尊儒术”的思想，使儒家的德治方法最终确立。

在中国古代，儒家学说被封建统治者长期尊奉为正统的治国理政思想，经过漫长的岁月，逐步把思想主张演变为一种现实的社会规范，并被统治者用来治理国家。董仲舒对法律的作用有自己的看法，认为：“法出而奸生，令下而诈起，如以汤止沸，抱薪救火，愈甚亡益也。”（《汉书·董仲舒传》），董仲舒认为应该由法治转向德治，“治天下，莫不以教化为大务”。也就是说，要用仁义礼智信教化民众，以德治国。

（三）特征

第一，德治的合法性。在传统的中国社会里，农耕经济构筑了中华民族文化的根基，于是，中国的奴隶制国家治理方式，采用宗法拟制；在政权更替中，通过战争“救民于水火”，用胜利来证明天命的归属，新生政权由此获得正当性证明。当国家的政权权威确定后，随即通过设立律典、条例、格、式来建构整个国家的规则和制度。所

① 王博：《中国儒学史·先秦卷》，北京大学出版社2011年版，第11页。

② 吕本修：《习近平德法并举思想探析》，《理论学刊》2017年第6期。

以，在中国传统文化中，有天命者，律典自定。因此，德治的国家就是一个放大的家族，尊统卑，卑从尊，长爱幼，幼顺长，权责不分，尽心而已，被尽数移植到国家治理。政治权威单向度订立统治体系，配置其他社会阶层的利益，制裁违背统治秩序的行为，这种单向权力所确定的制度，在运行中需要符合德治的要求。这就形成了以德统领，以法配属的治理方式。[①] 在当今时代，我国把依法治国与以德治国相结合，社会主义德治乃社会主义法治之基，社会主义法治要体现社会主义德治要求，以德治国仍然具有合法证成的独立性。但是，社会主义德治在性质和本质上与我国传统的德治是有区别的，这里毋须多述。

第二，德治的深刻性。从历史上看，德治从中国古代一致延伸到现在，具有历史的深刻性。从商代开始出现德，春秋战国时期从国家治理到社会各个方面无不贯穿、渗透着德治，特别是在西汉时期“独尊儒术”，德治发展到极致。在我国传统的治理中，普遍认为德治优于法治，德治具有更大的价值选择性。德治的深刻性不仅体现在我国传统的治理中，而且在中国的现代治理中，德治也占据重要地位，而法治的历史并不长，还处于探索之中，可见，德治作为一个风险很小、治理有效的治国方式一直沿用至今，其根本原因在于它适应中国的过去，有传统的德治文化支撑，因此，德治在中国的治国方式上具有深刻性。就一个人的成长而言，德不仅调节人的行为，而且对人的思想、内心想法、意识也有调节作用，也就是，德不仅治理人的外在行为，而且治理人的“内心”，没有任何一种治理方式有这样深刻。

第三，德治的广泛性。德治治理的广泛性是与法治相对比而言的，法律调整的是国家生活、社会生活中的重大事项，而对一些不太重要的事项，法律并不调整，而有些领域也不适宜法律来调整，如果强行用法律来调整，收到的是负效果，对社会的发展、人类的进步不利。比如，友谊、爱情、宗教、人的信仰、人的意识、心理等，不适宜法律规范来调整；再如，家庭关系、父母关系、子女关系等，除了依靠法律外，更多的是依靠道德。可见，德治调整的范围比法治调整的范围大得多。在

---

① 陈晓枫、周鹏：《德治与法治：国家治理二元方略的互洽》，《江苏行政学院学报》2017年第5期。

国家治理领域、社会生活领域也是如此。不能时时、处处依法，而很多时候，道德规范发挥作用收效反而更好。为此，在我国宪法、民法等许多法律，规定了大量的道德规范，道德规范法治化是对德治调整广泛性的认可。

第四，德治的人文性。德治的特点在于它的人文性，通过道德来鼓舞人、激励人、发展人。在任何情况下，德治总是把以人为本放在突出的地位。人文性，通过指向人的内心，温和地影响人，调整手段的烈度低；法治则不同，比如，刑法在调整社会关系时，不仅具有强制性，而且具有国家强制性，用法庭、监狱、警察、军队来保证强制性的实现。法治的强制性，不仅体现在国家机构的保障上，而且体现在调整的烈度上，比如，某人犯了罪，被判处无期徒刑、死刑，剥夺政治权利终身，说明法治强制性的烈度很大；而德治也有强制性，但是这种强制性是内在的，不是外在的，德治的强制性从最终来看，它都是通过自我压迫来实现，比如，舆论谴责是一种德治的强制性，但是，如果某人对这种谴责“不以为耻”，那么这种外在的强制是没有任何用的。

第五，德治的地域性。德治与一定地域是联系在一起的，是一定地域的德治，这主要是因为道德是一定地域的人们用社会教化、舆论、风俗习惯、内心信念和良心等来调整自己与他人、社会之间关系的行为准则，因此，德治具有明显的地域性特点。德治的地域特点与法治不同，就一个国家而言法治是统一的，也就是说，一国的法律对该国所有的个人和组织都有拘束力，没有地域例外。即便是某国的特殊法、特定法，也是在法治统一下的特定法、特殊法，比如，在我国的特别行政区实行“一国两制”，是在我国法治统一的前提下的“一国两制”，它与德治的地域性不同，德治的地域性除了源于道德的本性，还在于德治是与特定地域的经济、政治、文化联系在一起的，所以不同地域的人们，其道德水平是不一样的，有的甚至是有很大的差异的，不可能有统一的德治。

三　法治与德治的关系

法治与德治的关系是中外历史上纷争的重要问题，也是现代社会争辩的一个理论焦点问题，因为“法治与德治相结合意蕴的含混性、道德泛化和法律扩大化等，是坚持和贯彻好法治与德治相结合原则、推进法治中国建设亟待解决的重要力量与实践问题”①。对于这个问题，我国古代思想家孟子认为：徒善不足以为政，徒法不能以自行，这就是说，治理国家要把善政和法令结合起来，其实这就是讲的德治与法治的关系问题。

（一）德治为法治提供价值导向

德治为法治提供价值导向，保障法治的方向，使法治不偏离德治的要求。具体讲：徒法不足以自行，法治离不开人，而人是有一定道德水平的人，也就是说法治离不开德治，尤其是离不开德治的道德指引。一方面，好的法律即良法的实施，离不开有一定道德水平的人来保证实施，否则良法也会在实施中变成事实上的坏法、恶法；另一方面，一部不甚完美甚至缺陷较大的法律，也会因为执行人有高尚的道德水平，在实施时用心弥补缺陷，使之变得完善。

从历史看，德治在我国历史上占据主导地位，在周朝，奉行“明德慎刑”“为政以德”，经过两汉、魏晋南北朝法律进一步儒家化，出现了礼法合流的大趋势，到唐朝德治的地位更为突出，确立“德礼为政教之本，刑罚为政教之用”。没有德治，法治就很难推进，也不能起到标本兼治的作用，尤其是新中国成立后，我国批判继承传统德治中的积极因素，在法治中强化德治要求，要求法律、制度的执行者，要以身作则，加强思想道德修养，不仅要发挥法律的强制作用，而且要人性执法，彰显法律内在的道德意蕴，以德化人，突出德治在法治建设中的价值导向。

德治保障法治的价值导向，其原因在于：法律要成为良法，离不开道德，亦即是说要以道德为基础，没有德治作为法治的价值导向，法律就可能变成恶法，成为专制、奴役的工具，而法、法治是否正义，取决于立法者的价值导向是否为善、为德，也就是说没有德治要求，也可能有法律的存在，也可以称为法制，但是不属于法治的范畴。因此，不同的社会群体有不同的法律理想，而立法者的道德品质决定了把什么样的规范上升为国家意志，制定为法律。在中国，总体而言，立法者具有良好的道德素养，把代表人民根本利益的规范上升为法律，体现了德治在

---

① 王淑芹、王娟：《法治与德治相结合的意蕴与适度性》，《新疆师范大学学报》（哲学社会科学版）2018 年第 9 期。

法治中的价值导向作用。

（二）法治为德治提供保障

第一，把道德规范上升为法律规范。法治不仅是一种法律之治，而且是一种良法之治，怎样才能实现良法之治呢？首先，要把被大多数人认可的最基本的道德规范上升为法律规范，这个过程就是道德的法律化。道德法律化带来的后果与单纯的道德规范不同，单纯的道德规范只体现某一阶层或者某一部分人的意志，只在某一地域或者一部分人中具有拘束力；而道德规范一旦上升为法律规范，就会获得国家意志性，在一个国家的范围内有约束力。比如，民法对诚实信用这个典型的道德规范进行规定，将其上升为法律规范，对国内所有的人具有约束力，这比把诚实信用作为纯粹的道德规范更能影响人的现实生活，也就是说，道德规范一旦上升为法律规范，将成倍地提升其实施的效用。

第二，以国家强制力保证德治。德治的实现路径与法治明显不同，法律具有国家强制力，是以军队、警察、法庭、监狱等来保证实施，而道德则是依靠人的内心信念、社会舆论、风俗习惯等保证实施。通俗地讲，强制性的法律规范必须执行，而道德规范则有选择的余地，比如，见义勇为如果作为道德规范，人们不执行也不会承担法律责任，最多感到良心不安，受到自我心理的压迫，而一旦成为法律规范则不同，将由国家强制力保证实施，也就是说，在这种情况下如果你不执行见义勇为的道德规范，将承担法律责任，等待的是法律的制裁。“一个完全有美德的人是受理性支配而不是受外在法律支配。但是很少有人是完善的，因此有必要用法律来确保我们的真正善的实现。”① 简言之，法律对道德的保障、对人性缺陷的弥补，是法律的生命。法治保障了德治实施的力度，从而也在整体上增强了国家治理的效度。

第三，法治规范逐步向道德规范趋同。在历史唯物主义看来，法律、法治只存在于人类历史发展的某个阶段，随着社会生产力水平的提高，人类文明的不断进步，法律与国家一样总有一天会消亡。这就是讲，随着社会的发展，法治规范尤其是强制性规范将发生演变，逐步变成人们

---

① ［美］弗兰克·梯利：《西方哲学史》，贾辰阳、解本远译，吉林出版集团有限责任公司2014年版，第81页。

自觉遵守的选择性规范。法律的强制性将逐步减少，有一天将不复存在。是不是随着历史的不断发展，有一天社会规范将不存在呢？也不是，社会规范在任何时候、任何社会都是存在的，只不过逐步消亡的是强制性规范，道德规范还是存在的。法治规范逐步向道德规范趋同，这是人类规范发展的总趋势，但是就现阶段而言，大量的道德规范也有法律化的趋势，只不过这是人类历史长河中存在的短暂现象。

（三）我国的法治与德治统一于中国特色社会主义治理实践中

在现代国家治理中，既需要法治，也需要德治，法治与德治就像鸟之双翼、车之双轮，谁也离不开谁。法治如果离开德治，就会迷失方向，甚至误入歧途，出现大量的恶法，由法治倒退到法制；如果德治离开法治，那么德治就会失去权威和力量，不能彻底实施，尤其是对某些自觉性差的社会成员，如果只有道德约束，没有法律约束，那么社会成员间的利益、权利等资源的分配将失去平衡。由此可见，法治与德治是统一的，在我国当代，法治与德治统一于中国特色社会主义治理实践中。也就是说，对中国特色社会主义治理来讲，法治与德治是内生的。一方面，中国有漫长的德治传统，德治由中国几千年治理的历史证明是有效的，没有德治就没有中国灿烂的文明史，没有中华民族的存在；另一方面，法治是近代资产阶级民主法治的产物，是历史的进步，社会主义法治比资本主义法治更加真实、更加进步，是人类历史发展的产物，反映了法治发展的历史必然性。

在中国当代，既需要法治，也需要德治。法治与德治不仅统一，而且是辩证的统一。法治与德治的矛盾、斗争，是社会治理的动力，这一现象不仅存在于法治学术研究中，而且存在于法治实践探索中，也就是说，正是法治与德治的既统一又斗争矛盾运动，推动了中国特色社会主义治理的不断完善。

第五章

法治教育的主体

法治素养的培养、法律信仰的确立、治理能力的提高都必须基于对法治教育中主体的正确理解，因此，法治教育的主体在法治教育中居于核心地位，起关键作用，法治教育的主体决定了法治教育活动的开展和结束。可以说，没有法治教育主体就没有法治教育。法治教育的主体是研究法治教育关系中的人，主要是研究教育者和受教育者，即教师和学生。这与法治教育的价值研究的主体有所不同，法治教育的价值研究的主体，是相对于法治教育客体即法治教育活动而言的，是探讨法治教育活动作为一种客体对作为主体的人的需要的满足，既包括对教育者的满足也包括对受教育者的满足。而法治教育的主体是探讨法治教育活动中，学生与教师的关系，学生在法治教育中的特点，教师在法治教育中的特点，二者在法治教育中的关系是什么，怎样呈现，如何发展，法治教育主体的重点是什么，新时代法治教育主体有何变化，等等。理论和实践都证明，只有深刻认识和理解法治教育的主体，认识法治教育关系中的人，才能发现人、激发人、培养人和实现人。

第一节　何为法治教育主体

一　法治教育主体的规定性

（一）法治教育主体是多种存在的人

法治教育活动的开展与对法治教育主体即人的深刻理解密切相连。人既是生物的存在，也是精神的存在和文化的存在，更是社会的存在。在生物学上，人是一种灵长目人科人属的物种，人与猩猩同属于灵长目，人并非我们这个星球上唯一的动物，但是人与其他动物又不同，人的大脑比其他动物发达，人有价值观念，人创造了语言、宗教、科学、艺术。人是有精神的，人属于精神的存在，人的法治精神、法治信仰等都表明人是精神的存在。人是文化的存在，一个人须臾不能脱离他的观念，这种观念源于传统，也就是人类所遗留下来的遗产。无论中国人还是外国人，都生活在一定的文化中，即使与某种特定的、具体的文化是对立的，人仍然是文化的存在。人更是社会的存在，社会性是人与动物的本质区别，人类创造了复杂的社会结构，这种结构包括家庭，也包括国家。“人的本质不是单个人所固有的抽象物，在其现实性上，它是一切社会关系的总和。”① 动物也有组织性，但是还没有达到人类这种高度和复杂程度，所以，不能把动物一定程度的组织性与人类社会的组织性相混淆。可见，法治教育的主体，不能脱离对人的整体认识。从整体上认识人，有利于扩大法治教育的视野。为什么有些法治教育实效性差，其原因就是法治教育脱离了人、脱离了人的存在，尤其脱离了人的多样性存在的理解，不能从人的发展规律上理解人所致。

（二）法治教育主体是教育人

法治教育主体对人的理解，从直接性上讲，从属和基于教育学对人的理解，也就是说，人是教育的存在物。从教育学上讲，要探讨人为什么是可以教育的，由谁来教育，怎样教育，怎样教育最有效，教育要达到一个什么样的目的等。从教育学上讲，人是可以教育的，可以教育就是指人的不确定性，人既可以这样发展，也可以那样发展，人的发展有多种可能性。多种可能性的发展，指人在社会教育下自我规定性的不断生成。教育的可能性实际上是人的未来性，“人和其他生物的不同点主要是由于他的未完成性。”② 由此可见，人不仅有可能性，而且这种可能性面向未来，给教育提供了发挥功能的余地，因为教育本身就是面向未来的教育。教育要研究社会、研究人，要预测未来社会的发展方向、未来的经济、社会、文化、环境、法治等多个领域的状况，这就涉及教育预

---

① 《马克思恩格斯选集》第1卷，人民出版社1995年版，第56页。

② 联合国教科文组织国际教育发展委员会：《学会生存——教育世界的今天和明天》，教育科学出版社2008年版，第196页。

测未来的标准，要确定好这个标准，关键是要搞清楚教育是为了谁，是为了人，还是为了物。所以，在教育中，时刻不能忘记人，不能忘记受教育者，当然，教育者自身也要静听、体察自己心灵的声音，推己及人，将心比心，这样的教育才是真正的教育。在人面向未来的多种可能性中，教育既要普适，又要具体；既要考虑国家、社会、集体，又要注重个体；既要果断，又不能武断；既要与受教育者协商、民主，又要有教育者的价值引领。

（三）法治教育主体是法治人

那么接下来的问题就是在特定的法治教育领域里，也就是说狭义的法治教育的人。法治教育赋予人的规定性，法治教育领域的人，既不能脱离人的哲学理解和教育学理解，也不能脱离基于法治教育自身的规定性对人的理解。这种理解主要是考虑何为法治、何为法治教育，法治、法律最核心的东西是什么，本质是什么。法治教育领域里的人是一种法治人、法律人。法治、法律人的本质要从人的法治观念、法治信仰、法治思维来理解，观念、思想指导人的行动，法治人要具备的观念是权利与义务的统一。用权利与义务统一的观念来分析、观察世界、改造世界，这就是法治人的特质，也就是说，在法治人看来：享有权利，必须履行义务；尽了义务，应该享有权利。权利与义务是统一的，没有只享有权利不履行义务的人，也没有只尽义务不享有权利的人。权利与义务的统一是社会进步、文明的表现，在剥削阶级社会权利与义务才是分离的，在社会主义社会和未来的共产主义社会权利与义务是统一的。权利与义务统一意味着反对特权、反对等级差别，也就是说，社会只有分工的不同，人没有等级贵贱的差别。法律人要具备的核心特质就是权利与义务统一的特质，其他特质都是权利与义务统一特质的展开。所以，法治人、法律人就是观念上的权利与义务统一的人，只有观念上的权利与义务的统一，才有行为、实践、实际上的权利与义务的统一。一个社会的文明实际上就是社会生产所决定的权利与义务在多大程度上的统一。比如，法官断案实际上就是用权利与义务统一的思维观念对现有法律条文进行解读，然后结合具体的案件事实分析权利与义务在多大程度上分离了，法官通过对案件的具体事实进行调查了解，最后在权利与义务上做出平衡，让失去平衡的权利与义务重新恢复平衡。法治教育就是要培养权利与义务统一的人，让他拥有这种思维和能力。由此可见，法治教育主体就是从事法治教育认识和实践活动的具有权利与义务统一观念和能力的人。

二 法治教育主体的特点

法治教育主体的特点是在法治教育活动中人体现出来的具体特征，认识这些特征有利于加深对法治教育主体的理解，有利于节约法治教育的资源，降低法治教育的成本，增强法治教育的针对性、实效性。

（一）自主性

法治教育主体的自主性是就法治教育活动的品质而言的，法治教育不是一种被动性、机械式的教育，它要求主体具有自主性，不需要外在的力量来监控教育。具体的法治教育活动怎样开展、进行、结束由主体自己决定。在法治教育活动中，不论是作为主体的教育者，还是作为主体的受教育者，自己是自己的主人。教育者根据教育计划自主地制订具体的教育计划，选择教育方法，受教育者根据自己的学习能力、学习需要，自主地调整自己的法治教育学习策略。也就是说，法治教育的自主性要求教育者对为什么教、教什么、如何教，受教育者对为什么学、学什么、如何学有一定程度的自觉意识。

为什么法治教育主体具有自主性呢？首先，法治教育活动的开展是基于主体的自我需要。主体在社会生活中遇到了有关的法律事项需要解决，要查找法律、法规，需要请教律师，互联网、书籍、电视、手机等各种载体也为主体自我满足法治教育的需要提供了可能。可见，自我需要是法治教育活动开展的动力，自主性是法治教育的首要的、关键的特征。其次，真正的法治教育是一种自我教育。外在的法治教育内容如果不被主体自身接受是没有任何效果的，教育者不论法治教育艺术多么高明、法治教育思想多么成熟，都需要与接受法治教育的受教育者一方在思想上交流才能产生教育效果。最后，自主性还源于法治现状。随着社会的发展，不断有新的法律、法规制定出来，学校法治教育无论多么全面、完善，都不可穷尽所有的法治教育内容，这就要求受教育者自我学习。

（二）发展性

法治教育中的主体的发展性，既是指人的发展，也是指法治知识学习、能力提高的一个过程。法治教育的发展首先是人的发展。在法治教育过程中，一方面，作为主体的受教育者随着自身法治知识的积累、法治素质的不断提高，心智会更加健全，会更加适应未来的法治社会。作为主体另一方的教育者，在法治教育中不断积累教育经验，在与受教育者的交往中，教育艺术水平会越来越高。

法治教育的发展，不仅面向教育者，同时也面向受教育者，是教育者和受教育者两个方面的共同发展。过去我们只重视受教育者即学生的法治教育发展，而往往忽视教育者即教师法治教育的发展，这是应该引起注意的。教师的法治素养的提高、法治能力的增强，影响到受教育者即学生法治教育效果的好坏。因此，我们应该把提高教师的法治素养提到议事日程。教师法治素养的提高，仅仅依靠政法院校、教育学院、马克思主义学院等来培养是不够的。尤其是在新时代要求实现治理体系和治理能力的现代化，对培养未来社会的人提出了新的要求。这就要求我们深入推进法治教育的研究。理论上有突破了，认识上有飞跃了，才能在培养法治教育的教育者方面取得重大突破，使法治教育的发展性得到真正地体现。

当然，法治教育的发展，更多地是指法治教育的教育教学过程是一种动态的学习方式。这就是说，法治教育是在动态的教育环境下，用动态的思维结构完成的教育过程，要求教师和学生在法治教育过程中要有立体思维，全方位形成对法治教育内容的认知，达成法治教育目的，形成法治能力。这也要求对法治教育的受教育者有更加深刻的理解，在法治教育过程中，每一个受教育者都是能够提高法治素养的，在教育的地位上、法治教育的理念上没有好生、差生之别，只有法治需要、接受教育的过程、教育方式、知识接受的时间上有差别。这就是说，所有的受教育者都能得到发展。法治教育的发展性要求教育者根据受教育者学习的动机、兴趣，有针对性地促进发展、鼓励发展，切实解决在发展中遇到的各种问题。

（三）差异性

法治教育主体的差异性是指法治教育主体之间除了具有一些共同的

特征之外，还有不同的特征。法治教育主体的差异性是客观存在的，在法治教育中，无论是教师之间、学生之间，还是教师与学生之间都有不同的具体特点，这些不同的具体特点体现了法治教育主体的差异性。不同的教师的教育背景、社会经验、家庭背景、教育教学风格、个体性格、兴趣爱好、对法治本身的认识、法治能力等有差异；不同的学生的接受能力、学习动机、法治需求、对法治的认识、学习的个性特点等有差异；教师与学生之间在法治社会的阅历、对法治的理解、认识等诸多方面也有差异，对同一个法治现象、事件，一般而言，教师的理解可能就比学生深刻得多，学生的理解大多是直观的、感性的，而教师的理解则更多是抽象的、理性的。

尽管法治教育主体有差异，但是这种差异性是各个主体共同性中的差异性。各个主体要实现共同的法治教育目的，在教育中要以人为本，要遵循教育规律、学习规律，要受到社会环境的影响等等，这些特征是共同的。也就是说，我们要在整体中理解法治教育的个别，要在法治教育的一般中理解特殊。同时，我们要认识、研究法治教育主体之间的差异，针对不同的教师采用不同的培训策略，提高教师的法治水平和教育教学能力。对不同的学生更不能“一刀切”，要从具体教育对象的实际情况出发，因材施教。

（四）时代性

法治教育主体的时代性是指法治教育主体的时代际遇，时代际遇亦即人的当代际遇。时代是指一定时期的经济、政治、文化等状况。人是时代的产物，人要受所处时代的影响，人不能脱离时代，基于人与时代的密切联系，法治教育不得不探讨法治教育主体的时代性。

法治教育主体的时代性意味着不同时代的主体有不同的特征。时代变了，主体也要跟着变化，不管是否承认这一点。时代的变化通过主要矛盾体现出来。在新时代，我国社会的主要矛盾是人民日益增长的美好生活需要和不平衡不充分的发展之间的矛盾，这个矛盾贯穿于整个社会主义的初级阶段。也可以说，每一个人的任务是发展，正如邓小平所言，发展才是硬道理；在新时代，发展是其主要特征，不仅要发展物质文明，而且也要发展精神文明，法治教育的主体无不体现这个时代的发展特征，因为每一个人只有通过发展才能满足美好生活的需要。

就法治教育主体自身而言，主体不仅要积极参与国家建设，发展经济、政治、文化等各项事业，而且要注重主体自身的发展。作为法治教育者，要努力形成先进的法治教育理念，做一个法治人、法律人。作为受教育者，要主动提高自身的法治素养，锻炼法治能力。

探讨法治教育主体的时代性，不仅要看到时代的主流，而且要看到支流，即资本逻辑和权力逻辑在这个时代时有时无的、肆无忌惮的影响。人们信钱、信权，而不信法，资本逻辑和权力逻辑在一定程度上消解了法治教育的主体性，给法治教育带来了各种消极的影响。在法治教育中，不难发现部分人的法治观念不强、法治信仰不坚定，所以我们要正视这个时代的消极面，全面理解法治教育主体的时代性，才能加强法治教育的针对性。

（五）目的性

法治教育主体无论是从事法治教育工作，还是接受、学习法治教育都具有目的性，研究法治教育主体的目的性，有利于法治教育主体提高法治教育的效益，降低法治教育的成本，实现法治教育的最优化，有利于法治教育主体增强法治教育活动的自觉性。

法治教育主体的目的性来源于法治教育是有目的的教育、教学活动。法治教育主体要明确法治教育的目的。所谓法治教育主体的目的性就是法治教育主体对法治教育目的的自觉意识，这种意识只有人才具有。在马克思看来，人的活动与动物的活动不同，“蜜蜂建筑蜂房的本领使人间许多建筑师感到惭愧。但是最蹩脚的建筑师从一开始就比最灵巧的蜜蜂高明的地方，是他在用蜂蜡建筑蜂房以前，已经在自己的头脑中把它建成了”①。这就是说，在法治教育过程中教师要有较强的目的意识，要从宏观上意识到法治教育为国家服务，要承担巩固社会制度、国家制度、政治制度、政党制度的使命，最终到达社会长治久安、人民幸福美好生活的目的。

不仅如此，还要注意法治教育目的与法治教育目标的联系。法治教育目标体现了法治教育的目的，是法治教育目的的具体化；法治教育目标要符合法治教育的目的，要受法治教育目的的统领，不能游离于法治

① 《马克思恩格斯选集》第2卷，人民出版社1995年版，第178页。

教育目的之外。教师要从微观上将法治教育的目的通过具体的教育教学目标体现出来，即把法治教育的目的具体化。在每一项具体的法治教育活动中，法治教育目的的具体化包括知识上要达到的目标，情感上要达到的目标以及价值观上要达到的目标。在实际的法治教育中，人们容易把法治教育在价值上要达到的目标，当成法治教育活动的具体目标，而忽视了法治教育在情感上要达到的目标，实际上，没有对法治教育内容的情感认同，法治教育的价值目标很难实现，最终也难以实现法治教育的目的。

第二节　法治教育主体的分类

一　一般法治教育主体与特殊法治教育主体

从法治教育主体具有的特殊性的角度将法治教育主体分为一般法治教育主体和特殊法治教育主体。这样划分有利于我们探讨、研究一般法治教育主体的共同特性以及特殊法治教育主体的特殊性，加深对法治教育主体的认识，探讨法治教育主体的规律，提高法治教育的实效性。

（一）一般法治教育主体

所谓一般法治教育主体，是指具有相同品行、品质、特性的法治教育主体。无论是机构，还是个体，也无论是作为教育者一方，还是作为受教育者一方，都可以作为法治教育的一般主体加以研究。过去，我们忽视对法治教育一般主体的研究，对法治教育主体的共同性重视不够，所以，法治教育在一些部门、个体，要么变成强制教育，要么对法治教育的效果不管不顾，法治教育难免走形式。所以，要提高对法治教育的主体的一般性、共同性的认识，才能把握法治教育的普遍规律，为法治教育决策、教学、学习提供指导。

在我国，一般的法治教育主体，在教育目标的追求上是一致的。一方面，巩固我国的社会制度、国家制度、政治制度、经济制度、文化制度，培养中华民族特有的法治精神、法治信仰；另一方面，提高公民的法治素养，为每一个法治教育的参与者的美好生活提供法治服务。可以说，为了实现法治教育目标，法治教育的教育者和受教育者才走到一起，是法治教育目标把主体凝聚在了一起，因此，法治教育主体要彼此加强对教育目标的认同、协商、协调，要开展对话，专门的机构要开展法治教育目标的研究。尤其是在法治教育目标的共识上要尽可能达成一致，才有法治教育的有效性。否则，有些法治教育主体开展法治教育是为了管理、为了树立权威，甚至是为了完成“普法”任务，而有的法治教育主体参加法治教育是为了规避法律，甚至是为了寻找法律制度的漏洞，等等。可见，法治教育主体在开展或者接受法治教育时有可能是不一致的，这说明法治教育目标共识的重要性。在法治教育中，我们要研究法治教育主体在教育目标上，到底在哪些方面是一致的，在哪些方面有可能是不一致的，要如何才能在法治教育中寻找“最大公约数”，这是法治教育的一般主体要思考的。

法治教育的一般主体具有法治专业特征。也就是说，作为法治教育者，要具备基本的法治素养、法治技能、法治经验才能堪当重任，如果大量的“门外汉”充当法治教育的教育主体，对法治教育非但没有益处，反而会危害全面依法治国方略的落实。对法治教育的一般主体、一般主体的组成人员，要加强资格审查，要制定、完善法治教育者主体的资格制度，今后要做到不是任何机构、任何人都可以担任法治教育的教育者主体的。法治教育是一项专业性极强的职业，不仅要求法律知识、政治知识、教育学知识、心理学知识，还要求主体有一定的法治实践经验，特别是在政治上要合格，专业知识要足够。现在，一些地方、部门似乎认为只要是法律院校毕业的、政府法律机构、司法部门的人员都可以担当法治教育的任务，作为法治教育的教育者主体，其实这种认识有失偏颇。例如，有一个派出所的警察在某中学给初中生做法治专题教育，开口就说，“你们看样子都是要违法的，吃名牌，穿名牌，今后枪毙也站在头一排”，可见，法治教育是非常严肃的事情，对法治教育的主体到底应该具有哪些一般的特征，如何进行规范，确实是一个值得研究的理论问题和实践性极强、关系十分重大的问题。

（二）特殊法治教育主体

特殊的法治教育主体具有特定的品质、规定以及内生的特点。特殊的法治教育主体的专业要求、人员构成、教育的针对性、教育对象、教育方法等方面不同于一般的法治教育主体。

在专业要求上，一般法治教育主体的专业要求带有法治教育的通识性，只要求一般主体具有法治知识、技能、经验，而对专业的深度和专业领域并没有提出要求。而特殊的法治教育主体除了具有一般的法治知识、技能、经验外，还要求具有某一领域的知识和经验。比如，对司法干部进行法治教育，就要求具有一定的检察、审判等方面的知识和经验，法治教育才易于为教育对象所接受。对党政干部的法治教育，除了具有一般的法治知识之外，还要求熟悉党内法规，特别是要求具有一定的从政经验，法治教育才易于为党政干部群体接受。对青少年学生进行法治教育，除了具有法治知识外，还要求具有教育学知识，尤其是要求有一定的教育、教学经验。而我国目前的法治教育活动，往往针对性不强，效果不佳，其中一个重要原因就是对特殊的法治教育主体的研究、规范、重视、探索不够。比如，对领导干部中的“关键少数”的法治教育，由谁来教育、怎样来教育，就是一个很值得研究的问题，而事实上这个问题又十分重大。

在人员构成等问题上，法治教育的特殊主体有特定的要求。在我国，对特定领域人员的法治教育往往由该领域的上一级或者同级机构中知识、专业技能、经验更为丰富的人员担任法治教育的教育主体，而法治教育的受教育主体就是该领域的全体人员。由行业领域专门的教育机构承担法治教育任务的好处是：行业机构的法治教育能够密切结合行业的教育、专业培训开展；法治教育活动的针对性强，能结合部门、行业的实际尤其是全面依法治国、该领域目前面临的问题和需要解决的问题开展教育；法治教育在内容的选择、教育方法的运用上，针对性也更强。比如，对法官的法治教育可以由高级法官培训学校担任，对党政干部的法治教育可以由各级党校、行政学院担任，对学生的法治教育由所在学校担任。法治教育与专业、行业相结合，能更好地体现法治教育的实效性。

要落实好特殊主体的法治教育的内在要求，要进一步提高对法治教育的认识，改变把法治教育停留在“普法”和“法治宣传教育”阶段的粗浅认识，从治国理政、全面依法治国的战略高度认识法治教育，只有这样，才能重新认识法治教育主体所肩负的责任，从而在战略高度、制度、体制上规划法治教育主体机构、人员结构、资格等多方面的内容，在必要的时候建立职业法治教育专家团体，专门从事法治教育的研究、教育教学，承担特殊的法治教育主体的教育者所应该承担的使命。因为，特殊的法治教育主体由教育者和受教育者两个部分构成，双方对法治教育有特殊的内在要求，这些特殊的内在要求，无论是从复杂性还是从专业性以及难度来讲，都不同于一般的法治教育主体。当然，这并不是说特殊的法治教育主体可以游离于一般的法治教育主体的要求，而是说特殊的法治教育主体除具备一般的法治教育主体的特质外，还有其不同的特质要求。

法治教育的特殊的教育主体，除了要具备政法院校所教育的基本的法律知识、技能外，在专业上，不仅要求一般的专业素质，而且要求专业素质复合，尤其要求有一定的政治学、管理学、法学、经济学、金融学、教育学、心理学、行为学、民族学等知识，要求有基本的社会实践经验、有治国理政的知识、技能，这说明我们的机构和人员，面对新时代法治教育的要求，在素质上有进一步整合、提高的必要。

二　学校法治教育主体：教师与学生

学校是专门从事教育活动的组织机构，学校教育具有目的性、系统性和组织性，学校教育包括学校的法治教育。在我国，学校包括幼儿园、小学、初中、高中、大学，因此，在我国的各级各类学校中贯穿着法治教育。学校法治教育的主体是教师和学生，教师和学生是学校法治教育主体的两个方面，缺一不可，他们共同推动着法治教育活动的开展。研究学校法治教育主体，不仅有利于提高学生的法治素养，而且对学生的健康成长，培养国家未来的法治人才，保障社会的长治久安具有重要意义。

（一）教师

教师是学生法治思维的播种者。教师要通过教学和日常生活，把权利义务统一的法治思维深深地根植在学生的心灵。教师的组织职能体现在组织班级法治教育的课堂教学，引领学生学习法治教育的活动，给学生传授基本的法治知识，鼓励学生主动学习、探究法治学习中遇到的各种问题，当学生在学习中遇到困难时，教师要积极解决。开展班级活动、评选优秀学生干部、评选优秀学生、与学生家长交流等，教师无时不与法治打交道，教师的法治思想、法治行为无时不影响学生。总之，教师专业职能的发挥决定了学校法治教育的成败。

教师是学校法治教育主体。教师主体是与学生主体相对应的一方，学校法治教育既离不开学生，也离不开教师，教师主体的存在正是学校法治教育的特点。但是，教师不是学生法治知识学习的替代者、灌输者，教师作为法治教育的教育者主体，仅仅是一种专门从事法治教育工作的职业，是一种专业人员，教师的专业技能主要通过在学校法治教育中发挥组织、引领、指导、管理的作用发挥出来。就目前的情况而言，大多数学校很难找到专门从事法治教育的教师，更难说教师把法治教育当成终身从事的职业，更多的是法治教育的职能由学校的其他任课老师担任，或者渗透在教师的其他教学活动中完成。可见，在现代社会，学校法治教育教师主体职能的发挥不仅与教师的自我意识、自觉有关，更多的还需要国家从宏观层面做好顶层设计，特别是要从法治教育教师的社会定位、经济收入、待遇、权利、职业威望等入手进行制度建设。

法治教育教师的专业化建设有待加强。法治教育教师不仅可以由学校的其他任课老师兼任，而且在条件允许的情况下，要做到专职化。不仅要配备专门的法治教育教师，还要成立法治教研室，要组建学校的法治教育教师群体，共同研究、讨论法治教育应该如何开展、面临的问题是什么、今后又将向何方发展。目前面临的关键问题是：法治教育的学科建设。没有法治教育的学科建设，法治教育教师的专业化就失去支撑。

教师的法治教育自觉。除了外部因素外，教师作为法治教育的教育者主体，要有法治教育的自觉，法治教育的自觉就是在目前诸多条件不具备的情况下，教师要充分发挥主观能动性，增强法治教育的使命感、责任感，努力提高自身的法治素养，做一个法治社会的先行者；要参加各种形式的培训，利用各种机会参加法治实践活动；要利用互联网尽可能多地了解一些案例，解决自身能力和法治教育课程资源不足的问题；要与政府、司法机关联动，主动调动一切力量搞好学校法治教育，尤其是教师要加强法治教育的研究，要主动探索法治教育存在的各种问题；在学校法治教育实践中，要大胆创新，因为学校法治教育尽管搞了很多年，但是无论在教学、研究，还是在教师的职业化上都还存在大量的问题，而这些问题的解决，一定有很多未知的领域需要探索，这就需要教师的创新。

（二）学生

学生是学校法治教育的另一方主体，与教师主体相比，学生主体显得更为重要。教师和学生都是主体，称之为“双主体”，学生主体是法治教育主体这对矛盾的主要方面，推动法治教育的进行起主要的、决定作用。教师是这对矛盾的次要方面，但是并不是说教师的作用不重要，而是说教师起的作用是主导、组织、引领作用，因为法治教育的最终目的、教师职能作用的发挥，是因为学生、是为了学生，具体讲，就是为了满足培养学生法治素养的需要。

怎样认识法治教育中的学生显得尤为关键。学生既不是天生就有规矩意识、法治意识，也不是通过法治教育就不能培养学生的规矩意识、法治意识，学生是有发展可能的人。“这就可以帮助一个人以一切可能的形式去实现他自己，使他成为发展与变化的主体、民主主义的促进者、世界公民、实现他自己潜能的主人。”① 发展可能是指学生的发展潜能，学生的发展是一个从不成熟到成熟、从不定型到定型的过程。学生在法治教育的学习过程中，身心都在不断变化，具有可塑性，为法治教育提供了自然依据。也就是说学生发展的可能性，也为法治教育提供了可能性。

同时，学生是有法治教育需要的人。学生具有遗传素质，为学生的发展提供了可能，但是，人除了自然属性外，还有社会属性，是自然属性与社会属性的统一体。学生只有完成了由自然人向社会人转变这一过程，才能成为社会所需要的人。学生成为社会人的动力是社会对个体提出的要求引起的需要与个体的发展水平的矛盾运动。学生只有参加社会实践活动，才有社会与个体之间的矛盾，这个矛盾的解决伴随着人的一生，客观现实不断作用于个体，对个体提出要求，这些要求反映在人的头脑里成为个体的需要。要满足这些需要，要通过个体的自身活动与客观现实的互动来实现。现代社会是一个法治社会，法治社会对个体提出了法治素养的要求，法治素养离不开法治教育，所以，学生有法治教育的需要。既然学生有法治教育的需要，接下来才是如何认识学生的法治

---

① 联合国教科文组织国际教育发展委员会：《学会生存——教育实践的今年和明天》，教育科学出版社 2008 年版，第 197 页。

教育需要，如何满足学生的法治教育需要的问题。而现实的情况是，一些人、部门对学生的法治教育需要认识偏颇，认为法治教育仅仅是社会的需要，这是很不全面的，“是人的需要催动着社会，而教育优先考虑的正应是人的发展需要，教育尽管有选择地（不能无选择地）顺应社会需要，但教育若能反映人的本性，唤起人的潜能，就正是可以超越社会（眼下的）需要的”①。可见，学生是有法治教育需要的人，这是自然的、客观的。人与社会互动的结果深深地根植于人性、人的本能，人适应回应社会的本能，这与社会性是人的本质属性、社会需要是本质需要并不矛盾。

学生是法治教育的对象。学生是有发展潜力和发展需要的个体，学生是法治教育的对象。学生的主要任务是学习，学校的法治教育以学生为对象，有计划、有目的、有组织地由法治教育的教育者按照法治教育目的，选择法治教育内容，安排教材，采取一定路径对学生的身心加以影响，从而让学生的身心获得发展。学校的法治教育与社会环境对学生影响的法治教育不同，社会的法治教育对学生的影响是自发的、偶然的、碎片化的，而学校的法治教育对学生的影响是系统的。但是，要看到学生是教师与学生法治教育这对矛盾的主要方面，学生是有个性、有学习法治教育需要的、有主动性和积极性的人，因此，学校法治教育要尊重学生，要把学生的法治教育需要、诉求放在第一位。

三　社会法治教育主体：政府与大众

法治教育的主要任务是在学校完成的，学校法治教育主体是法治教育主体的主要部分，除学校法治教育主体之外的法治教育主体称为社会法治教育主体。社会法治教育主体有多种分类方法，这里以承担的法治教育职责和法治教育的方法来分类，分为政府与大众法治教育主体、专门机构与特定对象法治教育主体、家庭与成员法治教育主体。这样分类的原因是：我国过去缺少对法治教育主体的分类研究，对法治教育的规律总结不够，法治教育难以落实、落细、落小，法治教育的针对性不强、实效性差。

---

① 张楚廷：《课程与教学哲学》，人民教育出版社2003年版，第285页。

（一）政府法治教育主体

在我国，政府是法治教育的主体，法治教育的任务主要由政府承担，政府是法治教育的教育者主体。政府法治教育主体与学校法治教育主体不同的是，学校是专门的教育机构，而政府是面向普通大众的机构，当然，政府也同时承担学校法治教育的责任，这是由我国政府的职能决定的。对此，要认真研究政府法治教育主体的职能、特点、规律，才能具体落实全面依法治国的大政方针。

首先，政府负有法治教育的主要职责。在我国，法治教育的具体任务由政府完成，具体由政府的行政部门完成。中央政府根据宪法和法律的规定，以及人大和人大常委会的决议、决定，负责拟定全国法治教育的总体规划，规定法治教育的总体目标，具体落实全面依法治国的大政方针，并负有全国法治教育总体规划实施、检查、总结的责任。政府的法治教育总体规划，与现有的各级各类大学的政法院校、专门的政法院校的规划有所不同。政法院校主要是培养法律专业人才，具有较强的专业性，而政府的法治教育总体规划是面向人民大众，尤其是普通民众的，法治教育的总体规划具有普适性，影响更为长远。此外，中央政府对法治教育师资的培养、培训，高等院校法治教育专业的设置、布局、课程内容、经费预算等诸多方面也应从全局上考虑，使全国各地的法治教育有章可循。地方各级政府应根据中央政府的法治教育总体规划，联系本地实际，具体落实法治教育的规划，创造性地完成法治教育任务。

其次，政府法治教育的最大优势，就是由上到下用行政权力推动法治教育的进行，这是我国法治教育的优势，是中国特色社会主义法治教育，我们不能丢掉这个优势。因为我国法治、法治文化、法治教育的历史不长，也可以说没有法治传统，我国数千年的封建传统，长期盛行的是人治，大多数人还是从人治的角度来理解法治，要么无法无天，要么“法条主义”盛行，要么“恶法亦法”、良法非法，把法律与人文对立，面对如此严峻的状况，有识之士都会认识到，没有政府由上而下地用行政权力推动法治教育，就没有中国的法治现代化，也没有中国法治政府的建立。所以，我们要研究、利用“法治教育行政推动律”增强法治教育的实效。

最后，政府法治教育的特点是法治教育的人本性。我国的政府是人民的政府，代表了中国广大人民的利益，政府的所有行为都是为了人民、因为人民，所以，我国政府法治教育的最大特点就是人本性。我们不能把法治教育规划、制度的制定、落实本身当成法治教育的追求价值，法治规划、法治教育任务、数字本身不是目的，而人才是目的。规划与人本性不是对立的，而是统一的，而在具体的法治教育中，一些部门、人员往往把法治教育完成了多少指标、考试打了多少分、举行了多少次法治讲座、办了多少期法治专刊等，当成法治教育目的，这是对政府法治教育的特点还没有真正地理解。如何克服呢？那就是真正地以人为本，以人民为中心，把法治教育与人民的利益联系起来，通过法治教育解决普通大众的具体问题，通过法治教育增加人民福祉。

（二）大众法治教育主体

普通大众是指我国的大多数群体，普通的工人、农民、士兵、一般党员、一般干部，当然也包括教师、学生。也就是说，教师和学生既是普通大众的法治教育主体，也是学校法治教育主体，要接受来自不同方面的法治教育。法治教育的内容、主体角色是交叉的，这是我国法治教育主体状况的实际，过去我们缺少这样的认识，所以法治教育缺少整体视野，难以科学化和学科化，很不适应我国法治教育和国家全面依法治国的实际需要。普通法治教育主体有如下特点：

首先，普通法治教育主体是政府法治教育的受教育者，是教育的对象。普通法治教育主体接受来自政府的法治教育，与政府共同构成政府法治教育主体，是政府法治教育主体的矛盾的双方，共同推动我国法治教育的发展。普通大众是政府法制宣传、普法教育的受众一方，法治需要主要从政府那里得到满足。普通大众接受政府法治教育的路径众多，可以是政府法治教育专门机构人员的面授讲解，也可以是来自政府的党报党刊、新闻媒体、广播电台、互联网、人员交往、参加会议、研讨等，还可以是在政府政策鼓励、法治环境影响下的大众自学。

其次，普通法治教育主体是我国法治教育的大多数，是我国全面依法治国之基。普通法治教育的人员众多，这部分人法治教育的状况直接关系到我国全面依法治国的深度和广度。依法治国要获得广泛的群众基础，就必须依靠具有一定实效的普通大众的法治教育。普通大众法治教育作为法治教育之基，如何才能打牢，如何才能适应中国法治教育的需要，这是法治教育需要研究的。普通大众人数众多，意味着对这部分人的法治教育是我国法治教育的重点，应投入大量的物力。高校的专业设置、国家社会科学的学科规划、科研经费的投入、学术研究等，均应正视这一问题，认真研究我国的普通法治教育的主体为什么普通，到底有哪些特点，怎样开展对普通大众的法治教育。

再次，普通法治教育主体具有复杂性。其复杂性来自法治教育主体角色的交叉性、多样性，普通法治教育的主体既可以是学校法治教育主体，还可以是其他法治教育主体。普通法治教育主体的法治需要多种多样，不同的人接受法治教育的动机不一，接受法治教育的自觉性也不一样，有的是自觉的，有的是被要求的；有的是需要解决问题，而临时找法去接受政府的法治教育；有的是把接受法治教育当成一种生活状态。接受法治教育的具体路径也不统一，有的听讲座，有的接受法制宣传，有的主动自学。普通法治教育自身的情况、接受能力、法治素养、知识基础等，也体现了主体的复杂性。

四　家庭法治教育主体：家长与家庭成员

家庭是社会的细胞，家庭法治教育与社会法治教育、学校法治教育同样重要，因此，认识家庭法治教育的主体、研究家庭法治教育，是法治教育的组成部分。只有认真研究家庭法治教育主体，在制度、政策、体制上引导家庭法治教育，才能把全面依法治国的战略方针具体落实。然而，就现状而言，对家庭法治教育的主体引导、规范还不够，这就使得不少问题家庭出现，这对青少年的成长极为不利。

（一）家长

家长是家庭直系血缘关系或者旁系血亲中辈分较高的人，比如，兄、姐、父母、祖父母、曾祖父母，伯、叔、姑、姨等人。家长与家庭的法治教育受教育者具有直接或者间接的血缘关系，因此，家长主体具有与其他法治教育主体所不具有的特点，家长能起到加强或者削弱其他法治教育主体教育的效果，所以，发挥家长在法治教育中的积极作用尤为重要。

第一，家长主体的法治教育具有亲情性。家长与其他成员具有血缘联系，这种联系使得家庭法治教育主体的法治教育具有亲情性，法治教育的氛围与其他法治教育主体的氛围不同，其更为和谐，更为友善，更善于从家庭成员的利益出发，法治教育的方法也更为以情动人，易于打动法治教育的受教育者，易于为人接受。但是，也不可否认，一些家长与家庭成员交流少，法治教育简单粗暴。

第二，家长主体的法治教育具有问题导向性。往往是家庭成员出现了什么样的问题，家长联系所出现的问题，帮助家庭成员做法律上的分析，并寻求法律上的解决路径，或者代为寻找法律专业人士帮助。比如，幼小的孩子在学校损坏了公物，或者因为打架伤害了同学，家长要承担赔偿责任，这时家长就会联系出现的该问题对孩子进行法治教育。问题的导向性使家长法治教育的针对性强，能增强法治教育解决问题的实效性。

第三，家长主体的法治教育具有权威性。由于家长所处的辈分高，使得法治教育具有天然的权威性。家长辈分的权威来源于血缘联系，这是自然的、客观的，与其他法治教育的社会制度拟制的权威不同。孩子的是非观念、守则意识、规则意识最早是从家长那里得来的，家长是孩子最早的法治教育启蒙老师，家长要利用好这种权威，对家庭成员进行正确的法治教育导向，帮助家庭成员提高法治素养。

第四，家长主体的法治教育具有全时空性。家长的法治教育时间、地点不固定，具有很大的灵活性。家长的法治教育地点可以在室内，也可以在室外，可以在旅游途中，也可以在回家的路上，还有其他地点。时间可以在早上，也可以在中午、晚上，可以与家庭成员约定时间，也可以临时起意。家庭法治教育的全时空性，与其他法治教育主体相对固定的时空性相比，有较大的优越性。

第五，家长主体的法治教育具有综合性。在内容上，可以选择生活中的案例，也可以联系家庭发生的事件；在方法上，可以讲解，可以体验，可以启发家庭成员自己找答案，还可以与受教育者共同讨论，一起寻找答案；家庭法治教育主体可以由家长一人担任，也可以组织其他家庭成员一起承担法治教育者责任；示范、潜移默化、“润物细无声”，多是这种主体的法治教育方式。

（二）家庭成员

家庭成员是与家长相对应的一方，弟、妹、子女、孙子女、外孙子女、曾孙子女、侄女等。长辈负有对晚辈法治教育的职责，这是因为血缘或者婚姻关系而形成的教育上的权利义务关系。一般而言，家庭长者的法治知识、技能、社会经验等要比晚辈强很多，对晚辈的法治教育是必要的。家庭成员作为法治教育的受教育者主体以往较少被研究，其实，认真探讨家庭法治教育受教育者主体的特点，能增进家庭和睦，促进家庭法治教育效果，促进晚辈健康成长，

第一，家庭晚辈法治教育主体的地位具有客观性。也就是说，是基于血缘或者婚姻关系形成的，家庭一部分成员的辈分比较低，从中华传统文化来讲，即便是从尊重长者的角度来讲，也应听从长者的教导，这是客观的，但这并没有否认家庭成员之间在法律上的地位的平等。作为家庭的晚辈，由于社会经验、生活技能等多方面的不足，所以应虚心接受家庭长者的法治教育。

第二，家庭晚辈法治教育主体的可塑性。与家庭长者相比，家庭晚辈在多方面还不成熟，身心还处于发展的过程中，这就为家长对晚辈进行法治教育提供了可能。也正因为晚辈的不成熟和可塑性，家庭法治教育的效果可能出现反复，不过这是十分正常的现象。家庭主体的可塑性还意味着家庭晚辈到底向哪个方向发展还没有确定，这个不确定该如何引领，对家庭和社会的关系十分重大。为了向正确的方向发展，晚辈应主动向长辈求教，获取法治知识、技能。

第三，家庭晚辈法治教育主体的复杂性。家庭晚辈法治教育主体作为受教育一方，在接受长辈的法治教育引领、教导时，实际情况是复杂的，由于长辈大多数年龄偏大，有些长者一辈子没有走出过自己生活的地域圈子，有的受职业、工作、生活负担的限制，反而在受教育程度、视野、思维的灵活性、创新性上赶不上晚辈，这就使得家庭晚辈的法治素养在有些方面反而比家长强，这就是家庭晚辈法治教育主体的复杂性，作为晚辈在接受长辈的教导时，既要尊重长辈的地位，也要尊重法律。

第四，家庭晚辈法治教育主体的叛逆性。这主要是指一些未成年子女，由于处于青春叛逆期，对父母的法治教育反感，处处与家长对着干，作为晚辈要认识到自己所处人生发展阶段的心理特点，努力克服自身的弱点，接受长辈的法治教育。也就是说，晚辈要自己了解自己，学会自励，学会接受父母的教导，努力消除心理上的对抗。

第五，家庭晚辈法治教育主体的亲情性。家庭晚辈在成长的过程中，受到来自家庭长辈各个方面的关爱，这种关爱是社会其他方面的关爱所不能比拟的。亲情是家庭晚辈法治教育主体的最大特征，因此，长辈对晚辈的爱，晚辈对长辈的爱，是家庭法治教育的动力，晚辈要在接受长辈无微不至的关爱中，努力去体验、感悟法治教育的真谛，提高自身的法治素养，做一个对家庭、社会、国家有益的人。

第三节　法治教育者与法治受教育者

一　法治教育者

（一）法治教育者

法治教育的教育者就是经过专门训练，具有法律、教育、心理、社会治理等多种专业知识，并且专门从事法治教育工作的人。法治教育者不仅要求具有一定的专业理论知识，而且还要求具有一定的社会经验、专业工作经验，才能有效地完成法治教育工作任务。

法治教育者的特点：

第一，法治教育者是具有专业性的人。法治教育是一种专业性较强的工作，因此，要求从事法治教育工作的人必须具有专业性。法治教育者的专业性，一方面体现在专业知识上，要求对法治基本知识、法治历史、法治理论、现行法律、法规、教育、心理等有一定的了解，并达到能胜任相应的法治教育任务的规定要求；另一方面，法治教育者要有一定的专业技能。技能是通过反复训练才能形成的。在从事法治教育任务之前，要求法治教育者在专门的机构进行一定时间的技能训练，比如，见习、实习、短训、暂代职务等多种方式提升技能。

第二，法治教育者是具有一定社会经验的人。由于法治教育、法治现象具有一定的复杂性，因此，要求法治教育者对社会有一定的了解，有一定的社会工作经验；否则，进行的法治教育必然没有针对性、适用性。所以，法治教育工作者在从事其专业工作前，最好有一定的社会工作经验。

第三，法治教育者以法治教育为职业。这就是说，要以法治教育为职业收入来源，把一生的主要精力放在法治教育的研究和教学上。一种职业，如果不爱好，没有浓厚的兴趣，很难坚持下去，因此，作为法治教育工作者要求立下终身从事此项职业的宏愿，毕其一生地努力奋斗，才有可能在专业上有所成就。

当然，法治教育者除了具有法治教育者的专业性特点外，也具有一般教育工作者所具有的主体性、目的性和示范性。主体性是指法治教育者要主导、组织整个法治教育的进程，对法治教育的开始、发展、结束起决定作用。目的性是指法治教育者，要在教育过程中“有的放矢”，围绕如何提高受教育者法治素养开展教育、教学活动。示范性是指法治教育者本身的模范守法，对法治教育的受教育者所起的潜移默化作用。可见，法治教育者理应率先垂范，身教重于言教。

（二）法治教育者的种类

从纵向上看，从教育对象的年龄来分，有幼儿园法治教育者、小学法治教育者、初中法治教育者、高中法治教育者、大学法治教育者、研究生法治教育者。对不同年龄段的教育对象，法治教育者的教育方法、教育内容有差异。同样的法治教育内容，如何表述，如何才能为法治教育对象所接受，这是法治教育者要反复思考的。不同的法治教育者如何才能具备相应的法治专业素质，这是困扰法治教育的一个难题，如何建立相应的培训机构，国家从制度层面怎样设计，是解决难题的先决条件。

从教育对象上分：有农民法治教育者、工人法治教育者、军人法治教育者、干部法治教育者等。对不同职业的法治教育对象，要求法治教育者具有相应的职业背景、实践经验、教育技能，才能收到良好的教育效果。可见，法治教育者的专业素养不是单一的本专业素养，要尽可能地接触更多的专业，在法治教育时才能避免泛泛而谈，加强法治教育的针对性。

从法治教育任务的种类上分：有原理法治教育者、历史法治教育者、哲学法治教育者。法治教育既然是专业性很强的学科，那么，在学科里面，必然有的人专门从事基本原理、基础知识的教育教学；有的人专门从事哲学层次的教育教学；有的人专门从事本领域的历史问题的教育教学。只有这样，法治教育才能形成一个严密的科学体系。对法治教育的内容，从层次上开展分类教育，有利于法治教育的受教育者形成完整的法治教育知识结构，这对人的发展和法治社会的建立具有意义。

从法治教育的内容上分：有民法教育者、刑法教育者、经济法教育者、诉讼法教育者、行政法教育者，等等。现行各类大学法学院的法学教育教师大都符合这种分类法。这种分类有利于专业教育的深化和不断创新，培养更多的专业人才。

从法治教育的专业化程度上分：有法治教育的研究者、法治教育的实际工作者。要探索法治教育的规律，需要专业的法治教育工作者从事专门的研究事业，才可能促进专业的深化。当然，专业的研究工作和实际的教育工作可以由同一个人来担任；但是，这并不妨碍从专业化程度的角度对法治教育者进行划分。这种划分有利于法治教育者分清主要任务，围绕主要任务，推进法治教育专业化不断向深层次发展。

（三）职责

第一，传承法治文明。相对于人类漫长的文明发展史，人类的法治文明并不长，在资产阶级反对封建专制的历史过程中，人类诞生了法治文明，自从法治文明一诞生，它就像一把火炬，照亮了人类治理、统治方式的愚昧、野蛮的隧道。作为法治教育者，其主要责任在于传承法治文明的星火，教育法治对象。法治文明的核心内容：民主、法治、自由、平等、公正、人权、秩序、正义等一系列文明成果，需要法治教育者传承给下一代，让人类的法治文明永放光芒。尤其是，社会主义的法治文明，是人类历史上先进的法治文明，其传承更离不开法治教育者。当然，传承法治文明与法治创新是联系在一起的，没有法治文明创新，就没有法治文明的传承。

第二，教授法治知识。法治教育者的职责就是传授法治知识，组织、引领法治教育的对象对法治知识的认知，其认知重点在于现行的法治知识。具体包括，一般的法治知识、原理，法治知识的历史发展、法治知识的法哲学探究、法治知识的相关知识结构，等等，尤其是要加深法治教育的受教育者对现行法治知识、条文、制度的认知、理解。在教授法治知识时，要有比较视野，让受教育者理解资本主义社会的法治知识与社会主义社会的法治知识有何不同，其本质区别在哪里，尤其是要让教育对象了解社会主义法治知识比资本主义法治知识先进在哪些地方。在我国当代，要把社会主义法治理念教育作为法治教育的重点，因为社会主义的法治理念是法治知识的灵魂，理解了社会主义法治理念，才能理解社会主义各项法律、制度、法规的本质特征。

第三，培养法治能力。作为法治教育者不仅要教授法治知识，而且要把培养法治对象的能力作为法治教育的重点。学习知识，理论不是目的，而在于对理论的运用；学习的法治知识是否正确、是否学习到位、是否领会了精神实质，需要通过运用来检验，尤其是运用的关键在能力，所以，解决法治问题的法治技能、技巧是法治教育的重点。当然，能力的培养不是课堂的法治教育所能解决的，它需要大量的实践运用才能解决问题，因此，在法治教育中，法治教育者要重视实践教育教学环节，让受教育者多练习、多实践、多参与、多总结；同时，要认识到，法治能力的培养不是一朝一夕的，它是个艰苦的过程，需要法治教育者勇敢探索、大胆创新。

二　法治受教育者

（一）法治教育的受教育者

法治教育的受教育者是法治教育的对象，是在法治教育活动中接受教育者教育的人。法治教育者参与法治教育活动是为了获取法治方面的知识和能力，提升法治素养。法治教育的受教育者参与教育活动有如下特征：

第一，有法治教育的需要。法治教育的受教育者为了解决自己或者身边的法治问题，使自己生活更加美好，或者为了提升工作能力，提升所在单位的法治水平，或者为了建设法治社会。总之，受教育者有了法治教育的需要，所以参加法治教育。随着社会的不断发展，个人对法治的需要将越来越多、越来越强烈，所以将有更多的人成为法治教育的受教育者。

第二，受教育者的主体性。法治教育的受教育者不是被动地接受法治教育，受教育者在法治教育活动中有强烈的主体性，接不接受法治教育，接受什么样的法治教育，怎样接受法治教育，等等，在很大程度上是由法治教育的受教育者决定的。可以说，没有受教育者参加法治教育活动，法治教育就不存在，如果没有法治教育受教育者的积极性、主动性，法治教育的效果就会较差。

第三，受教育者的多样性。法治教育的受教育者由不同的人群组成，各个人群的人特征各异，在年龄、社会经验、已有的法治知识、受教育背景等多方面体现了受教育者的多样性，因此，对法治教育的受教育者要因材施教，不能用不变的教育教学模式教育。法治教育受教育者的多样性，还体现在法治教育要求的灵活性、法治教育过程的多变性上。

第四，受教育者是变化中的人。意思是说，法治教育中的受教育者不是静止的，是成长中的人。就法治教育的受教育者来讲，如果过去的法治知识不足，可以通过学习获得丰富的法治知识，过去的法治能力欠缺，可以通过法治教育的训练增强能力，所以，对法治教育的受教育者要用发展的眼光来看学习的过程，反之，静止的眼光不仅不能合规律地开展法治教育活动，而且也不可能培养出社会需要的法治受教育者。

（二）分类

首先，从年龄阶段来划分法治受教育者，这种划分与法治教育者的划分是相对应的，分为：幼儿、小学生、中学生、大学生、研究生等法治教育的受教育者。不同年龄阶段的受教育者，其心理、生理发展水平各异，对法治教育的需求也不同。其中，幼儿的心智最不成熟，研究生的心智最成熟。受教育者的成熟不同，在法治教育过程中如果不区别对待，法治教育很难有实际效果。

其次，从职业可以分为：学生、农民、工人、解放军、司法人员、党政干部、劳改人员、犯罪嫌疑人等法治受教育者。不同职业的法治受教育者，接受法治教育前的职业背景各异，对法治教育的需求各不相同，比如，农民工接受法治教育多关心劳动报酬的拖欠、用工的基本环境、安全等方面的法治知识和技能；学生最关心的是受教育权保护方面的知识和技能；而对劳改人员来讲，如果有冤屈，则有强烈的申诉、控诉方面的法治知识、技能的需要；等等。只有从受教育者的职业可能产生的需要出发，法治教育才有针对性。

最后，从法治需要的抽象程度可以分为：实务型的法治教育受教育者和理论研究型的法治教育受教育者。比如，律师、审判员、检查员、侦查员等多是实务型法治受教育者，在法治教育中对技能、技巧的要求比较强烈；而理论型法治教育受教育者对抽象的法治理论、法哲学、法治史学更感兴趣。因此，在法治教育活动开展之前，应对这两种类型的法治受教育者做适当的划分，并有针对性地准备，更有利于准确把握法治教育规律，增强法治教育的实效性。

（三）职责

职责就是义务，在一定程度上带有强制性。法治教育受教育者的职责，是从他本身的需求和参加法治教育活动这个角度来讲的。包括的具体含义有：

首先，职责性。现代社会是法治社会，要成为合格的社会一分子，没有一定的法治知识和能力是不行的，因此，从这个角度而言，接受法治教育是受教育者的一种义务、责任，义务和责任是不能放弃和不履行的。比如，在接受义务教育阶段，学习法治知识是一种责任；再如，作为一个法官，必须精研法律、法规，具有娴熟的审判技能、技巧，这就要求把接受法治教育当成一种责任。

其次，主动性。作为一个法治教育的受教育者，接受法治教育时要有主动性，主动性主要体现在：发现自己或者周边法治问题的主动性，即对生活现象善于从法治的视角去思考、去发现问题，带着问题学习法治知识；学习法治知识、提升法治能力的主动性，即学习法治、接受教育，不是一件简单的事，其间必须付出无数的脑力和体力，才可能有所收获；积极对话的主动性，即主体向法治教育的施教者一方提问、互动、讨论等，法治教育不是单方的法治教育，没有受教育者一方的主动性，整个教育活动必然是低效或者无效的。

再次，受动性。这是指法治教育的受教育者是法治教育的一方，在法治教育活动中，要尊重法治教育者的施教，要接受、配合教育者开展教育活动。对法治教育者的尊重，不仅是人与人伦理关系的要求，而且因为法治教育者作为专业人员，在一定程度上具有法治知识和法治技能的优势，如果不虚心接受教育，那么很难学到有价值的法治知识，掌握真本事。当然，这里的受动性，不是完全的被动性，而是与法治受教育者的主动性并存的、对立统一的、不可分割的受动性。

最后，选择性。就具体的法治教育活动而言，受教育者可以选择参加或者不参加某种法治教育的权力。对具体的法治教育活动，受教育者有选择权，比如，选择某位教育者，选择学习某类法治教育的内容，选择学习的时间段等。受教育者的选择体现了一种权利，这种权利对法治教育的开始、发展和结束有重要影响。

三 法治教育者与法治受教育者的关系

法治教育的教育者与受教育者的关系是多维度的，只有从多维度认识二者的关系，才能理解其关系的本质，准确把握法治教育的规律，使法治教育活动更加符合实际。

（一）法律上的关系

法治教育的教育者与受教育者的关系，从法律上来讲，地位是平等的，无论是教育者对受教育者，还是受教育者对教育者而言，彼此都没有特权，没有等级上的优势，所以，教育者拥有的教育权利和受教育者拥有的受教育权利，从权利的角度讲是等值的、平等的权利，并不存在一方比另一方在价值上多出一部分。当然，法律地位上的权利等值，并不是二者在具体的内容上毫无差别，因为，教育者的教育权和受教育者的受教育权是两种不同的权利。

从法律的角度讲，二者的权利都是合法权利，受国家法律的保护。在我国，宪法、教育法、教师法等法律规定了教育者的教育权利；宪法、义务教育法等法律规定了受教育的权利；法律鼓励、保护法治教育者开展法治教育，国家为此提供各种方便，如经费预算等的支持，采取各种鼓励措施；同时，法治教育的受教育者享有接受法治教育的权利，国家为此提供了各种物质基础设施、师资保障。

法律的角度还意味着，侵犯教育者的教育权和受教育者的受教育权要受到法律的追究，要承担法律责任。比如，在义务教育阶段，受教育者接受法治教育不仅是一种权利，同时也是一种义务，这就意味着义务教育阶段的人不接受法治教育，相关人员要承担法律责任。

（二）人格上的关系

从人格上讲，法治教育的教育者和受教育者都是人，是人就应该相互尊重，彼此互助、配合、理解，共同完成法治教育任务；同时，一方要充分尊重另一方在法治教育活动中的选择权。

人与人相互尊重，这是最起码的人权。在资产阶级启蒙思想家看来，人权是天赋的，天赋人权作为资产阶级革命的口号，在推动资产阶级革命的过程中起到了巨大的历史进步作用。资产阶级建立政权后，把保护人权作为国家的核心价值之一。因此，在法治教育中，教育者与受教育者，应平等地研讨法治知识、提高法治技能、技巧。在社会主义社会，法治教者从事的法治教育工作是受人尊敬的工作，作为法治教育的受教育者应尊重教育者的辛勤劳动，虚心接受法治教育，即使双方有知识上、学术上的不同看法，也应理性、平和地交流意见，而不应使用过激的语言和采用过激的行动，尤其是作为机构或者组织代言人的法治教育者在法治教育中更应保持谦卑和克制。特别是在法治教育中，教育者不能自认为高人一等，对受教育者采用训斥、体罚等教育方式。深言之，法治教育者的教育方法要切合受教育者的实际，比如切合年龄特点、心智状况、法治教育需求等。

概言之，人格理论意味着，在法治教育中应彻底实现以人为本，把人作为法治教育的主体和目的，而不是被动的教育客体和改造对象，只有人才能作为法治教育的目的，才能体现法治教育的内源性和可持续性，不过，这里的人是指法治教育者和法治教育受教育者双方，也就是说，在人格上不存在任何一方对另一方的强势。

（三）教育教学上的关系

在法治教育过程中，教育者与受教育者都是教育活动的参与者，相互依赖，一方不能离开另一方。只有法治教育双方的存在，法治教育活动才存在，否则，就不构成法治教育。在法治教育活动中，教育者一方是法治教育活动的组织者、施教者；受教育者一方是法治教育活动的参与者、受教者。法治教育的教育者和受教育者，尽管在法治教育活动中担任的具体任务不同，但是作为交往、互动的双方，都是不可或缺的。

基于现象学和存在主义理论，法治教育者和受教育者之间的关系是主体间性关系，主体间性也称交互主体性。在主体间性的视域里，法治教育的教育者和法治教育的受教育者是平等的教育活动主体，主体之间应该是民主和平等的主体间性关系。所以，无论是法治教育者，还是法治教育的受教育者，都不应该把对方看作是被动接受教育的对象，而是为完成共同法治教育活动任务而相互交往，是法治教育中作为真实而完整的人的相互交流、探讨。这种主体间的对话，有相互理解，也有反思，在法治教育中双方共同从事法治教育的意义、精神方面的重新建构。可见，从教育教学这个角度来看，法治教育者和受教育者之间是一种平等、共生的关系，双方不存在霸权、支配、中心地位。也就是说，法治教育者与法治受教育者不是一种主体与客体的对象性关系，否则，法治教育就会演变为单向灌输和强制压服，变为失去主体性的客体性教育。

在法治教育的主体间性中，教育者不应该埋怨受教育者有太多的法治教育学习缺陷，而法治教育的受教育者也不应埋怨与教育者之间有不可逾越的鸿沟。这是说，教育者与受教育者在法治教育中的“视界”和“前理解”尽管不同，但是这不是法治教育的障碍，反而能促进法治教育者和受教育者不断产生新的理解。换言之，法治教育的教育者与受教育者的视界相遇、融合，出现思想与思想的碰撞，心灵与心灵的交流，双方才能够相互激励、共同进步。

第四节　法治教育主体的关系

法治教育主体之间，一方处于教育者主体的地位，另外一方处于受教育者主体的地位，无论是何种类型的主体，也无论处于何种地位，这两方在法治教育活动中必然发生联系，这二者在法治教育活动中到底是一个什么关系，是平等的，还是不平等的，如果是平等的关系，又是一个什么样的平等关系，平等关系的内容是什么，基础和依据是什么，目前法治教育主体关系的现状是什么，如何改进法治教育主体之间的关系，增强法治教育的效果等，是研究法治教育主体不能回避的问题。法治教育主体的关系是主体在法治教育、教学过程中形成的相互关系，包括双方所处的地位、作为、相互怎样对待。法治教育是主体之间共同的活动，因此，良好的法治教育主体关系是法治教育取得实效的保证。

一　法治教育主体关系的历史发展

（一）古代教育的教育者与受教育者之间的等级关系

在古代，教育者与受教育者之间的关系是不平等的，教育者是教育的主体，而受教育者不是教育的主体。教育者与受教育者之间的关系受“师道尊严”观念的束缚，“凡学之道，严师为难。师严，然后知道尊。道尊，然后民知敬学”《礼记·学记》。这就是说，教育者与受教育者之间的关系是不平等的，教育者与受教育者分离，教育者具有权威性、神圣不可侵犯性，教育者的意志是不能违背的，教育者是知识、真理的占有者，受教育者只有无条件地接受教育者的教育、训示，对教育者无条件地服从。甚至教育者在教育活动中，可以侵犯受教育者的人身权利，对受教育者可以任意打骂。可见，在古代教育者与受教育者主客二分，教育者是教育的主体，受教育者是教育的客体，受教育者处于被动的、依附的地位，没有主体地位，没有主体性，主体性受到压抑。在教育方法上多为灌输式、训诫式，在教育的内容上是亘古不变的。这是因为，在古代等级关系贯穿于教育的全过程，教育的实质是为封建统治阶级服务。在古代也有法律制度的教育，但不是现代社会的法治教育，古代的法律制度教育是为了控制人民的思想，为了驯服人民、维护统治阶级的等级特权，因此，只有统治阶级教育的主体性，对人民而言没有教育的主体性。

（二）传统教育的教育者与受教育者之间的主客体关系

在传统的教育思想中，主体与客体之间又是什么关系呢？德国著名教育家赫尔巴特是传统教育思想的典型代表。赫尔巴特教育思想的哲学基础是实证主义，规范、规则通过教学来实现，教学诉诸理性和知识，把教学看成人的观念、意识实现的途径，道德教育、法律教育要通过教学来实现。赫尔巴特强调“三中心”，即教师中心、课堂中心、书本中心。道德教育、制度教育、法律教育以课堂为中心来实现，教学活动过分注重教育者的主体地位，而忽视受教育者的主体地位，忽视受教育者在学习中的主体性。因此，教育者就成了知识的占有者、拥有者，教学的依据是教材，课堂是教育者活动的空间，受教育者成为教育的客体，被当成盛装知识的“容器”，教育者向受教育者“灌输”知识，受教育者的思想受到钳制，没有个性发展。为了培养规模巨大的劳动力，班级授课制出现了，近代以来填鸭式灌输与被动接受成为普遍通行的教学模式。过分重视受教育者法律、制度知识结构的培养，而不是受教育者法律精神的建构。我国目前的法治教育深受赫尔巴特传统教育思想的影响，在法治教育中，普遍盛行教育者讲、受教育者听，法治教育围绕教育者的要求转，受教育者成了法治教育的客体。

（三）现代法治教育的教育者与受教育者之间的主体间关系

1. 现代法治教育的主体之间互动关系的哲学依据。主体间性是由现象学创始人，德国著名哲学家胡塞尔提出的一个概念，主体间性走出了主体性哲学主客关系的困境。在主客关系看来，主客与外界的关系是主体与客体的关系，主体以外的事物都是主体占有、利用、改造的对象，这种哲学在处理人与物、人与自然的关系时是有效的，可是在处理社会关系、人与人的关系时就会陷入困境。胡塞尔从认识论的角度认为主体间性是“自我”与“他我”的沟通，是认识的“共同性”，海德格尔从本体论的角度认为主体间性是个体的“此在”与他人的“共在”。哈贝马斯从本体论的角度提出自我与他者的主体间性。我国学者认为，主体间性是对个体主体性的批判，主体间性以主体之间的教育和对话为手段达成共识，超越了主体性的孤立性、封闭性，体现了人与人之间的共同性、平等性。

2. 现代法治教育的主体关系不同于古代教育和传统教育思想影响的教育者关系，现代法治教育的主体关系，通过法治教育的教育者与受教育者之间的教育交往，自主地接受教育者传递的法治观念、法律精神、规则意识，并通过受教育者自身的思想运动而形成正确的法治意识、法治观念。法治教育的教育者与受教育者之间是平等互动的关系。也就是是说，在法治教育活动中，教育者与受教育者之间是完全平等的，具体体现在人格上、法律上的平等；法治教育的教育者与受教育者都是主体，都具有主体性、主观能动性；法治教育的教育者与受教育者之间不是支配与被支配、控制与被控制的关系，而是双向互动关系。

二 现代法治教育主体互动关系的内容

（一）在活动中的交往关系

法治教育的主体交往是相互依赖的交往。在交往活动中，教育者是法治教育的主体，受教育者也是法治主体，法治教育的教育者要依赖于受教育者，法治教育活动才得以进行下去；同样，法治教育的受教育者也离不开法治教育的教育者，离开了教育者，法治教育的受教育者也就无从接受教育。这是一种双向的主体关系。在这个双向的主体关系中，教育者传授法治知识，属于知之较多的一方，一般而言，在智力、知识、经验上要胜过受教育者，而受教育者要在法治教育活动中，从教育者那里获得知识、经验，通过训练提高智力。法治教育的教育者在教育活动中有知识和经验的优势，要发挥这种优势完成教育任务；同样，法治教育的受教育者有敏捷、接受能力强、多种发展可能的优势。法治教育活动并不是一个单向的传输过程，它既需要教育者主体发挥积极性，同时也需要受教育者参加，发挥积极性、创造性。

（二）法治教育的主体交往是主体间交往

法治教育过程是人与人之间的交往，这种交往与主客二元对立的活动不同，主客二元对立就是把法治教育的受教育者当成被改造的对象，受教育者在法治教育活动中是被动和服从的一方，其实质就是把人当成物。在马克思主义看来，人不同于自然界，也不同于物，每一个人既是一个特定的个体，又是社会的、类生命总体的承担者，人是一切社会关系的总和，社会关系只能在人与人的交往过程中才存在，因此，法治教育是人与人之间的教育活动交往，不是人对物的控制，更不是人对物的思想钳制，法治教育活动中教育者与受教育者之间是共生、共存、共荣的。在法治教育活动中，既不追求对教育者的彰显，也不追求对受教育者的彰显，因为这两方无论哪一个方面的彰显，都会导致法治教育活动中师生关系的对立和恶化，法治教育的教育者和受教育者主体间关系生成主体间性，强调主体间的沟通，主体之间是一种和谐的关系，是真正的双主体。

（三）法治教育的主体交往是互负责任和义务的交往

在法治教育活动中教育者承担组织、教育、传授知识的责任，受教育者负有学习的义务和责任，相互之间具有双向主体性，无论是教育者还是受教育者，都需要发挥主动性、创造性，促进自身主体性的发展；同时，教育者和受教育者相互作用、相互影响，互相理解、认可和合作。也就是说，双方享有权利也负有义务，是相互的。法治教育的教育者与受教育者之间在人格上是平等的关系，在法律上并不存在谁比谁低一等或者高一等，无论是机构还是个体都有法律规定的人格，非经法律规定和按照法定程序不能任意剥夺或者限制，因此，在法治教育活动中，一方对另一方并不享有法律上的特权，更没有“奴役”的权利，有的只是双方各自应尽的责任和义务。在伦理上是互助的关系，法治教育的教育者与受教育者在教育活动中要相互帮助、相互理解、相互体谅，特别是要相互启发、升华法治精神，形成共同的法治价值追求，可见，责任和义务是相互的。

法治教育主体交往的主体间性不是无原则的迁就。所谓无原则的迁就，就是放任自流，对他方不管不问，任其发展，这与一方的地位过于凸显，有压倒另一方的优势一样，都是走极端，是错误的。无原则的迁就是对法治教育中承担的责任和义务的放弃，是对主体间性的错误理解，是在教育上犯“左”的或者右的错误。无原则迁就会导致法治教育的虚无、法治教育实效性的减弱甚至丧失，会动摇全面依法治国的根基，导致人的个性的无限张扬，走向无政府主义，最终危害人的发展。无原则迁就的责任是双方的，既有教育者的责任，也有受教育者的责任。也就是说，无论是“教师中心”，还是“儿童中心”，正因为有“中心”存在，才有“非中心”存在，无原则的迁就既是对“中心”的刻意维护，也是“非中心”丧失反叛造成的。因此，法治教育者在教育过程中，教育者对受教育者既要严格要求，又要关怀备至；受教育者对教育者既要虚心求教，又要大胆质疑；做到既不迁就也不附和，在法治教育过程中，通过思想的交流、碰撞，甚至冲突，达到对法治知识、技能的共享，否则法治教育的主体就会成为单子式的主体。

三　现代法治教育主体互动模式的建构

（一）理念建构：以人为本建构主体互动关系

法治教育中的以人为本的理解。以人为本是相对于以物为本而言的，就法治教育而言，要建构主体互动的教育模式，就必须坚持法治教育活动中人的价值取向。与以人为本相反的是以物为本，以物为价值取向。物的取向，就是以外在的可以量化的指标作为法治教育的价值追求。以人为本和以物为本是法治教育中对立的教育思维模式。在以物为本的法治教育中，教育者仅仅是规则、法律的传声筒，受教育者是教育的客体和被改造的对象，教育的目的简单量化为具体可见的目标，教育内容简单重复，缺少变化，教育方法枯燥单一，整个法治教育活动可以简化为“我打你通”“我说你听”。以人为本要求把法治教育的目的和手段颠倒过来，把人作为教育的主体和目的。

法治教育的以人为本就是以人的利益为本。法治教育中人的利益包括物质利益和精神利益。就物质利益而言，通过法治教育要能保护人的物质利益，保护人们合法的生产劳动成果，保护人们的生活资料和生产资料，特别是当人的物质利益受到侵犯后，要通过法治教育习得方法来保护人的物质利益，因此，法治教育者在教育过程中要“有的放矢”。同时，法治教育要有助于人的精神利益的保护，法治教育要能鼓励人、激励人，给人前进的力量、克服困难的力量、追求美好幸福生活的力量。因此，法治教育要研究人的利益，要与人的利益联系起来，尤其是要动态地看待人的利益，预测人的利益的变化，这就是法治教育中的以人为本。

法治教育中以人为本是主体间性视域下的以人为本。也就是说，不仅要以受教育者为本，而且要以教育者为本，教育者与受教育者都是法治教育的主体，不存在一方对另一方的压制，要相互合作、相互理解。这就要求在法治教育中，双方要学会沟通、对话，要在沟通与对话中对法治教育的内容达成认同，因认同产生法治教育共识，才能达到对法治教育内容的深刻理解，法治精神才能深入人心。

（二）伦理建构：尊重受教育者建构主体互动关系

对法治教育主体地位的确认。确认法治教育的主体性是现代法治教育伦理观的基本思想。确认主体地位，就是要发挥受教育者的主体性、积极性、创造性，让受教育者自觉认同法治教育目标和法治教育要求，独立判断、选择并调节自己的行为。确认法治教育的主体地位，是基于对传统法治教育无视受教育者主体地位和主体性的批判、反思。因为，法治教育的受教育者是有主体性的人，法治教育的教育者一旦认识了受教育者的主体地位，在教育内容和教育方法上就会趋向于受教育者，选择有利于受教育者的教育内容和教育方法，在法治教育活动中，调动法治教育的受教育者的积极性，鼓励受教育者参与法治教育活动的各个环节，让受教育者认同法治教育目标；反之，就会忽视或者否定法治教育受教育者的主体性，把受教育者当成被动接受教育的对象，在教育内容上就会主观臆断，在教育方法上就会偏爱灌输、强制、压服的方法，这样的结果，会导致法治教育的教育者与受教育者的对立。法治教育的教育者不仅要肯定受教育者的主体地位，发挥其主体性、创造性，而且还要培养受教育者的积极性，鼓励对法治教育目标的认同，达成最大限度的法治教育共识。

当然，尊重受教育者并不是单方面的，并不意味着对教育者的不尊重，在法治教育过程中，尊重是双向的，法治教育的受教育者也要尊重教育者，要确认教育者的主体地位，要主动与教育者协商、沟通、对话，要鼓励教育者，法治教育活动才能顺利开展，卓有成效。

法治教育主体的需要。尊重受教育者，就是要尊重受教育者的需要，因此，在法治教育过程中，教育者要研究、了解、认识、最大限度地满足受教育者在法治教育过程中产生和激发的需要。要把受教育者当成一个人来尊重，作为一个人有生存和发展的需要，因此，认识、研究、了解法治教育的受教育者需要，要从基本的生存需要入手，一般而言，只有基本的、低层次的需要满足了，才会产生高层次的需要。

尊重需要还意味着尊重不同法治教育者的不同需要，现代社会是一个多元社会，在多元社会里，人们的选择越来越多，因此，人们的需要也是多种多样的，尊重需要就是要尊重多种需要。同时，也要求法治教育的受教育者要认识理解法治教育，法治教育并不能单纯地当成一项政治任务，只能满足政治需要；也不能当成一种工具，仅仅满足受教育者考试的需要。法治教育的受教育者有权利选择能满足自身的物质需要和精神需要的法治教育。因此，法治教育的主体需要的满足，需要主体之间的平等对话、协商。

（三）实践建构：以实践为导向建构主体互动关系

法治教育主体的互动关系在生活实践中生成。法治教育主体之间的互动不是先验的，也不存在于主观世界，法治教育主体之间的互动是实践中的互动。实践包括生活实践、社会实践、科学研究的实践。在法治教育实践中，主体之间围绕法治教育的问题展开对话、发生关系。理论联系实践的原则要求法治教育必须面向实践，尤其是面向生活实践，只有在实践中主体之间的互动才能变为现实。这就是现实中广泛存在的，一些人教育理论学得不少，谁都懂发挥受教育者主体性的道理，但是怎样发挥，却很少考虑，更很少做到，可见，要面向法治教育实践，尤其是生活实践，主体之间的互动关系才能建构起来。尤其是在面向生活的实践中，法治教育的教育者解决了受教育者的问题，主体互动关系的信赖程度将进一步加深。如，农民工接受法治教育，要回了老板拖欠的工资；工人接受法治教育，获得了最低生活保障；学生接受法治教育，保障了自己的受教育权利。

全面依法治国的实践，为我国法治建设提出了新的要求，要回应法治建设的新要求，必须改革法治教育，不仅内容要改革，而且法治教育方法也要改革，才能增强法治教育的实效性。在过去，我们只承认法治教育的主体是教育者，站在教育者的角度来看待法治教育，来开展法治教育，导致主客二分，法治教育不为受教育者承认，法治教育与公民的生活实践“两张皮”，全面依法治国的实践，倒逼法治教育改革，法治教育要真正为受教育者承认，就必须站在受教育者的角度看待法治教育，法治教育的受教育者是主体，教育者也是主体，主体与主体之间互动，实现视域相融，才能提高法治教育的效果。

中国特色社会主义的实践为法治教育主体互动模式提供了基础。改革开放的实践不仅带来了中国物质财富的极大丰富，而且带来了人们精神领域的巨大变化，人与人之间的关系，不仅在法律上是平等关系，而且在生活实践中平等互动的思想也深入人心，主体之间互动的行为处处可见。要像过去那样在人与人之间的交往中，特权盛行，强者对弱者处处进行压制、打击、钳制，显然不可能了。法治教育是人与人之间的交往，因此，法治教育者与受教育者都是教育的主体，主体之间要在平等、对话、合作中，才能使教育活动得以进行。

中国特色社会主义的建设，不仅为法治教育主体之间互动模式的建构提供了物质基础和精神动力，而且也内生地提出了要求，是生活实践要求法治教育方法必须改革，主体之间的平等互动是法治教育方法发展的必然趋势。

第 六 章

法治教育的方法

法治教育的方法，是指观念中的良法变为现实中的善治行为的技术路线。法治教育方法不是可有可无的，没有法治教育方法，法治教育就不能取得预期的效果，法治教育的任务、目标就不能实现。正如毛泽东所言："我们不但要提出任务，而且要解决完成任务的方法问题。我们的任务是过桥，但是没有桥或者没有船就不能过。不解决桥或船的问题，过河就是一句空话。不解决方法问题，任务也只是瞎说一顿。"① 可见，在法治教育中方法具有重要地位。

法治教育的方法，从不同的层面和不同的角度有不同分类。可以是宏观的哲学层面的分类，体现为法治教育方法的理论基础；可以是中观的方法论层面的分类，体现为法治教育方法的原则；还可以是微观的教育教学层面的分类，体现为讲解法、体验法、讨论法等。

第一节　法治教育方法的理论基础

在哲学层面，法治教育方法研究的是一个方法论的问题，不同的世界观决定不同的方法。就马克思主义哲学而言，唯物辩证法仍然是基本的法治教育方法，在法治教育中实事求是、一切从实际出发，具体问题具体分析的哲学思想是决定其他一切具体方法的理论基础。当然，其他一些学科对法治教育方法也有理论支撑作用。

---

① 《毛泽东选集》第 1 卷，人民出版社 1991 年版，第 139 页。

一　法治教育方法的含义

（一）方法

方法，一般而言，含义较为广泛，泛指为完成某种任务或者达到某种目的而采用的手段与行为方式。在不同领域、不同层面，方法的含义基本一样，有技能、技巧、技术、门径、门路、门道、办法、艺术的意思，但是具体名称不同，称为手段、步骤、策略、路径、线路、方式。无论是社会科学研究，还是自然科学研究，都有一定方法，理论研究如此，社会实践也是如此，其中，社会实践更讲究方法。方法关系到任务的完成、目标的达成。

事实本身并不能成为方法，也不能成为科学，让事实成为科学的是方法。但是，什么是方法的实质，方法是由什么掌握的呢？其实，我们讲的方法，都是人的方法，方法本身也不过是作为主体的人的活动方式，人就是人的活动，在这一点上，马克思与旧唯物主义者不同，“蜜蜂建筑蜂房的本领使人间的许多建筑师感到惭愧。但是，最蹩脚的建筑师从一开始就比最灵巧的蜜蜂高明的地方，是他在用蜂蜡建筑蜂房以前，已经在自己的头脑中把它建成了”。[①] 可见，方法是主体的人的活动，是主体与实践在相互作用中，对主体自身活动的不断总结、归纳和提升，体现了人的主观能动性，把主体的活动规律与客体对象的运动规律高度统一，所以方法实质是主体的人改造客体的规则、路径的总称。

（二）法治教育方法

法治教育方法，可以从不同层面、不同角度把握。一是从法治教育者角度来讲，法治教育是管理的手段，也就是讲，法治教育者为了完成法治教育任务，达到法治教育的目标采取的各种策略；二是从法治教育者和法治受教育者即教育对象双方的相互活动来讲，法治教育方法是法治教育活动中采取的各种手段的总和，既包括法治教育者的管理方法，也包括受教育者法治素养的形成方法；三是从法治受教育者的角度来讲，指自修自悟获取法治知识、形成法治能力的方法。随着科技的进步，自学法治不仅可能，而且越来越受到重视。

---

① 马克思：《资本论》第1卷，人民出版社1975年版，第202页。

传统的法治教育方法，多从法治教育者的角度考虑问题，具有明显的控他性，忽视了受教育者主观能动性的发挥。但是，如果仅从受教育者的活动来考察法治教育的方法，也不是合理的，因为法治教育活动也不能是受教育者的自言自语，法治教育离不开法治教育者的指导、计划、方案、引领，所以从合理性、实效性而言，法治教育方法是一种互动方法，它既离不开教育者，也离不开受教育者。

从教育者和受教育者互动的角度看，要考虑受教育者如何接受教育、接受的程度以及接受教育时受到影响的各种因素，所以在法治教育方法研究的视域里，以主导、主体较为合理。主导就是法治教育者的主导作用，主体就是法治教育的人。可见，法治教育方法，是指在法治教育活动中，以法治教育者为主导，法治受教育者参加活动并发挥积极性，养成特定的法治素养和法治能力的方式、策略、手段的总称。

二　法治教育方法的结构

（一）法治教育的方法论

方法论层面的法治教育方法是一种哲学方法。哲学层面的方法论是指认识事物的共同规律的、一般特性的方法。哲学层面的方法论是通用方法，适用于自然、社会和人类的思维等领域，包括历史的方法、辩证的方法和逻辑的方法。

法治教育关注哲学层面的方法在法治教育活动中的运用。哲学层面的方法在法治教育方法中处于最高层次，对其他方法具有指导作用，是一种不可缺少的方法。考察法治教育的方法，如果离开哲学层面方法论的指导，法治教育的具体方法就难免误入歧途，法治教育的实效性就会大打折扣，甚至实效性全无。

在法治教育中坚持历史的方法。法治教育史的教学，要有历史的眼光，要用历史的方法考察法治教育发展的历史，厘清历史线索，加深对法治教育内涵的理解，明白法治教育对人民利益的保护、对社会主义制度认同的实质，也就是说，全面依法治国、治理现代化是历史的选择，有历史必然性。

在法治教育中坚持辩证的方法。要避免形而上学教条式地理解法律、法规和法治建设实践。比如在“文化大革命”中，民主与法治建设遭到极大破坏，但是就整个新中国法治建设所取得的成就而言，成绩是第一位的，挫折是第二位的，从总的趋势而言，我国的法治建设是不断向前发展的。可见，没有哲学层面的辩证方法的运用，很难对我国法治建设有一个全面的理解。不仅如此，在具体的法治教育过程中，对法治教育内容的选择、教学方法的运用、教育对象学习情况的分析，同样离不开辩证方法的指导。

逻辑方法也是法治教育的方法论。在法治教育中，要遵循逻辑思维规律，无论是法治教育概念的形成，还是根据已有的法治教育概念作判断和推理，都必须逻辑正确，否则就会强词夺理，难以服人，更谈不上教育效果。逻辑方法在法治教育中作用突出，因为法律最讲逻辑，比如案件事实的认定，法条的具体适用，无不讲究严密的逻辑。

当然，方法论与世界观是联系在一起的，法治教育要取得良好的教育效果，归根到底离不开马克思主义理论的学习。只有掌握马克思主义的理论武器，努力改造主观世界，树立无产阶级的世界观，才能在实践中选择正确的法治教育方法。

三　法治教育方法的特点

中介性。法治教育方法具有中介性。法治教育方法是关系中的方法，是关系因素。也就是说，法治教育的主体人通过方法这个中介来联系法治教育的受教育者，构成完整的法治教育活动。换言之，在法治教育活动中，教育者和受教育者都依赖于方法，都离不开方法，都是通过方法而相互依存。可以看出，法治教育方法在价值上是中立的，处于中性地位，这说明法治教育方法与法治教育本身不同，法治教育本身具有阶级属性，具有特定的功能。正因为法治教育方法的中立性，所以在法治教育中，在方法的运用上要大胆地吸取百家之长，尤其是要学习西方资产阶级法治教育的成功方法。

客观性。法治教育方法是法治教育主体为实现一定教育目标而采取的手段，具有主观性，但是选择什么样的教育方法，又是不以个人的主观意志为转移的，必须根据教育对象、教育环境、现有条件以及自身情况来决定，因此法治教育方法具有客观性。客观性意味着法治教育方法不能凭主观臆想选择，要符合人的法治素养的形成规律，要考虑国家依法治国的大环境，要符合一定的法治传统文化，否则，法治教育的效果堪忧。特别是法治教育方法的选择一定要看教育对象，这一点十分重要，这是由方法的客观性决定的。

辩证性。法治教育方法是辩证的方法，没有一种方法绝对有效，也没有一种方法绝对无效。法治教育方法的选择要以一定的时间、地点、人等多种因素为转移。法治教育的方法是逐步完善的；法治教育的各种方法相互联系、相互交叉、渗透，也就是说，法治教育的方法不是孤立的。法治教育方法的辩证性还意味着法治教育方法具有创新性，由于依法治国的不断发展，旧的方法或许会过时，新的方法不断被创造出来。可见，在法治教育活动中，要灵活采取各种方法，争取最佳的法治教育效果，尤其要注意方法之间的优势互补。

针对性。方法是解决特定问题的手段，针对性既是法治教育在任务完成、目标达成上的要求，也是方法本身具有的特点。也就是说，法治教育方法不能脱离设定的预期值，方法的针对性强不强，直接关系到教育效果的好坏。法治教育方法针对的含义十分广泛，可以针对法治教育任务、法治教育环境、法治教育对象、法治教育诉求、法治教育的政策、法治教育的职业、法治教育的具体案例，等等。

四 法治教育方法的理论基础

（一）马克思主义哲学理论

马克思主义哲学是关于自然、社会、人类思维的最一般的规律的科学，既是世界观又是方法论，是法治教育方法的理论基础。法治教育方法所遵从的一些最基本的原则是由马克思主义哲学的基本原理决定的，在法治教育中以马克思主义哲学为理论基础十分重要，“理论是重要的，它的重要性充分地表现在列宁说过的一句话：‘没有革命的理论，就不会有革命的运动’。”[①] “代表先进阶级的先进的正确思想，一旦被群众掌握，就会变成改造社会、改造世界的物质力量。”[②] 所以，在法治教育中，无论是方法的认识、选择，还是应用，都应以马克思主义哲学为指导。

---

① 《毛泽东选集》第1卷，人民出版社1991年版，第292页。

② 《毛泽东文集》第8卷，人民出版社1999年版，第320页。

在新时代，要全面依法治国，必须增强法治教育的实效性，而法治教育的实效性与法治教育的方法关系要极大、自觉地以马克思主义哲学为指导，才能科学地选择法治教育方法；而唯心主义哲学为基础的方法论，在教学活动中必然主观随意，不顾受教育者的实际情况，这样的法治教育效果必然是低效的。

（二）管理学理论

管理学是一门交叉学科，它研究管理活动的基本规律和一般方法，有效合理地配置人、财、物等因素，从而提高管理的效益，这对法治教育的方法有借鉴作用。法治教育也是一种管理，在法治教育中应充分发挥管理学的指导作用。就管理而言，一是要确定一定组织的目标，发挥管理的职能，在法治教育中，选择方法之初，要确定法治教育目标，可以是个人法治素养方面的，也可以是组织机构方面的，还可以是国家层面的，有了法治教育目标，才能围绕法治教育目标，选择法治教育方法，合理组织法治教育活动中的人力、财力等资源，实现法治教育目标。二是在法治教育活动中，需要正确的管理理念，要把人的法治素养的养成、人的发展与组织结构的目标、组织机构的文化背景有机地结合起来。三是在法治教育管理中，要努力实现情、理、法的有机结合，也就是既要讲管理规则，同时也要富有人情味。四是要实现协调管理，协调法治教育的诸多因素，开展和谐教育，提高人的法治素养。

（三）心理学理论

心理学是专门研究人的心理现象以及人的心理对行为影响的科学。心理学具有很强的应用性，对法治教育方法有借鉴作用。一是人的心理活动的一般规律。在法治教育活动中，方法的选择要建立在人的法治心理现象，人对法治的知、情、意心理过程和相互联系的基础上，要了解人的情绪、意志对法治教育活动过程中人的心理和行为的条件作用，这是选择法治教育方法的心理学基础。二是心理学的个性理论。为使法治教育方法切合实际，要了解人的个性特征，了解教育对象个性形成的因素、个性的类型和个性的差异，加强法治教育方法的针对性。三是人的需要的理论。法治教育是由一定的需要引起的，这个需要可以是个人发展的需要、个人对物质的需要、个人对精神的需要，也可以是国家依法治国的需要，或者是某种组织、机构的需要。需要可以刺激人，引起人的焦虑，而人通过努力来满足自己的需要，即把外在需要化为内在需要。四是群体的心理和群体的心理行为。法治教育的方法要建立在群体的心理和心理行为的基础上，要研究法治教育活动中的群体心理以及群体心理之间的相互影响。

（四）伦理学理论

伦理是指人与人之间相处的道德标准，伦理学是研究道德的形成 、发展、人的行为准则、人与人之间的行为规范的学说。伦理是义务规范，法律既有义务规范也有权利规范，随着人类文明的不断进步，法律的权利规范将越来越多。可见，伦理与法律具有内在联系，因此伦理方法对法治教育有重要的借鉴作用。伦理讲求自省自悟，而法治教育也要求提高自身的法治素养，达到自觉守法的目的。许多伦理的义务规范与法律的义务规范是一致的，因此伦理方法与法治教育方法有重合。在伦理教化中，榜样的力量是无穷的；在法治教育中，树立守法模范，公众向模范学习，产生明显效果。因此伦理学的道德原则和方法，在一些方面可以被法治教育吸收。

（五）教育学理论

法治教育方法的直接理论来源是教育学。教育学是研究教育活动及其规律的科学。教育学理论是法治教育方法的直接来源，尤其是我国传统的教育思想对法治教育方法有指导作用。一是因材施教。在教育中要根据不同教育对象的具体情况，确定恰当的教育目标，采用恰当的教学方法，不能搞“一刀切”。在法治教育中，对象不同，方法不同，一把钥匙开一把锁，因人而异。二是有教无类。不因教育对象的出生、贫富、地域、经济条件、社会背景等的不同而“戴有色眼镜”观察人，要一视同仁。三是以身作则。这是讲榜样的示范作用。作为教育者，要模范地学法、遵法、护法、执法，要用自己的模范行为影响受教育者。无言胜有言，这就是讲教育者的榜样作用。四是教学相长。在法治教育过程中，教育者与被教育者要相互学习、共同进步，尤其是教育者，容易以知识的占有者自居，看不到受教育者的长处，不愿意向受教育者学习。现代社会资讯发达，受教育者有可能比教育者知道得更多，所以要注意教学相长。五是知行统一。我国的教育思想、教育理论讲究知行统一。从教育的最终价值取向来讲，知不是目的，行才是目的，行比知更重要。在法治教育过程中，不仅要知道一些法治知识、原理，更重要的是要落实到具体行动中去。

第二节　法治教育方法的原则

法治教育方法的原则是法治教育方法的行为准则和思想指南，是法治教育本质特征的具体化，是实践中不断对法治教育方法规律探索的结果，随着法治教育活动的不断深化，人们对法治教育方法的原则的认识也将不断深化。法治教育方法的原则也可以称为法治教育的一般方法，法治教育方法的原则对法治教育具体层面的方法起指导作用，是具体方法的方向、准则和要求，具有导向和规范作用。

一　实事求是原则

实事求是体现了唯物主义思想，不仅是党的思想路线，而且也是法治教育方法的重要原则。在法治教育中，一切从实际出发，实事求是，才能确立适当的法治教育目标，提高法治教育活动的实效性。

（一）实事求是原则的含义

实事求是就是一切从法治教育的实际情况出发，把法治教育的方法论与具体的教育环境、条件、教育对象的具体情况、国家的法治建设状况以及教育者自身的情况联系起来，研究法治教育方法的规律，提高法治教育的实效性。要做到实事求是，必须对其含义有一个正确的理解，毛泽东在著作《改造我们的学习》中作了科学的界定："'实事'就是客观存在着的一切事物，'是'就是客观事物的内部联系，即规律性。'求'就是我们去研究。"[①] 在法治教育方法的具体选择中，坚持实事求是的原则，就是坚持用马克思主义的立场、观点、方法解决新时代遇到的各种问题。在新时代，我国的社会主要矛盾发生了变化，在法治教育领域表现为，人们对法治需求不断增长，而现有的法治教育质量跟不上的矛盾，这就需要我们研究新情况，寻找解决这个矛盾的新方法，这就是坚持实事求是的原则。

---

① 《毛泽东选集》第 3 卷，人民出版社 1991 年版，第 801 页。

（二）实事求是原则的要求

1. 了解法治教育面临的实际情况。法治教育到底面临什么样的情况，需要面对实际，开展调查研究，获得丰富的第一手实际材料，这就是毛泽东说的："不凭主观想象，不凭一时的热情，不凭死的书本，而凭客观存在的事实，详细地占有材料。"[①] 因此要了解法治教育受教育对象的实际情况，对受教育者现有的法治素养、学习法治的目的、需要解决的实际问题、学习的具体条件等，有一个清晰的了解；要对开展法治教育活动的大环境、具体的小环境和微观环境有所了解；要对法治教育方法研究的现状，具体方法在教育中的适应性有所了解。

2. 研究法治教育方法的规律。了解法治教育的实际情况不是目的，目的是在具体材料的基础上，研究材料，分析材料，去粗取精，去伪存真，抓住本质。要分析材料与材料之间的联系，尤其是不能被表面现象所迷惑，要做到这一点，必须具备较高的马克思主义理论水平，较为扎实的教育教学知识水平和实际的法治教育教学经验，当然，更重要的是，要有一定的法治教育方法的研究能力，要反复钻研，有科学精神，才能找出法治教育方法规律。而一些法治教育者想当然地开展教育活动，把法律的强制力想当然地移植到法治教育活动中，认为"我讲的，就是你学的"，于是就产生了"强制灌输""填鸭式""体罚式"等法治教育方式，究其主要原因，就是没有掌握法治教育的规律，没有抓住法治教育的内在联系。

3. 与时俱进，不断进行方法创新。在法治教育方法上，要坚持实事求是原则，必须与时俱进。由于新科技革命的不断发展，一些新的技术不断在教育领域运用，带来了法治教育的挑战，法治教育要善于利用新的科学技术成果，不断丰富法治教育方法。这就需要法治教育工作者，解放思想，不墨守成规，要勇于接受新事物，也就是说，在法治教育方法的探索上，要保持"好奇心"，要对教育方法的进步有"新鲜感"，只有这样，才能最大程度地提高法治教育的实效性。要与时俱进，必须树立终生学习的理念，活到老、学到老，不断用新的知识、技术武装自己，创新法治教育方法。

---

① 《毛泽东选集》第3卷，人民出版社1991年版，第801页。

二 以人为本原则

在法治教育方法的选择中，以人为本是核心的指导原则。法治教育的活动是以人为中心的活动，教育对象是人，出发点与落脚点也是人，离开人的法治教育是不存在的，可见，人是法治教育的中心，也是法治教育的目的。

（一）以人为本的含义

法治教育方法要以人为本，因为法治教育的方法本身就是面向人的，大教育家夸美纽斯说过：教学“就是把一切事物教给一切人们的全部艺术，这是一种教起来准有把握，因而准有结果的艺术，就是说，它不会使教员感到烦恼，或使学生感到厌恶，能使教员和学生都得到最大的快乐”。[①] 在这里，夸美纽斯强调教学方法是面向人的方法，方法的选择是一门艺术，这门艺术要能带给教育者和受教育者更多的愉悦、快乐，而不是烦恼。在法治教育中，教育方法不仅要考虑教育者的感受，而且要考虑受教育者的感受，这就是以人为本。

1. 关注人。在法治教育中，要关注人，首先是要关注人的感受。法治教育的方法要为受教育者接受，这就需要教育者与受教育者多沟通，要“授人以鱼不如授人以渔”，让受教育人理解方法，而不能把关注的中心放在法治教育自身，如法律、法规、条文、知识本身上，否则容易导致对受教育者强制灌输，自言自语。当然，这并不是说，法治教育就不需要教育者选择有利于知识、法律条文教育的方法了，而是说要通过受教育者对方法的理解，逐步达成共识，学习法律知识。

2. 理解人。法治教育的以人为本，是建立在对人的理解基础上的，一是要理解受教育者的需要，在法治教育者看来，不同的受教育者有不同的需要，不同的需要对法治教育方法的选择有重要影响；二要理解受者面临的环境，比如单位的法治教育小环境、家庭的法治教育小环境、群体的法治教育小环境，等等；三要理解法治受教育者需要解决的问题，不同的问题选择不同的教育方法。

3. 为了人。这是法治教育的目的，无论选择什么样的法治教育方法，

---

① ［捷］夸美纽斯：《大教学论》，傅任敢译，教育科学出版社 1999 年版，第 1 页。

最终的目的是为了人，即为了法治受教育者。不可否认，在我国的法治教育仍然是意识形态的教育，但是我国社会主义意识形态教育的最终价值取向是为了人，因此在法治教育中，要把为人民服务的宗旨落实到具体的行动上。这就是说，所有的方法不论形式上多么完美，如果最终达不到保护和扩大法治受教育者的利益，也不是好的法治教育方法。当然，这里的为了人是从总体上而言的，在具体的人中，法治教育所保护的是合法利益，对非法利益是不予保护的。

（二）以人为本的要求

1. 转变教育方法的观念。在法治教育中，要以人为本，转变教育方法观念起重要作用，一些传统的教育方法，如灌输法、讲授法等尽管有合理性，在一定条件下也必不可少，有特定的运用对象、适用范围和环境，但是在法治教育中，要真正地做到以人为本，必须转变教育观念，进行教育方法的大胆革新，广泛吸取现代科技革命催生的教育方法。以人为本，还意味着要努力采取受教育者喜闻乐见的教育方法。

2. 发挥受教育者的主体性。发挥受教育者的主体性是以人为本的必然要求，如果受教育者主体的积极性受到压抑，怎么谈得上以人为本呢？发挥主体的积极性，就是要让受教育者参与到法治教育的活动中来，争当法治教育活动的主人，当然，这里并不是否认法治教育者的主导作用，而是说，在法治教育中，既要有教育者的主导、引导、引领，把握一些方向性问题，同时也要让受教育者当“主角”，主动开展法治教育的学习活动。

3. 平等待人。在法治教育中，要做到以人为本，还要求正确处理好人与人之间的关系。社会主义制度的建立，我国人与人之间的关系发生了翻天覆地的变化，人与人之间不再是剥削与被剥削、压迫与被压迫的关系；但是也应看到，在现实生活中由于受封建剥削阶级思想和资产阶级思想的影响，一部分人头脑中残存着等级特权思想，在法治教育中，难免以法治知识、技能的占有者自居，有形、无形地以不平等方式对待受教育者，因此无论选择什么样的法治教育方法，在法治教育活动中平等待人是关键。

三　问题导向原则

在法治教育过程中，无论选择什么样的教育方法都必须以问题为导向，没有需要解决的问题，也就没有法治教育的存在，也没有法治教育方法的选择，所以，在法治教育中必须要以解决实际的法治问题为基本的导向。

（一）问题导向原则的含义

所谓问题导向是指在法治教育方法选择时，要明确法治教育需要解决什么问题，然后根据需要解决的问题，选择相应的法治教育方法。从宏观上讲，我国需要全面依法治国，实现治理体系和治理能力现代化，要解决这个问题，需要法治教育；一个单位团体要解决本单位依法治理的问题，也需要法治教育；一个公民在现实生活中，会遇到各种各样的法治问题，也需要法治教育。这些问题的提出并不等于问题的解决，问题的解决需要运用一定的手段、方法。什么样的问题需要什么样的方法来解决，这是法治教育规律所决定的。因为问题就是内容，而方法就好比形式，是内容决定形式，而不是形式决定内容。因此方法选择不当将影响问题解决的进度和效果。

在法治教育方法的选择中，要坚持问题导向，其实质就是坚持人的问题的导向，要解决人的问题。任何法治教育不解决人面临的工作、生活、发展等问题，其法治教育是无效的。比如，找工作、签订合同，寻求法治教育帮助，进行法治教育时，就应该选择操作性强的体验法、练习法等法治教育方法，教会受教育者理解合同的意义、相关的法律规定以及怎样签订合同。可见，问题导向就是解决人的实际问题，提高法治教育的实效性。

（二）问题导向原则的要求

1. 理解问题导向的意义。问题导向实际上是检验方法是否正确的试金石。不解决问题的方法是无效的方法，无效的方法将被淘汰或者被新的方法所代替。法治教育的问题导向，就是把解决问题的方法与人联系起来，针对不同的人、不同的诉求、不同的需要，采用不同的方法。可见，问题导向原则关系到我国的法律制度在实际的生活中是否被老百姓认同，法律制度代表人民的利益是否落实。

2. 明确法治教育的目标。一方面，明确的目标是法治教育者面临的问题，法治教育者要理解为什么要进行法治教育，其确定的总目标是什么，总目标又分解为多少具体的小目标，等等。作为受教育者，也应明确接受法治教育的目标，是要解决自己面临的生活中的法律问题，还是社会治理中的法律问题，抑或是帮助他人解决法律问题，等等。有了明确的法治教育目标，教育者和受教育者双方在法治教育活动中共同向着目标努力。其间，只要有利于双方达到目标，至于选择此种方法还是彼种方法，选择一种方法还是多种方法，都是可以的。

3. 排除干扰的要求。问题导向原则要求排除干扰，因为既然有问题导向，也必然有对问题的干扰，在具体的教育过程中，尽管对问题有较好的选择，但是对问题的干扰也是普遍存在的。这当中，有的干扰来自对法治教育的认识，比如，一些人在法治教育中，把焦点集中在法条、规则上，而忘记受教育者的存在；有些人，在法治教育的初期有法治教育的目标，可是随着法治教育过程的推进，忘记了初心；有的来自部门对法治教育不恰当的指导；有的来自教育者对受教育者主体性的压制。因此在法治教育过程中，要坚持问题导向，必须排除干扰。

四 知行统一原则

法治教育的知行统一是重要的原则方法，对此，毛泽东指出：“对于马克思主义的理论，要能够精通它、应用它，精通的目的全在于应用。”① 孔子要求他的弟子“讷于言而敏于行”②。王守仁认为，“知是行之始，行是知之成”，主张“知行合一”③。可见知行统一原则是法治教育具体方法在选择时必须遵守的原则。

（一）知行统一原则的含义

知是指人的知识和观念，行是人的行为，知行统一就是指人的言行要一致。法治教育的知行统一，是指法治教育既要满足于对法治知识、理论的学习，又要用学到的法治理论指导人们的实际行动。法治教育知

① 《毛泽东选集》第3集，人民出版社1991年版，第815年。

② 《论语·里仁》。

③ 《王文成公全书》卷一《传习录》（上）。

行统一原则建立的基础是辩证唯物主义的认识论。在辩证唯物主义认识论看来，人的法治素养不是通过理论学习形成的，而是在法治建设实践中逐步形成，但这并不是说法治理论学习不重要，而是说在法治教育中要克服只重视法治理论学习而轻视法治实践的现象，要努力做到法治教育的理论与法治教育实践的统一，做到言行一致、表里如一。

法治教育的知，是真知，是指理性认识。也就是说在法治教育中，不能停留于法治知识、理论的感性理解上，因为感性认识是肤浅的，还不是事物的本质。换言之，在法治教育中如果仅仅满足于对条文、规定的了解，止步于对知识、学派、人物的认识，显然不是法治教育的目的，一定要由表及里、由浅入深，力求抓住本质，这就需要与人的利益尤其是切身利益、需要解决的现实问题联系起来，与人们创造美好生活的奋斗目标联系起来。

（二）知行统一原则的要求

一是层次性要求。从纵向看，法治教育无论是知，还是行，都是分层次的。对幼儿园的小朋友而言，要多用感性直观的方法进行法治教育，只要求对法治、法治现象、法治实践有个粗浅的概念、形象直观的理解，由于幼儿的控制力弱，其法治行为的要求也相应较低；对小学生而言，法治教育的知行要求比幼儿园的小朋友高，要求对知有一定的理解，对行的要求也相应提高，要求在一定程度守法、护法；对中学生而言，法治教育的知行比小学生又高许多；对大学生而言，要求对某些法治理论、学派有较为准确的认识，对行的要求更高，因为大学生基本上都是成年人，要对自己的法治行为负责。

二是多样性要求。从纵向看，不同的领域、不同的人群法治教育的要求是不一样的。就专业领域来讲，从事立法工作的人员，不仅要求有一般的法治知识，而且要求有一定的立法专业知识，更重要的是，要把专业知识化为具体的立法行为，在立法中以人民的根本利益为导向，制定符合本地实际的法律、法规；而就行政执法领域而言，要求有依法行政的知识和行为；而对普通的社会大众而言，要求具有一般的法治常识，在一定程度上，具有主动参与社会治理的行为，并能遵守法律、法规，依法维护自己的合法权利；等等。可见，知行统一是多样性的统一。

三是正确处理好知与行的关系。在法治教育方法的选择上离不开对知行关系的正确处理。在法治教育中，知是前提、基础，没有知做为基本保障，也就谈不上行；而行是目的，是最终的归宿，没有行，法治教育就失去存在的价值。可见，在法治教育中，不能本末倒置，因为法治教育中的知，来源于法治教育的行，知是否正确，取决于行的检验，而不取决于知本身。

五　追求实效的原则

到底什么是法治教育的好方法，什么是法治教育的不好方法，检验的标准从不同的角度可以有多种划分，但是其核心都离不开法治教育的实效，没有实效的法治教育方法，表面形式再好，都不是好的方法，因此追求实效是法治教育方法的重要原则之一。

（一）追求实效原则的含义

实效，就是实际效果，表现为国家、社会、集体、个体等多种形式，归根结底是通过个体表现出来。也就是说，法治教育的方法有利于法治教育任务的顺利完成，对人的法治素养的提高起正向作用，就是好方法。反之，法治教育方法尽管对人也有实际效果，但是不是正向的实际效果，而是负向的实际效果，选择这样的法治教育方法也是错误的。

在对法治教育的实效的理解时还应注意“十年树木百年树人”的育人规律，也就是说法治教育的实效不是立竿见影的，实效的显现有一个过程，其间充满了反复，甚至倒退，这都是正常的，不能因为一时、一事的负向或者逆向效果，而看不到法治教育未来的、潜在的实效。这就是说，在法治教育过程中，应该把当前的实效与未来的实效有机地结合起来。

当然，对法治教育实效本身而言，也需要评价，会出现仁者见仁智者见智的情况，不过有一点是可以肯定的，就是如果法治教育使人愉悦，人的幸福感、获得感增强，这样的方法是有实效的。由此可见，法治教育方法实效的评价，就是看是否内含人的本性，即是否符合人性。

（二）法治教育实效原则的要求

一是立足当下解决人的具体问题。法治教育方法的实效性，要求采取的法治教育方法要能解决人目前面临的紧迫的现实问题，这就要求针对具体的诉求选择方法。也应明白，方法是为内容服务的，与内容相比，方法毕竟处于第二位，因此把人需要解决的问题搞清楚是关键。没有对现实中的人的当下问题的了解，就谈不上法治教育方法选择的实效性。对人的具体问题的解决，能激励人学习法治知识、技能的信心。人的当下具体问题的解决方法，是法治教育方法在教育活动中展开的基石，是方法不断改进、内容实效性增强的内在动力。

二是面向未来，重视发挥人的潜质。法治教育不仅有当下性，而且有未来性，要用各种方法激发人的潜能，因为“教育应扩展到一个人的整个一生，教育不仅是大家都可以得到的，而且是每个人生活的一部分，教育应把社会的发展和人的潜力的实现作为它的目的”①。在法治教育方法的选择时，要立足于未来，契合于发挥人的潜质，不要被当下遮蔽，要把当下的价值与未来的价值较好地统一起来。

三是要循序渐进。法治教育是一个漫长的过程，在教育方法的选择上，不要因为短时间没有达到预期的法治教育目标，就认为方法无效；也不要因为一个偶然方法的选择，效果明显，就不分条件在任何情况下都照抄照搬。任何法治教育方法所服务的法治教育内容，即便能收到明显的效果，也要重视对量的积累的分析。也就是说，要一步一个脚印打好增强法治素养的基本功。概言之，法治教育方法的选择要有计划性、科学性、系统性，要遵循人的法治素养逐步养成的规律。

第三节　法治教育的具体方法

法治教育的具体方法，主要是从课堂教学和教育对象接受专门教育的角度来划分。法治教育的具体方法是法治教育方法论和方法原则在法治教育领域的具体体现，具体方法主要适用于课堂教学，但又不局限于课堂教学，一部分方法超出课堂教学的法治教育活动，如干部培训、群众普法、职工法治教育等等也适用。

法治教育的具体方法与方法论和方法原则不同，主要体现在操作性、

① 《联合国教科文组织总干事勒内·马厄给埃德加·富尔主席复函》，联合国教科文组织国际教育发展委员会：《学会生存——教育世界的今天和明天》，教育科学出版社 1996 年版，第 5 页。

针对性、适应性更强。在法治教育活动中，具体方法往往不是单一适用，而是多种方法综合发挥作用。

一 讲解法

法治教育的讲解法是指法治教育活动中的讲述、解释、论证方法。讲解者一般由教育者担任。讲解的内容是法治教育中的概念、原理、原则、知识、法条、历史、理论、人物、学派、著作等。讲解法是法治教育的主要教育方法，虽然这种方法饱受诟病，其批评者多认为该方法是传统的教育方法，不利于调动受教育者的积极性，有“灌输”之嫌。其实，判断一种教育方法的价值，主要应看它的实效性，讲解法作为一种教育方法，广泛地在课堂教学中应用，是课堂教学的主要方法，能够一直存在到今天，说明这种教育教学方法是有生命力的。讲解法的特点是：

一是适用性。对各种教育教学内容都适应，无论是基本概念的教学，还是具体事实的描述，对人物、学派的介绍，等等，讲解法都适用。应看到，具体运用讲解法时，有的法治教育内容效率高，有的法治教育内容效率低。如果法治教育的内容，超出受教育者经验认知的范围，就更需要讲解法，对受教育者来讲，应认真听取教育者的讲解，要通过教育者的讲解获得基本的认识，否则要事事通过经验来学习，不仅不可能，也没有必要。

二是描述性。讲解法实际上是一门语言艺术，主要又是通过讲解者的口头语言来开展教育教学的。口头语言的生活性很强，口头语言本身就是生活的产物，而法治知识、技能也是在社会生活中形成的，因此用口头语言来描述法治知识是可能的，口头语言能在一定程度上对法治现象的本质和规律加以描述，因此在讲解时要力求全面性。

三是论证性。讲解的过程就是对事物论证的过程，因此法治教育者在法治教育活动中要遵循逻辑规律，对法治教育过程中的概念、原理进行严密的论证。也就是说，法治教育中的讲解毕竟不同于日常生活中的口头叙述，它需要占有一定的材料，了解一定的事实，尤其是要求讲解者本身对讲解的内容有一定的理解和研究。

讲解法在运用时有一定的要求，这些要求有利于提高讲解法的效益，增强法治教育的实效性：

一是讲解的目标明确。无论讲解什么内容，明确的目标是首要的要求。在法治教育过程中，如果是课堂教学，要明确这堂课在知识、能力、情感、道德、价值观等方面应达到一个什么样的目标。教育目标清晰，课堂教学的任务就容易完成，教学内容也容易选取。目标主要是对人的目标。知识的目标要与人的教育目标结合才有意义。

二是讲解简明。即简单明了。在法治教育过程中，不应人为地将内容复杂化，要善于把学术语言转化为课堂语言、生活语言，也即讲解要通俗易懂。要下功夫将课程体系转化为教学体系，让受教育者对教育内容真正接受。

三是讲解与提问结合。讲解法不是教育者唱独角戏，在法治教育中，要与提问法结合效果才明显。也就是说，在法治教育过程中，教育者要鼓励、倾听受教育者的提问，并及时回答。

四是善用辅助手段。在讲解过程中，要密切结合教育案例，恰当运用办公软件、录像、视频、智能教育、5G、计算机、图表、数据等教学手段。还有语言不能平铺直叙，声音要有抑扬顿挫。

二　体验法①

体验法是法治教育的具体方法。受教育者通过体验获得法治教育知识、技能，提升法治素养，实现法治教育的目标。体验对法治教育十分重要，毛泽东指出："你要知道梨子的滋味，你就得变革梨子，亲口吃一吃。你要知道原子的组织同性质，你就得实行物理学和化学的实验，变革原子的情况。你要知道革命的理论和方法，你就得参加革命。一切真知都是从直接经验发源的。"② 可见，体验是作为主体的法治受教育者，主动参加社会实践的过程。在社会实践中，主体获得有关法治的感性认识，这些感性认识是上升到理性认识的前提和基础。在体验中，主体的法治情感被激发，对社会主义法治制度产生认同感，在认同的基础上进而发展为法治信仰。

按照体验与参与体验主体的视域融合的方式分为：

---

① 蒲鸿志：《青少年法制教育方法的人文向度》，《思想理论教育》2010 年第 24 期。

② 《毛泽东选集》第 1 卷，人民出版社 1991 年版，第 287—288 页。

一是感同身受式体验。主体在特定环境与体验对象出现视域的短暂相融，从体验对象的视域出发理解环境，达到法治教育的目的。感同身受式体验，不是一种训诫式、监督式的法治教育，该法治教育力图让教育对象从人生的不幸、社会的患难中，体验出法治教育的真谛。例如，在经过安排设计后，教育对象到劳教所、监狱生活一天。这一天里，法治教育对象与改造人员、监狱人员共同劳动、学习、生活、训练、写体会、受教育，大多数法治受教育者刚开始感觉新鲜、好奇，时间稍微长一点，就会感受到处处受监督、事事要报告的约束，很快体会到失去人身自由的痛苦，知道违法犯罪要付出的代价。

二是身在其中式体验。这种法治教育方式要求主体与体验对象合二为一，主义的视域与制度设计者的视域完全一致。这种体验方式对理解法治的实质、学习法治知识、认同法治制度、感受法治的力量、确立法治信仰，有较强的适应性。比如，有位家长为了经营，让孩子在家照顾生意，不让孩子上学，这位同学用学到的义务教育法知识，找到乡政府，最后在政府的帮助下重返校园读书。这就是身在其中式体验。

三是置身事外式体验。法治教育的受教育者与体验的客体保持一定的距离，在视域上仅有一定程度的交叉，主体的人与社会客体的交融程度不如前两种深。比如，法治受教育者中通过社会调查，走访公安局、监狱、法院、检察院、政府执法部门等，结合具体的法律案例，理论联系实际，理解法律理念、治理体系。

在运用体验法进行法治教育时，要注意以下要求：

一是直接经验与间接经验结合。体验是对直接经验的学习，有感受深刻、真切等特点，但是不是所有的知识、技能都要通过直接经验来学习。在法治教育中，对法治史、外国法律、制度的学习大多是通过间接经验，也即间接体验来获得，在法治教育中，这两种教学方式都是必不可少的。

二是创造良好的条件。要通过制度设计、教育教学方式的改革创造良好的教育条件。体验教育法由于对个体触动较大，能收到其他法治教育方法所不能收到的效果，尤其是对一些教育效果不明显的法治教育对象而言，体验教育法有较强的针对性，但是这种教育方法的运用需要多方面条件的配合。

三是重视对感性经验的总结。要对通过法治体验教育获得的感性经验，及时进行理性分析、总结，举一反三，达到提升法治教育素养的目的，否则个别的、零碎的经验，就只能永远停留在感性阶段，不仅浪费法治教育资源，也达不到教育的目的。

三　讨论法

法治教育的讨论法是在法治教育者的指导下，法治教育者和法治受教育者共同参加，为解决某个具体的法治问题，或者为获取法治知识、训练法治技能的方法。讨论就其实质而言，是教育者与受教育者相互之间的沟通，是在沟通中进行的教育，“一切沟通（因而也就是一切真正的社会生活）都具有教育性”。① 讨论法是法治教育方法论的具体运用，是法治教育不可缺少的教育方法。

法治教育的讨论法有如下优势：

一是有利于发挥受教育者的主动性、积极性。在法治教育中，教育者与受教育者在讨论中平等对话，没有教育者对受教育者的压抑，双方共同探讨法治教育中存在的问题。受教育者是法治教育的主人，在谈论中自由发问，受教育者的内在潜能被激发，主动性增强，主动搜集资料，思考问题，分析问题，解决问题。在讨论中教育者与受教育者充分沟通、对话、相互质疑、相互学习，信息充分交流，彼此看到在法治教育学习过程中的缺陷，教育的生命力充分迸发。可见，讨论法不仅有利于发挥受教育者的积极性，而且教育者的积极性也能被充分发挥出来。

二是培养受教育者的合作精神。在讨论过程中，活动顺利开展下去，不仅需要受教育者之间的合作，也需要教育者与受教育者的合作。一方面，受教育者与受教育者之间，处于相同的学习地位，学习的目标相同，学习的环境、知识结构、条件也大体一致，因此受教育者在讨论的过程中能解决大多数学习问题。另一方面，教育者也参与受教育者之间的讨论，教育者可以利用自身知识结构和社会阅历方面的优势，对受教育者加以引导，解决学习中存在的问题。可见，讨论的过程是一个互补与合

---

① ［美］约翰·杜威：《民主主义与教育》，王承绪译，人民教育出版社 2001 年版，第 10 页。

作的过程。

三是有利于激发兴趣。在讨论过程中，受教育者在一定范围内，选择讨论的主题，围绕自己感兴趣的兴奋点发言，讨论的活力充分显现。兴趣是最好的老师，在兴趣的指引下，受教育者探索法治知识的热情充分激发，能够克服学习中的各种困难。换言之，没有兴趣、没有热情，枯燥的法治知识学习很难坚持下去，所以讨论法在法治教育中，针对性较强，应善加利用。

在运用讨论法时应注意一些要求：

一是明确讨论主题。讨论不是没有目标，漫无目的的讨论，所以在讨论之前，要结合法治教育的内容，确定谈论的主题。在确定主题时，既要考虑理论价值和现实意义，也要考虑讨论参与者的知识储备、心理特征、面临的需要法律解决的生活、学习、工作、家庭等现实问题。

二是做好讨论准备。主要是收集资料、准备讨论提纲、熟悉讨论的知识、预设讨论中可能出现的问题和制定好相应的应对之策。做好讨论的准备，不仅仅是对受教育者的要求，而且教育者也应做好准备；讨论准备不仅仅是非物资准备，物资准备也应具备，比如一定的硬件设施、场所等。

三是制定讨论规则。在讨论之前，要完成讨论规则的制定，要规定主持人、发言人的权利、义务、程序等。要规定讨论的指导思想，规定自由发言、围绕主题发言、认真倾听、公平公正、发言人机会均等、平等待人、评价标准等。指导思想要适当细化，要引导大家熟悉谈论规则，让讨论本身成为培养规则意识、法治意识的一部分。

四是注意讨论时机。在讨论过程中，无论是教育者，还是受教育者，都应善于抓住讨论的时机，选择较好的切入点开始讨论，这样，讨论才能收到最佳效果。讨论的时机，有时存在疑难处，有时存在高潮处，有时存在思想闪光处，等等。

五是及时总结提高。法治教育在运用讨论法时，要注意在讨论过程中及时做好阶段小结，在讨论完成时及时总结。总结要升华讨论的内容，要延伸讨论的主题，要指出本次讨论的优点、不足，以及进一步努力的方向。也就是说要对讨论进行评价。

四　榜样法

榜样的力量是无穷的，榜样的事迹和精神是一笔宝贵的财富。在法治教育中，榜样法是通过树立典型人物，用典型人物的事迹来影响公众的心理，达成法治教育目标的教育方法。榜样形象具体，受教育者受榜样的激励，积极模仿榜样。法治教育榜样与其他榜样的不同在于内容是法治事迹。

法治教育榜样通过教育对象的模仿来发挥作用。模仿是人的本能，小到衣食住行的模仿，大到社会习俗、行为习惯、制度、法律等的模仿。法治教育的模仿有如下特征：

一是主动模仿。所谓主动模仿就是在没有外在力量控制下的模仿。法治教育榜样法具有自由性、非强制性，无须教育者的灌输。法治的受教育者发自内心地使言行与模仿对象一致，没有他人的监督，也无须教育者提出要求。榜样法使受教育者真正成为法治教育活动的主人，不受他人支配，是一种自由自在的学习方法。

二是有目的性。对受教育者而言，榜样法是有目的的，受教育者认为榜样能给自己的生活带来变化，使自己更幸福，从而积极模仿。这种目的，是一种正向目的，有利于个人发展和社会进步。榜样法运用得怎样，在一定程度上依靠受教育者对模仿目的的认同程度。

三是外显性。法治教育榜样是一种外显行为，外显行为就是通过外在的形象、言论、行为能够直观感觉到的行为。外显性，不仅体现在受教育者方面，而且也体现在榜样方面，也就是说，榜样的言行要有明显的外部特征，受教育者能从外部明显感知，易于模仿。外显性说明，有可能出现法治受教育者对榜样本身的实质并没有深刻的理解，而仅仅由好奇心引起模仿行为。

法治教育榜样模仿的要求：

一是引领自觉模仿。法治教育榜样法在运用时，教育者不必强制受教育者，这并不说明教育者就不需要引领受教育者，在法治教育中，教育者应对榜样正确说明，使榜样易于理解，让受教育者增加对榜样的认知水平。只有受教育者对榜样有了深刻的认知，模仿行为才能做到“神似”而非“形似”。

二是树立权威榜样。榜样的权威性关系到榜样影响的深度和广度，所以一定要在法治教育中，树立权威的榜样。只有那些有坚定的法治信仰、对社会主义法治事业作出重大贡献，经过实践检验，真正为人民大众谋利益的人才能树立为法治榜样。树立权威榜样不仅要靠政府的推动，而且更要靠榜样自身的法治素养。榜样的法治素养越高，法治榜样就越有权威。

三是榜样生活化。榜样是大众榜样，榜样在哪里，榜样在生活里，而不是在高高在上的“庙堂”里，榜样与普通大众的相似性，关系到榜样的生命力。有的榜样如过往云烟，转瞬即逝，就是由于榜样的生命力不强，活不久，一遇到风吹草动，就土崩瓦解。因此，法治教育的榜样一定要来自生活，来自大众，来自基层。法治教育榜样的生活化，还意味着榜样并不是十全十美，榜样也有缺陷，这才真实。

五 自学法

自学法指在法治教育中，是指受教育者自己主动学习法律知识，训练法治技能，提高法治素养的方法。法治教育自学法，依靠法治主体的自修自悟，自己寻找法治学习资源，创造法治学习条件，达成法治学习目标。在现代社会，信息技术、人工智能教育技术高度发达，可以利用的资源越来越广泛，因此自学法逐步成为法治教育的主要方法。这种教育方法，能使受教育者摆脱对教育者的依赖，通过自己的努力学习，达到法治教育的目标。

自学法有明显的特征：

一是主动性。自学法是主动学习，而不是被动学习，没有强迫性是自学法的最大特征。主动性体现在不需要他人的监督，就能完成法治教育的学习内容。自己寻找法治学习资源，购买设备，查找资料，向他人请教等，都是主动性的体现。可以说，没有主动，就没有自学。应看到，不是任何人天生就有主动性的，主动性是慢慢锻炼出来的。

二是灵活性。什么时间自学，在什么地点自学，自学要达到一个什么样的目标，以及有什么教材，等等，无一不反映出自学的灵活性。自学的灵活性是自学法在法治教育中的优势，而其他的法治教育方法往往会受到各种各样的限制。

三是针对性。法治教育的自学法往往是针对自己的需要解决问题而开始自学，因此发现和提出需要解决的问题，在法治教育的自学法中就很重要。提出什么样的问题是核心，可以针对自己的生活提出问题，也可以针对社会提出问题。而这些问题，在现有条件下，只能也可能，依靠主体的自学来完成。

四是便捷性。自学对学习的条件要求不高，具有方便快捷的特点。条件好的，自学的内容可能多些，学习可能顺利些；条件差的，也可以在现有条件下开始自学，学习的内容可能少些，自学可能困难多些。自学法在法治教育过程中，本身就有很广的适应性，方便简单，任何人都可以用自学法来提高法治素养。

自学法的要求：

一是明确目标。法治教育的自学不是没有要求的，首先要有明确的学习目标，目标越明确，自学的效率越高。明确法治教育自学的目标是一个过程，也许目标在开始自学前，并不完全明确，是在自学的过程中逐步明确的。明确目标既包括目的的确定，还包括目标的清晰性、目标的恰当性以及与目标相关的其他因素。

二是养成习惯。自学应成为生活的一部分，养成良好的习惯，是自学法的要求。现代社会，不断有新法规制定出来，不断有新的法学理论产生，法治教育、法治建设的实践也从不会停止，因此学习是终生的事业。没有习惯的自学必然不能持久，只能急功近利，其效果也必然不理想，可见，养成自学习惯是必要的。

三是自我激励。自学没有外在因素的制约，并不是说自学不需要约束，不需要动力，自学是需要自我激励的。一点一滴的自学是一个十分艰辛的过程，自学者应不断自我激励，一步一个脚印向前。当然，在自学过程中，遇到失败在所难免，因此每一个自学者，要有颗坚强的心，只有在艰难困苦中永远坚定自己，有毫不动摇的决心，才能获得法治教育的成功。

四是自我要求。在自学的过程中，要自我制定规则，学会自我监督，比如，学习计划时间表、每一时段的小目标、自我约束的手段等，都不可少。自我要求不仅一定要有，而且还要适合自身的具体情况。一个对自己要求严格的人，法治教育的自学法一定能够运用得较好。

六　法治教育的其他教育方法

警示法。法治教育的警示法是通过告诉法治教育对象的违法后果、损失、危害以及应承担的法律责任和应受到惩罚的教育方法。警示法是法治教育不可缺少的方法，其特点是见效快，对大多数受教育者而言能收到立竿见影的效果。警示法的实质就是把法治教育的效用与个人的利益直接关联，因此具有见效快的特点。警示法往往用直接的法律条文、规则、规章等来教育受教育者。警示法要求教育者准确理解法律的规定，要善于针对不同的受教育者提出不同的警示内容。

预防法。法治教育的预防法是由一定的组织和个人针对不特定人群采取一定措施预防违法犯罪行为发生的法治教育方法。预防的针对对象是有违法犯罪倾向的人。预防措施有法治教育、管理、思想道德教育、监督等无形措施，也有器械、围墙、防盗网、监控器等有形措施。为了实施法治教育的预防方法，不仅应完善制度设计、制定法治教育的预防标准，而且应加大资金投入、加强科学技术研究。

练习法。法治教育的练习法是指法治教育者通过反复训练提升法治素养、培养法治技能的教育方法。练习法是法治教育中不可缺少的教育方法。练习法既可以在教育者的要求下实施，受教育者也可以自己主动进行。一些法治技能的形成，离不开练习法。在练习过程中，受教育者要克服各种困难，不断提高练习成绩，才能最终达到预期的法治教育效果。

咨询法。从狭义讲，法治教育的咨询法是指法治专业人员向社会大众提供法律询问服务，解答社会大众的法律疑问的法治教育方法。咨询法的主体是法治专业服务人员。接受咨询服务的对象一般是社会大众和有法治需要的人。咨询法对专业要求较高。提供咨询服务既可以是有偿的，也可以是无偿的。从广义上讲，法治教育咨询法，是指有一定法治知识的人向有法治需要的人提供法治服务的教育方法。在现代社会，咨询的方式多种多样，尤其是网络技术的高度发达，为咨询法的实施提供了优越条件。

比较教育法。法治教育的比较教育法是指通过对各种法治制度进行对比，让受教育者获得法治知识和技能的教育方法。比较的类型既包括一个国家内部各个历史时期法治制度的纵向对比，也包括不同国家的法治制度的横向对比。比较法有助于加深对法治知识的理解，更快、更准地掌握法治知识，从而形成法治技能。

以上法治教育的具体方法，在法治教育过程中，往往是同时采取两种或两种以上的方法，法治教育方法一般是综合发挥作用；单独采用某一种法治教育方法的情况比较少见。法治教育具体方法的适用，要在法治教育方法论的指导下，遵循法治教育的原则，并注意整体优化，才能收到较好效果；此外，法治教育方法要不断完善、不断探索、不断创新，才能满足人民日益增长的法治教育需要。

第七章

法治教育的衔接

“衔接”一词在汉语中是指事物相连接。衔接的反义词是隔断、脱节、断开；衔接的近义词是联结、连接、链接等，在文章中指上下文之间的连接，分为句与句之间的衔接、段与段之间的衔接以及篇章之间的衔接。王构在《修辞鉴衡》中认为：“看文字须要看转换处及过接处。”文字的衔接处理得好，文章就能上下文紧凑自然、浑然天成。文章的衔接有意接，即上下文之间没有过接和过渡的文字，要做到这一点，主要靠自然衔接和逻辑衔接。文章的衔接要求自然、缜密、文气贯通。衔接的语源意义，对我们从本源上认识法治教育的衔接有重要启示。

法治教育就好像一篇文章，衔接处理得好，就浑然一体；否则，法治教育的各部分、各阶段、各环节彼此分离、支离破碎，难以发挥整体功能、达到最佳的教育效果。可见，法治教育的衔接是个十分重要的问题。

什么是法治教育的衔接？为什么要衔接？衔接有何依据？怎样进行衔接，才不至于使法治教育脱节？这些是急需研究的问题。它不仅关系到法治教育本身，而且关系到法治社会的建立，关系到依法治国方略的最终落实。

第一节　正确认识法治教育的衔接

一　法治教育的衔接

法治教育的衔接就是指法治教育各部分、各阶段、各节点、各因素之间的联系。狭义的法治教育的衔接，是指法治教育各个环节的联络、接洽，是法治教育各部分之间的有机关联系。狭义的法治教育的衔接往往仅就法治教育的教育任务、内容而言。广义的法治教育衔接则是指法治教育与外部因素、外部环境的衔接。法治教育衔接的特征是：

第一，客观性。法治教育的衔接是一种客观存在的现象。从纵向看，我国的法治教育存在幼儿法治教育与小学法治教育的衔接、小学法治教育与中学法治教育的衔接、中学法治教育与大学法治教育的衔接、大学法治教育与研究生法治教育的衔接。从横向看，存在农民法治教育、工人法治教育、干部法治教育、学生法治教育的衔接。从法治教育的内容看，存在道德教育与法治教育的衔接。在大学法治教育内部，存在思想道德与法律基础两个部分的衔接。这些衔接是一种存在，不管我们是否承认，都是客观的，处理不好就会影响法治教育的整体效果。

过去，我们比较忽视这种客观存在的联系，其结果不是在法治教育内容上重复，就是在法治教育内容上脱节，造成在法治教育中该教的没有教，该学的没有学，尤其是教育内容的重复浪费了大量的法治教育资源，使法治教育低效，不能满足人们的法治教育需要。今后我们要重视法治教育衔接的客观性，从总体上规划法治教育的各个内容、环节，尤其应从制度上全面规划好法治教育，充分发挥法治教育在促进人的成长、维护社会稳定、促进社会发展和依法治国等诸多方面的作用。

第二，普遍性。这是指在法治教育中时时、处处都存在着衔接。就单一的一节法治教育课来讲，存在着怎么开头、中间讲什么、最后怎样得出结论的衔接。就一个法治教育阶段来讲，在法治教育阶段内部存在着教育内容的各个部分之间的衔接，比如，在中学法治教育中怎样处理道德与法治的衔接。在学生的法治教育学习中，学生的已有知识背景与现在要完成的学习任务之间是一个什么样的联系，怎样衔接，也是法治教育中急需解决的问题。

法治教育衔接的普遍性告诉我们，从来就没有孤立的法治教育。单纯的法治教育是不能收到法治教育应有的效果的，应注意法治教育与道德教育、心理教育、思想政治教育、经济管理、社会治理等多方面的联系。孤立的法治教育，没有理解法治教育的实质、法治教育因何产生、法治教育到底应该如何开展等一系列法治教育的本质问题。简言之，没有认识、理解、掌握法治教育衔接的普遍性规律。

当然，对法治教育衔接的普遍性，不是某一位法治教育工作者单独努力就能处理好的，它既需要法治教育工作者的个体努力，更需要社会所有的法治教育工作者之间的相互协作。比如，小学法治教育与中学法治教育之间的衔接问题，既涉及小学的法治教育，也涉及中学的法治教育，横跨两个阶段的法治教育，显然涉及众多因素，需要多方面的协调、统筹规划，才能衔接好。

第三，多样性。法治教育的衔接不是单一的、某一个方面的衔接。在法治教育的衔接中，既有形式上的衔接，也有内容上的衔接；既有本质的衔接，也有非本质的衔接；既有直接的衔接，也有间接的衔接。法治教育衔接的多样性告诉我们，要理解法治教育衔接的多样性、复杂性，不能简单地对待法治教育的衔接。然而，在实际的法治教育中，我们往往只注意到法治教育形式上的联系，以为形式上的衔接问题解决了，法治教育的衔接问题就解决了，其实，法治教育的衔接问题没有这么简单，有时内容上的衔接更为重要。比如，在小学生的法治教育中有宪法教育内容，同样在研究生的法治教育中也有宪法教育的内容，如果从法治教育衔接的角度看，内容似乎是重复了，其实，法治教育的衔接是多样的，不能仅仅从教育的形式上来理解，比如，同样是法治教育中的爱国主义内容，同样是规则意识的培养，对小学生要多从直观、现象、表面、感性进行教育，而对研究生就应多从理性、原理、学术上进行教育。

可见，法治教育衔接的问题，应该多从实质上来理解，才能透过现象看到法治教育衔接的本质，从而准确把握法治教育衔接的规律，才能在法治教育实践中正确处理好存在的各种各样的衔接问题。

第四，整体性。这是指法治教育的衔接是一个大系统，在法治教育衔接这个大系统下面存在各种各样的子系统，在子系统下面存在更小的子系统。在法治教育系统内部存在各种各样的法治教育要素，法治教育要素与要素之间同样存在衔接问题。也就是说，法治教育的衔接是有层次的，不仅系统内部存在各种各样的衔接，而且系统与系统周围的环境也存在着各种各样的衔接。比如，在学校法治教育系统内部，存在内部的组织要素、启动要素、执行要素、反馈要素、修正要素、再次输入要素等各个要素之间的衔接问题。在法治教育中我们应该缜密对待，不可忽视某一个要素的影响，否则，看似十全十美的法治教育，最后却没有收到法治教育应有的效果，或者效果降低，甚至会走到形式主义的法治教育的老路上去。

就目前的法治教育而言，看似完美，实则对法治教育的衔接问题研究不透，形式主义的东西太多，浪费了法治教育资源。我们不仅要注意在法治教育中的形式衔接问题，更应从实质上重视法治教育的衔接。当然，这无论对法治教育者，还是法治教育的受教育者，都是一个不小的挑战。不过，只要我们认真、务实，把法治教育的衔接当成一个整体，不仅从多方面入手研究法治教育的衔接问题，而且在实践中认真落实好法治教育衔接的各种措施，法治教育的整体实效性必将越来越大。

二　法治教育衔接的哲学依据

从哲学上考察法治教育衔接的哲学依据，有利于更加理性地认识法治教育衔接，为实践中大胆探索法治教育的各个联系提供理论依据。马克思主义关于普遍联系的哲学思想，是法治教育衔接的哲学依据。从哲学上理解、把握法治教育的哲学依据，是为了在法治教育中运用这些哲学原理来分析法治教育的衔接现象。

恩格斯指出："当我们深思熟虑地考察自然界或人类历史或我们自己的精神活动的时候，首先呈现在我们眼前的，是一幅由种种联系和相互作用无穷无尽地交织起来的画面。"① 联系，作为一般的哲学范畴，指事物之间、现象之间、事物与现象之间以及事物内部诸要素之间的相互连接、相互依赖、相互影响、相互作用等相互关系。

第一，联系具有客观普遍性。联系是世界上一切事物的客观本性，是事物存在和固有的、不以人的意志为转移的客观联系。也就是说，在世界上，联系不是个别事物之间暂时的、特殊的关系，而是一切事物、现象和过程共有的、客观的、普遍的本性。任何事物都不能孤立地存在，都同其他事物发生联系，世界上的万事万物才能相互联系成为一个统一的整体，所有的事物都是联系之网上的一个部分或者环节，没有例外。没有绝对孤立没有联系的东西，任何事物的存在和运动都取决于与其内部的结构要素之间有某种特定形式的联系和运动，都在于该事物同其周

① 《马克思恩格斯选集》第3卷，人民出版社1995年版，第359页。

围的其他事物存在联系、作用，如果离开了联系，就没有事物的存在、没有事物的运动。

在法治教育中，所谓的衔接主要就是指法治教育在教育内容上的联系，这种联系在法治教育中是普遍存在的。学习法治教育知识、技能应由浅入深，由简单到复杂，这种联系是客观的、普遍的，在法治教育中注意了这一点，就注意了法治教育的衔接。

第二，联系以区别为前提。唯物辩证法所讲的联系，是相互区别的具体事物、现象之间的联系，没有区别就没有联系，联系是以区别为前提的，但是唯物辩证法反对把这种差异和界限绝对化。也就是说，差异和界限只能在事物的相互比较、相互作用中存在，没有联系就是没有区别，而区别的双方又是互为中介、相互过渡的。差异是相对的，联系是绝对的，区别本身也是一种联系，只不过是一种特殊的联系。也就是说，一切事物同他物之间既相互区别，又相互联系，二者的辩证统一，体现了联系的客观普遍性。

法治教育的衔接是不同教育内容的衔接，这里的所谓不同就是讲的区别。首先要对法治教育各个阶段担负的任务认真加以研究，把握各阶段教育内容的特点、特色，才能做好法治教育工作。可见，法治教育的内容衔接，不等于法治教育内容的替代、融合，更不等同于法治教育内容的混同。

第三，联系的复杂性。事物联系的复杂性主要体现在联系的条件性、不平衡性和可变性上。条件性是指在事物的发展过程中，各种联系相互交织、相互影响、相互制约，联系的发生、实现互为条件。联系的不平衡性是指在事物的发展过程中，各种联系的地位和作用是不同、彼此具有不平衡性，比如，本质联系，即规律，对事物的根本性质和发展趋势具有决定作用，非本质联系则没有这种作用。联系的可变性是指联系处于运动变化中，联系本身是一个动态过程，由于事物的内部矛盾和外部条件的转变，不仅具体联系会发生量的变化，而且在性质、方向和方式上也会发生质的变化，联系是相互转化的。

这是讲法治教育的衔接的发生或许是基于教育效果的要求，或者是社会对法治教育需要的要求，或者是对以往法治教育经验教训的总结，还可能是因为未来法治教育理想目标的召唤。法治教育的衔接可能多种多样，比如教育内容、方法，受教育者的年龄、教育者的经验等。法治教育的衔接还表明衔接本身是一个动态的过程，并不是静止不动的。可见，法治教育的衔接是复杂的。

第四，联系的多样性。因为世界的统一性是无限多样的。联系的多样性表现为：第一，不同质的事物具有不同质的内部联系和外部联系。第二，同一事物因素和属性表现为多种多样的联系。第三，各种联系在事物发展的各个阶段上表现出各种不同的特征。

在法治教育的衔接中，就教育的任务而言，主要表现为内容上的衔接，但就其衔接的具体情况而言，这种衔接又呈现多样性。法治教育的衔接是万事万物的联系中的一种，是事物多样性联系的体现，它既不同于自然现象的联系，也不同于社会现象的联系，是法治教育中多种因素的衔接，有其自身的特质。比如，就小学法治教育而言，其教育的内部各个因素表现出来的联系是多种多样。再如，同属于宪法的教育内容，在小学、初中、高中、大学各个阶段，其衔接所表现的特征也不相同。

三　法治教育衔接研究的不足

目前，在我国的法治教育衔接研究中，对高等学校思想道德与法治教育的衔接①、法治教育与法律职业教育的衔接②、中小学道德与法治教育的衔接③等问题均有所研究，但是对法治教育的衔接研究还存在明显的不足：

第一，对基本问题的研究还欠深透。什么是法治教育的衔接，我们需要法治教育的什么衔接，其衔接的基本依据什么，怎样进行衔接，这些基本问题还缺乏思考，目前的部分研究只是发现了研究的问题，还缺乏深入的研究。法治教育的衔接不仅仅是一种教育现象，要透过现象抓住本质，就需要了解在法治教育衔接背后深刻的哲学依据。如果不理解

---

① 参见赵兴宏、张玉麟《高等学校思想道德与法治教育有效衔接的若干思考》，《沈阳农业大学学报》（社会科学版）2010 年第 3 期。

② 参见刘坤轮《法学教育与法律职业衔接问题的社会学分析——正规化与非正规化的视角》，博士学位论文，中国人民大学，2008 年 5 月，第　页。

③ 参见柯新凡《思想政治课中法治教育有机衔接问题研究》，《经济研究导刊》2014 年第 35 期。

为什么要衔接，就很难在法治教育实践中去认真解决衔接中出现的各种问题。对法治教育的衔接，如果缺乏哲学高度的思考，不仅在理论上难免失之浅显，在实践上也必然走形式，而最终被实践抛弃。

第二，对法治教育衔接的内涵研究不深入。对法治教育的衔接理解往往过于狭窄。大、中、小学、幼儿园的法治教育，多是从教育内容上理解衔接，所以在实际的教育活动中，总是从教育内容上寻找法治教育有哪些地方没有衔接上，如何衔接；而对同一个学段，比如，中学的法治教育、大学的法治教育，也仅仅从思想道德与法治教育的衔接上考虑问题，对其他的衔接问题比较忽视。不错，从狭义上看，法治教育的衔接是教育内容上的衔接，实际上法治教育的衔接涉及的因素众多，不仅仅是一个教育任务上的衔接问题，法治教育的衔接既涉及理论，也涉及到实践；既涉及实体世界，也涉及虚拟世界；既有法治教育内部的教育因素的相互衔接问题，也有法治教育与周围环境的衔接问题。

第三，法治教育衔接的时代特征研究不足。法治教育的衔接问题不单纯是教育内容的安排，它是一定时代、一定环境、一定条件、一些学法者诉求下的衔接，因此法治教育的衔接显然要考虑时代特征才行，而目前的法治教育较少思考到这一层。比如，互联网的出现改变了人们的生活，也改变了法治教育的形式，如果法治教育不能与之衔接，就明显落伍于时代的科技发展了，目前的高校法治教育，人们意识到了互联网在法治教育中的作用，积极探索法治教育与互联网衔接的形式，然而在中小学和幼儿园的法治教育中则很少用到，即便是使用到这种新形式，也缺少理论上的自觉性；还有，法治教育如何与一定时代的经济、政治、文化、环境等有机衔接起来，用法治教育解决实践问题，这些方面的研究也显得不足；尤其是随着依法治国的全面展开，人们学习法治知识的诉求越来越多，要求也越来越高，法治教育如何做出恰当的回应，这方面的研究也显得薄弱。

第四，与人的衔接研究还不够。一提到法治教育的衔接，人们自然想到的是教育环节上的衔接。其实，法治教育的衔接最重要的是与人的衔接，这方面的专门研究目前还很稀少。这不是说，在法治教育的衔接中，人们没有注意到人的因素，而是没有将人的衔接放到突出的地位。比如，一提到中学法治教育的衔接问题，人们往往只注意到中学法治教育的内容与小学法治教育的内容、与大学法治教育的内容如何衔接的问题，而很少站在中学生的特征、成长的角度来考虑法治教育的衔接问题。与人的衔接是法治教育衔接的核心问题，其实质是以人为本还是以物为本的问题。这个问题在法治教育的衔接中到底占有什么地位，如何与人衔接，衔接人的什么，在衔接中人的属性如何体现，等等，是法治教育的衔接需要研究的。

第五，对法治教育的衔接手段研究不多。在众多的衔接手段中，对文化的衔接手段研究不够。对法治教育的衔接，不仅仅是一个教育、教学上的技术问题，也不仅仅是通过发文件、列计划就能解决的问题（当然，这些手段并非不重要），在法治教育的衔接手段中，有一种特别重要的衔接手段就是文化衔接手段，文化衔接“润物细无声”，使法治教育的衔接自然，而不流于形式。比如，中华传统文化，在公民接受法治教育中到底有何作用，如何发挥作用等，是法治教育的衔接需要研究的。就当今时代而言，社会主义核心价值观在法治教育的各个衔接环节、阶段中，有何作用、如何发挥作用，这是法治教育的衔接不可回避的问题。目前就这些问题的研究，不仅缺乏自觉的问题意识，而且在法治教育的实践中更缺少具体措施和落实手段。

四　法治教育衔接的意义

第一，整体理解法治教育。法治教育的衔接就其实质，就是在法治教育的过程中，对法治教育的整体理解。整体理解意味着法治教育不是碎片化的知识教育和技能培养，比如，既不是单纯的宪法知识教育，也不是单纯的民法知识教育或者其他法律知识的教育，当然也不等于纯粹的法治理念教育；教育是理论与实际的结合，是知识学习、能力培养与个体需要的结合，是社会要求和个体利益的结合。就教育的年龄段来看，它涵盖了从幼儿园的法治教育到大学、研究生的法治教育。就专业性来讲，它是职业法治知识的学习、技能的培养与社会常识、生存能力培养的结合。法治教育是一个整体，还在于它与相关的学习环境因素，比如，法治教育与国家的教育制度、经济、政治、文化、生态环境等构成一个整体。在法治教育的内部系统里，法治教育的教育者、受教育者、法治教育的目标、任务、方法、评价等相互联系、相互影响、相互作用，构成一个有机的整体，整体理解法治教育才能还原本真的法治教育，理解法治教育到底是什么，从而把握法治教育规律。

第二，增强法治教育的实效性。法治教育衔接的理论和实践，力图解决长期以来法治教育实效性不高的问题。在以往的法治教育中，无论人们对法治教育实效性的认识，还是采取的提高法治教育实效性的措施，都习惯于阶段性、局部性考察。其实，法治教育的实效性，无论是对个体教育的实效性、还是对集体成员教育的实效性，都应与法治教育环境的相关因素衔接起来考察，才符合实效性研究的实际。比如，评价法治教育个体的法治观念、守法习惯，我们可以从该个体过马路闯不闯红灯，是否遵守交通规则来评价，而遵守交通规则要在交通行为中来考察，交通行为是个体与交通环境因素发生联系体现出来的行为，假设一个人关在屋里不出门，你能评价出他遵守交通规则的法治教育效果吗，显然不能。法治教育衔接理论告诉我们，法治教育的实效性是与法治教育的环境因素相衔接的实效性，法治教育的实效性一旦脱离了法治教育环境因素就没有任何意义，

第三，提高公民的法治素养。公民法治教育素养的提高涉及的因素众多，仅就某一方面的教育很难达到提高法治素养的目的。比如，法治知识的获得，既需要公民个人的主动学习，也需要社会对其进行法治教育，如果把个人的努力与社会的教育结合起来，公民个人的法治素养提高更快。幼儿园的法治教育完成了公民个体法治素养的启蒙，仅启蒙还不够，还需要通过小学、初中、高中甚至大学的法治教育，公民的法治教育素养才能达到个体和社会需要的水平。即便是公民完成了国家教育制度规定的学制任务，提高法治素养的任务也没有完成，法治教育素养的提高还需要公民个人在社会实践中经历各种法治事件，积累法治经验，才能达到一定要求。这就是说，在法治教育中要把衔接的理念渗透于法治教育的始终，用法治教育衔接的思想指导教育的各个环节，才能有效地提高公民的法治素养。

第四，推进法治教育改革。法治教育改革，在一定意义上也可以说是用教育衔接的观念指导法治教育、教学活动。法治教育改革既涉及法治教育观念的转变，也涉及法治教育内容、法治教育方法的改革，如何把几者衔接起来，是法治教育改革应完成的任务。法治教育改革的衔接

问题一般通过宏观、中观和微观体现出来：就宏观而言，就是从国家层面对法治教育制度进行改革；就中观而言，是指教育内容、教材、教师培训方面的改革；就微观而言，是指法治教育教师的教学方法的改革。法治教育的衔接就是要把几个方面结合起来，进行配套改革。既要进行制度性设计，协调各级、各类学校的法治教育；也要改革教育内容，体现新时代特征，满足人们不断增长的法治学习诉求；还要改革陈旧的教学方法，融入新的科技特征。

第五，节约法治教育资源。法治教育要投入大量的人力、物力，但是我们的法治教育资源严重不足。尤其是在当前，尽管我国加大了法治教育的投入，但是与依法治国的要求相比，还显得很不足。如何提高法治教育质量，满足依法治国的战略要求，这就需要注意法治教育的衔接，节约法治教育资源。比如，在教师资源上，各级各类学校可以共享部分教师资源，一些教师可以从事小学法治教育，也可以从事幼儿园法治教育，还有部分中学法治教育师资也可以与大学法治教育师资共享，这就需要做好师资衔接工作。在教育内容上，应协调各级、各类学校法治教育的内容，杜绝低层次、低水平的教育内容重复，做到精细安排，螺旋上升，层层递进。尤其是要加强基础的法治知识学习、基本的法治技能培养，这方面离依法治国的要求还要有一定的距离，有的法治教育只有理论、理念，不见技能，普遍存在的情况是：只强调规训、规诫甚至训诫，不讲激励、生长、促进；有的法治教育只有常识宣讲，不见深度剖析，被教育者知其然，不知其所以然。这就浪费了宝贵的法治教育资源，究其原因，是不注意法治教育过程中各因素、各环节的衔接。

第二节　法治教育衔接的种类

法治教育衔接的种类是依据一定的标准对法治教育衔接的各种情况的归类。法治教育衔接种类的划分不是绝对的，有些划分甚至会出现交叉。划分法治教育衔接的种类，是为了提升对法治教育衔接的精细认知，明白有哪些种类的法治教育需要衔接，这些法治教育在衔接上有何特点，从而指导法治教育的衔接实践，其最终目的是为了增强法治教育的实效性，服务于依法治国的战略和人的美好生活。

一 从法治教育的阶段上分类

这是一种常见的划分方式，人们经常讨论、提及的往往都是阶段划分，即按照人接受教育的年龄段对法治教育进行纵向划分。

（一）幼儿阶段的法治教育

3—6 岁的孩子进入幼儿园，接受法治教育影响，这是人最早系统地接受法治教育的年龄段。其实，在孩子没有进入幼儿园的 0—3 岁时，在家长的影响下，已经开始受法治教育的影响了，比如对颜色的区分、对红绿灯的识别等，可以认为是对界限的识别，是自然法角度的法治教育，只不过这时接受的法治教育是潜移默化式，与我们从国家、社会层面讲的法治教育有所区别，没有教育计划和系统可言。

幼儿的法治教育同样是纳入国家计划的法治教育，法治教育的内容是对最简单的标识、规则的识别、感受，比如，对红绿灯的识别，对国旗、国徽、国歌的识别和感知等，识记报警电话，不跟陌生人走，防骗，能简单地保护自己，记住自己父母的名字、家庭地址等。

幼儿法治教育的显著特点就是形象性、直观性，以无意识的情景教育为主，并不要求对法、法律、法治等概念和术语的学习、理解，但是幼儿的法治教育又是重要的法治教育，是人生的启蒙，要尽量迈好第一步；幼儿就像是一张白纸，处于完全的可塑阶段，这也是幼儿法治教育的又一特点；幼儿阶段的法治教育与幼儿的成长联系在一起，往往在游戏中完成；幼儿的法治教育一定要适合幼儿的成长规律，并不要求对幼儿讲明这就是法治教育，老师有法治教育的意识就行了；幼儿的法治教育与家长的法治观念、关爱是联系在一起的，一个法治观念强的家长，对幼儿从小分清是非有很大的影响。

幼儿阶段的法治教育要做的衔接工作，主要是整体衔接和综合衔接。幼儿园的老师要与家长密切沟通，与家长交流孩子成长的建议；家长也要主动与幼儿园的老师沟通，交换意见；同时，幼儿园的老师要了解小学阶段的法治教育内容，增强法治教育的衔接意识，提高衔接能力。

（二）小学阶段的法治教育

小学法治教育，是达到入学年龄段（6—12 岁）的儿童，进入学校接受的法治教育。小学法治教育是学校法治教育的起步阶段，属于义务教育阶段。人生的许多是非观念都是从小学开始养成，要重视小学法治教育，用法律、制度为青少年的成长护航。小学的法治教育要求学习初步的法治知识，培养简单的法治技能，到达义务教育规定的小学教育阶段的法治教育标准。

小学法治教育的主要内容：进一步认识国旗、国徽，并懂得含义，学唱国歌，知道首都；对小学生进行初步的爱国主义教育；知道法律、法治这样一些基本的概念，但是并不要求完全理解；学习与自己的生活和成长密切相关的交通规则、公共秩序；具备初步的规则意识；学习小学生日常行为规范；学会保护自己，能初步防骗、防拐、防性侵；杜绝校园欺凌；学习《义务教育法》；学习《预防未成年人犯罪法》；学习班规、校纪，了解与自己的成长密切相关的规则；加强安全教育，防止踩踏、跳窗、交通事故、溺水、食物中毒；远离邪教、黄、赌、毒；远离游戏厅、歌舞厅等少儿不宜的场所。

小学法治教育具有形象性、直观性，往往通过生活中的事件形象的说法、讲法，并不要求学习的系统性；小学的法治教育与小学生的成长密切相关；小学法治教育不仅仅是学校的责任，也是全社会的责任，因此，小学法治教育的教育者的面应广，不局限于学校的教师。小学法治教育应体现小学生的认知特点和心理规律。

小学法治教育的衔接，在于对幼儿法治教育和中学法治教育要能起到承先启后的作用，作为小学法治教育的教育者，要研究、熟悉幼儿法治教育和中学法治教育的内容、特点、规律；小学法治教育的衔接具有综合性，因此，小学法治教育的实施者应有一定的多领域的社会经验的积累；小学法治教育的方法要多用感知、体验、潜移默化等教育方法。

（三）中学阶段的法治教育

中学阶段的法治教育与小学阶段的法治教育和大学阶段的法治教育衔接。中学法治阶段的法治教育是建立在中学生认知特点的基础上的，中学生的认知能力比小学生强，已经具有一定的法治知识和法治能力，但是与大学生相比有一定的距离。这是因为中学生的身心比小学生成熟，但是仍然赶不上大学生，因此，中学法治教育的内容有其独特性。

要突出法治基础知识的教育，尤其是要突出宪法基础知识的教育。让中学生了解我国基本的经济、政治、文化制度；要对学生进行初步的法治精神的教育，理解法治精神的实质、产生、不同国家的法治精神的大致区别，法治精神的共同东西，我国法治精神的内容；初步理解何为公平、正义、人权、民主、权利、义务等；要理解权利与义务的一致性；要掌握与自己的生活密切相关的刑法、民法、行政法等法律知识；要继续学习并加深理解《预防未成年人犯罪法》；懂得并掌握《未成年人权益保护法》。

由此可见，中学阶段的法治教育主要是培养学生具有初步的法治意识、权利意识和自我保护意识，具有初步的公平、正义观念，具有一定的法治技能，并运用法治技能保护自己，逐步养成良好的遵纪守法的行为习惯。

中学法治教育的衔接不仅体现在教学内容、教学阶段、教学方法等方面与小学和大学承上启下，而且体现在教学理念的更新上，中学生有一定的独立思考的能力，因此，在法治教育中，要启发学生独立思考，要体现以人为本的观念，要全面融入社会主义核心价值观的教育，要处理好思想道德教育与法治教育的关系，注意二者的衔接。

（四）大学阶段的法治教育

大学阶段的法治教育主要从大学生的法治教育体现出来。大学生的法治教育无论在法治教育的深度还是广度，都应与中学法治教育有所区别。大学生的法治教育建立在大学生比较成熟的身心发展基础上。

要继续加强对大学生的法治知识教育。主要是在中学法治教育的基础上拓宽、加深。因为，大学生是国家宝贵的人才，在依法治国中肩负着重任，如果在大学阶段没有扎实、深厚的法治知识积累和形成较强的法治技能，那么，中国的法治国家、法治社会很难建成。不无遗憾的是，高校的思想政治理论公共课几经改革，对大学生法治知识的教育和法治能力。要对大学生进行法治理念的教育，尤其是进行社会主义法治理念的教育；要培养大学生的法治思维，从权利与义务统一的角度想问题、看问题、分析问题、解决问题；培养大学生的法治能力，为建立肩负起社会治理重任做准备；要对大学生进行法治与职业方面的衔接训练，尤其是法科学生，这方面的训练更应加强；要深化道德与法治的关系的理解，鼓励大学生通过研究性学习，自我探索完成这一艰巨的任务。可见，大学阶段的法治教育衔接，无论是内容上还是方法上都比中学阶段的法治教育复杂得多，但是只有我们掌握规律，把握联系，以人为本，是不难处理好这一衔接问题的。

二　法治教育衔接的其他分类

（一）从法治教育的内容上分

1. 法学基础理论教育。法学基础理论是研究法律的学问，法学基础理论的教育主要是学习法的概念、作用、法律规范、法律关系，中国特色社会主义法治的本质和法律体系，法律运行（法律制定、实施、遵守、监督）。法学基础理论教育是其他法治教育的基础，没有这个基础，其他的法治教育内容就缺少学习总纲的统帅。所以，在不同群体、不同层次的法治教育中，要注意对法学基础理论的教育。

2. 宪法教育。宪法教育主要是学习宪法的特征、基本原则，我国的国家制度、基本的经济制度、公民的基本权利和义务、国家机构等知识。宪法具有内容的根本性、效力的最高性、程序的更加严格性。宪法的衔接主要是明确宪法的内容、地位、效力、作用、制定修改程序等与普通法律的区别。学习宪法首先要学习宪法的概念、历史、发展，宪法的特征，然后再学习具体的宪法制度，这就是宪法教育中存在的内在的逻辑衔接；其间，要注意国与国之间宪法的比较，比较也是一种横向的衔接，没有这种衔接，对宪法教育的视野必将失之狭窄。法治教育中的内在逻辑衔接和横向的比较衔接，不仅在宪法教育中存在，而且在实体法治教育和程序法治教育中也同样存在。

3. 实体法教育。实体法包括行政法律制度、经济法律制度、民商法律制度、知识产权法律制度、刑事法律制度。实体法是主要的部门法，是程序法的基础。实体法对我国具体的经济、政治、文化、社会、环境、商务、日常交往等众多方面需要法律调整的内容进行规定，实体法使我国基本的社会生活有法可依。在进行实体法教育时，在每部实体法的内部存在教育内容的衔接问题；在内容各不相同的实体法教育的相互之间，存在相互衔接的问题；在实体法教育与程序法教育之间，也存在衔接的问题。

4. 程序法教育。程序法制度包括行政诉讼法律制度、民事诉讼法律制度、刑事诉讼法律制度、仲裁法律制度。在进行程序法教育时，其内部有衔接教育的关系，不能任意颠倒，如民事诉讼法总是从基本的概念开始教育，其衔接顺序为民事诉讼、民事诉讼法、民事诉讼法的基本原则与制度、主管与管辖、诉讼当事人、诉讼代理人、民事证据、民事诉讼中的证明、期间、送达、法院调解、财产保全、先予执行、对妨碍民事诉讼的强制措施、普通程序、简易程序、第二审程序、特别程序、审判监督程序、督促程序、公示催告程序、民事裁判、执行程序等。刑事诉讼法、行政诉讼法也有其内部的衔接关系。程序法教育要研究怎样遵循其内在的衔接规律。

总之，法治教育的衔接，不仅体现在法治教育内部各要素之间的衔接上，而且体现在每一种类的教育内容相互之间的衔接上。比如，从学习知识的衔接上讲，在学习法治知识时，首先应学好法学基础理论知识，对法治、法、法律的本质等一系列最基本的概念有一个简单的理解，在此基础上深入学习宪法、实体法和程序法知识，这才符合教学规律、知识的形成规律和人的认识规律。

（二）从法治教育内容的抽象程度上分

从法治教育的抽象程度上分：法治教育的理论教育和法治教育的实践教育。就其法治教育理论和实践关系的衔接而言，法治教育的理论教育与法治教育的实践教育是两种类型的教育，既相互衔接、依赖，又相互区别。

1. 法治理论教育。就其法治教育的理论教育而言，主要体现在对理论法学的教育上，以及每一部门法学的基本理论上，具体包括：法、法的产生、法的本质、法治、法治精神、法治信仰、社会主义的法治信仰、社会主义的法治理念等一系列基本内容。法治教育理论的特点是：本质性、根本性、抽象性、规律性。它是法治教育学习的起点和原点。

当然，最高的抽象层次是法哲学。法治教育离不开法哲学的渗透和融合，法哲学是比法治理论更高的一种抽象，更能反映法治理论教育的普遍规律。没有法哲学的法治教育是没有高度和深度的法治教育。所以，在进行法治理论教育时，要自觉接受法哲学的指导，因为法哲学是从哲学的高度对法治现象进行的抽象、思考、结晶，是法治的元知识、元理学，是关于法治的最一般的知识和学问。法哲学的任务就是对法治存在、法治现象、法治生活进行原理层面的把握、总结。换言之，就是把法治教育的“多”综合为法治教育的“一”，或者把法治教育的“一”区分为“多”。法治教育的“一”和“多”都是法治教育的元理。元理就是大道，对大道的要求是：特别简单、清晰表达，系统构造，亦或称大道至简，只有做到大道至简，才能充分揭示法治世界的规律，并有力地指导法治教育实践。

2. 法治实践教育。就法治教育的实践教育而言，目的是为了培养人的法治实践能力、法治操作技巧。实践教育偏重于应用法学，比如行政诉讼法、民事诉讼法、刑事诉讼法、调解、仲裁等。从法治学、法学、法律学、法治教育学的最终目的来讲，都是应用科学，因此，法治教育的重点应是实践教育而不是理论教育，这是不容置疑的。理论的目的在于应用，学习法治理论最终是为了转化为操作性较强的法治实践知识，造福于人类社会，为人的美好生活服务。

在法治实践教育的衔接方面：一要注意与法治理论的衔接；二要注意实践教育内部的各种要素的内在逻辑衔接；三要注意不同部门的法治实践教育相互之间的衔接。

法治实践教育到底该怎么衔接，这个问题应该放在法治实践教育的过程中来回答，要能体现法治实践教育规律、提高法治教育的实效性，最大程度地满足人们多方面法治需要的教育就是成功的法治实践教育衔接；反之，就需要检查、总结、改进、提高。法治实践教育在不断向前发展，法治教育的实践衔接也在不断向前发展，这是一个不断探索、不断创新的过程。关键是：我们要有联系的观念、整体的观念，要解放思想、大胆实践，辩证地处理好法治实践教育中的衔接关系。

3. 衔接关系。法治教育的理论是从法治教育的实践中产生、抽象而成的，脱离了法治教育的实践，任何法治教育的理论都会成为无源之水，因此，要把法治理论教育牢牢地根植于法治实践教育中。法治教育的理论是灰色的，法治教育的实践是长青的，法治教育理论不仅需要继承、发展，而且需要在实践中不断创新。

同时，法治教育实践需要法治教育理论的指导，没有理论指导的实践是盲目的实践，所以，在法治教育的实践教育中，要增强理论指导的自觉性，尤其是要增强用马克思主义的法治理论指导法治实践的自觉性。因为马克思主义的法治理论，尤其是马克思主义法治理论的中国化成果，是马克思主义法治的普遍真理与中国法治的具体实践相结合的产物，反映了中国法治建设的基本规律，代表了中国人民依法治国的根本利益，是中国人民在新时代建设法治社会、法治国家、法治政府的有力工具。换言之，中国特色社会主义法治建设的实践需要理论的指导、支撑。法治建设的实践呼唤法治理论的产生，并不断开发、制造出了对法治理论的更多的需要。

（三）从法治教育存在的空间形式上分

1. 虚拟法治教育。虚拟法治教育，即以虚拟空间的形式存在的法治教育。虚拟法治教育以“互联网”为基础，是一种“互联网+”的教育形式。互联网是信息社会的基础，可以瞬间将信息传递到千里之外，它是网络与网络联成的网络，这些网络以通用协议连接，在逻辑上形成单一的全球化网络，这个网络由交换机、路由器等网络设备、连接链路、服务器、计算机终端等组成。这些硬件设施是虚拟法治教育必不可少的设施。网络虚拟法治教育的建设，首先从物质技术设施开始，随着科学技术的不断进步，物质设施的不断完善，将越来越成熟。虚拟法治教育的特点是：

第一，超时空性，即没有时间、空间的限制。虚拟法治教育超越了空间的限制，居住在不同地域的人可以通过虚拟平台接受相同的法治教育，不必因为空间因素的阻碍而受到影响；同时，虚拟法治教育超越了时间的限制，它通过把一定的法治教育资源储存在法治教育平台，受教育者可以在不同的时间访问平台，不受时间因素的限制。

第二，互动性。在虚拟法治教育空间，法治教育者与法治教育的受教育者之间可以相互交流学习心得、感受，不必有所顾虑，不仅在法治教育者与受教育者之间，而且在法治教育者之间、法治受教育者之间开展互动，交流法治教育学习所得。不仅人与人之间在虚拟法治教育平台可以广泛互动，而且人与存在的法治教育资源之间也可以互动，只不过这种互动是根据已经编辑好的逻辑规则开展。

第三，低成本。虚拟法治教育由于既有的资源可以反复使用，因而法治教育的成本低，不必像实体法治教育那样耗费大量的人力、物力，从而达到节约成本的要求。正因为成本低，所以一些优质的法治教育资源可以通过虚拟法治教育的形式得到迅速传播，让更多的受教育者享受高质量的法治教育。

此外，虚拟法治教育还有个性化的特点，什么时间接受法治教育，接受什么样的法治教育，怎样接受法治教育，受教育者可以根据自己的喜好而定，不必受到其他因素的干扰；受众多，一个虚拟法治教育的平台，可以由众多的受教育者、教育者访问，在技术支持的范围内没有人数限制。并且，虚拟法治教育平台可以储存大量的各种各样的法治教育资源，供学习者学习；而且传播的法治教育知识、技能的载体的形式也是多种多样的，可以是文字、图片、声音，还可以是视频。

在虚拟法治教育的衔接方面，重点在于建设好虚拟法治教育平台，拥有高质量的虚拟资源；同时，离不开现实存在的实体法治教育的支持；还有一点，对虚拟法治教育形式的评价也是衔接的关键，因为如何评价虚拟法治教育，关系到其存在、发展状况、发展方向等诸多问题。

2. 现实法治教育。现实法治教育就是实际存在的法治教育，它是与虚拟法治教育相对的一种法治教育形式，我们日常开展的法治教育就是这种形式。其特点是：

第一，可感性。现实法治教育具有可感性，能使法治受教育者和教育者面对面开展交流，这种交流与虚拟法治教育的互动不同，具有情感性，在法治教育过程中能做到以情动人。可感性是现实法治教育的最大优势，在现实法治教育的过程中，要注意发挥好这种优势。

第二，实体性。实体性是指现实法治教育占有一定的时间和空间，是在一定时空里开展的法治教育，因此要受到时间、空间的限制，比如，受教育者错过了法治教育的时间，已经开始的法治教育过程不可逆转，所以，无论是法治教育者还是受教育者，对现实法治教育都要珍惜。因为现实法治教育具有实体性，因此，现实法治教育是可以改造的，可以灵活变换正在进行的法治教育过程，实现教育者与受教育者之间同构法治教育的全过程。

第三，成本相对较高。现实法治教育无论是人力投入还是物力投入都是不可避免的，无论做到何等程度的法治教育资源的节约，都消除不了其法治教育成本，而且，随着依法治国的全面开展，人的法治诉求将越来越多、越来越丰富，因此，政府对现实法治教育的投入也必将加大，当然这并不是说，现实法治教育就不需要降低成本、节约教育资源了。

此外，现实法治教育还具有同一性。所谓同一性，就是说现实法治教育面对众多的受教育者，教育者一般提出统一的教育要求、教育目标，按照既定的教育计划执行。当然，同一中并非没有差别，只不过是在同一中存在的差别。制度性，现实的法治教育一般都有国家的教育制度做出规定，有完善的法治教育体制支持。人本性指现实法治教育在一定程度上可以脱离技术的支持，可以耳提面命、面对面交流，即人在法治教育中的作用凸显，要以人为本，以人为中心开展法治教育活动。

现实法治教育的衔接是一种实体性衔接，因此，法治教育者要对教育的开始、进行、结束进行精心安排，做好教育衔接；同时，要注意与周边环境因素的衔接，因为现实法治教育是在一定环境里开展的法治教育，如果不与环境因素，比如，经济、政治、文化、习俗等衔接，是很难有成效的；此外，还要注意与虚拟法治教育相衔接，法治教育虚实相应，共同构成整体的法治教育。

第三节　法治教育衔接的策略

一　制度设计上的衔接

法治教育的衔接问题，不仅仅是微观的问题，比如，依靠教师和其他有关人员的主观努力就能解决问题，而且还需要在宏观的制度设计上解决这一问题。

（一）整体的法治教育衔接制度设计

整体的法治教育体系不同于“全程化教育体系”①，全程化法治教育体系只有纵向的衔接，而没有横向的衔接，而整体化法治教育体系不仅重视从制度上对法治教育的纵向衔接进行规定，而且重视从横向对法治教育的衔接进行制度规定，建立纵横结合的法治教育衔接制度体系。

从小学、中学到大学，各级教育行政主管部门都制定并实施了法治教育规范，这些规范主要体现在《九年义务教育小学思想品德课和初中思想政治课课程标准（修订）》《普通高中思想政治课课程标准》和中共

---

① 赵兴宏、张玉麟：《高等学校思想道德与法治教育有效衔接的若干思考》，《沈阳农业大学学报》（社会科学版）2010 年第 12 期。

中央、国务院《关于加强和改进大学生思想政治教育的意见》《青少年法治教育大纲》《关于加强青少年法治教育实践基地建设的意见》《五年普法计划》，还有各行各业、各单位的普法规范性文件等等，在我国形成了完整的法治教育制度体系，基本上做到了法治教育的纵向衔接、横向衔接、纵横交错衔接。

但是，就目前的形势来看，我国的法治教育制度体系建设还较为碎片化，系统性和整体性不强，尤其是衔接的质量不高，操作性不强，落实性差。当前，面临制度的设计性突破，以尽快迎接挑战，适应法治教育形势的新发展。

第一，制定全国性的国民法治教育规范性文件。在规范性文件里需要对我国各级各类学校、各个行业的法治教育标准做出规定，主要是通过国家最高权力机关和行政机关制定法律文件来实现。在此基础上，各地据此立法，开展法治教育。在规范性文件里，要对幼儿园、小学、中学、大学、研究生法治教育的衔接做出规定、法治教育的理论教育与法治教育的社会实践衔接做出规定、现实的法治教育与虚拟法治教育的衔接做出规定。

第二，对学校内部的思想道德与法治教育的衔接做出规定。要切实改变目前的思想道德与法治教育两张皮的现象，实现二者的有机结合；特别是要切实改变法治教育的知识教育和技能培养严重不足的现象，这就要求对法治教育进行科学研究，把制度规范建立在科学研究的基础上。

第三，在加强制度建设时，既要发挥全国人大及其常委会的立法作用，又要发挥地方、特别是设区的市的地方立法作用。也就是说，在制定法治教育衔接的规范性文件时，规范性文件本身的衔接也是一个重要问题，其要求是既要有全国性的统一的法治教育标准，同时也要充分发挥地方的积极性，制定地方法治教育标准。

（二）整体的法治教育衔接制度的实现

第一，提高认识。要提高对法治教育衔接的制度认识。在我国全面依法治国的大背景下，法治教育已经上升为国家战略，关系到中华民族的复兴，关系到国家的长治久安，因此，需要从制度上对法治教育的衔接进行规定，彻底解决各自为政的法治教育现状。从实践来看，法治教育要为维护国家的法治统一服务，从客观上对各级各类法治教育衔接。

法治教育也只有从制度上做出统一规定，才有利于对法治教育的效果做出客观评价，从而推动法治教育改革。

第二，加强调研。要制定法治教育的衔接制度，必须加强调研，摸清情况，掌握第一手资料。比如，近年来，我国高校的思想政治理论课教育，把过去的法律基础与思想道德合为一门课，固然有利于减轻学生的学习负担，减少公共课的门类，但是却严重削弱了学生对法治基础知识的学习。在中学，学生对法治知识的学习也是渗透在思想政治课的教学中，没有系统的学习，初中的道德与法治合二为一，实际上学习的是大量的道德知识，法治知识较少。也就是说，我国学生的法治知识学习、法治技能的培养严重欠缺。要尽快改变这一现状，最有效的方法就是从制度入手。

第三，在全面中突出重点。法治教育的衔接制度到底该怎么制定，重点在哪里？这是制定制度的关键。我国比较重视对青少年法治教育的制度设计、对公民普法教育的制度设计，但是，仅仅这样做还是不够的，一定要对法治教育的各类衔接有一个整体的规定，重点方能成为重点，重点也才能有效地突出。也就是说，有了社会整体的法治教育制度环境，某一方面的法治教育制度的质量才有保证。

第四，找准切入点。法治教育的制度性规定从何着手，切入点很重要，就目前而言，加强对执政党的法治教育，抓住对“关键少数”的制度规定是关键。比如，党内法规的完善、制度体系的合理性应该胜过国家的法律、法规，党内法规的实体规定和程序规定所体现的公平、正义、公开、合理性，应该比国家的法律、法规高许多。也就是说，“良法善治”首先从党内的规定、条例开始，才能到达“身正而令自行”的效果。而目前，不少领导干部，尤其是纪委领导干部，无论是法律修养水平，还是党内法规的修养水平，离新时代党和人民的更高要求，还需要长期提高水平，所以，法治教育的制度性衔接规定，应从党内法规的教育规定，尤其是对“关键少数”的党内法规（含国家法律）教育的制度性规定开始。

第五，迎接挑战。法治教育衔接的制度设计是一项艰巨复杂的任务，不仅要考虑到我国法治教育的现状，而且要考虑到国际社会法治建设发展的总体方向，还要密切与我国的传统文化相结合，更重要的是要体现时代特征。如何体现法治教育的规律，反映我国法治建设的成果；如何符合人的成长规律，更有利于人的全面发展，更有利于人实现美好生活梦想。法治教育衔接的制度建设，无疑会面临一系列挑战。法治教育衔接的制度要立足中国、放眼世界、面向未来，因为我们有依法治国的战略支持，有全体人民不断增长的法治诉求和法治需要。

二　加强对法治教育衔接的价值引领

制度性规定是对法治教育衔接的形式性规定，就法治教育的衔接而言，不仅要重视衔接的制度建设，更要重视法治教育衔接过程中的精神培育，才能在形式衔接出现问题或者不能衔接时做到“形散而神不散”。也就是说，在法治教育的衔接中，要更加重视实质衔接，实质衔接就是法治教育的价值引领。其价值引领包括：

（一）社会主义的法治信仰

正如伯尔曼所言，“法律必须被信仰，否则它将形同虚设。它不仅包含有人的理性和意志，而且还包含了他的情感，他的直觉和献身，以及他的信仰”[①]。法治教育的衔接要达到的目的不仅是形式上的教育、教学问题，还有比形式上的衔接更重要的东西，这就是贯穿于法治教育的、始终如一的一种精神——法治信仰。法治教育衔接，就是把法治教育当成整体，而对法治精神的追求就是法治教育衔接的价值旨归。

从形式上看，要真正处理好法治教育的衔接，仅仅靠技术手段是不行的，这些技术手段，无论是教学方法，还是教材的编写、教学内容的设计，因为技术手段的衔接是有缝衔接，对法治教育的真正衔接是用法治精神贯穿、渗透、浸润于教育过程的始终，也就是说，只有法治精神的衔接，才能做到无缝衔接，而法治精神的核心就是法治信仰、法律信仰，因此，从宏观看，国家在制定法治教育衔接的制度、规划时，无论何种阶段的法治教育、何种类型的法治教育，都应把法治信仰的培养放在核心地位。从微观看，教师在处理法治教育的专题内容时，要时时处处立足于法治教育为什么要信仰、如何信仰、怎样信仰问题的解决，才能有效地解决衔接问题。

---

① ［美］伯尔曼：《法律与宗教》，梁治平译，中国政法大学出版社2003年版，第3页。

（二）社会主义核心价值观

社会主义核心价值观是社会主义核心价值体系的内核，体现了社会主义价值体系的根本性质和基本特征，是社会主义核心价值体系的高度凝练和集中表达。在法治教育中要贯彻和渗透社会主义核心价值观。社会主义核心价值观是法治教育各项内容有机衔接的黏合剂，只有在法治教育中始终坚持社会主义核心价值观的教育，才能体现我国法治教育的本质，抓住法治教育的实质。因此，在具体的法治教育中，要把社会主义核心价值观作为衔接的总枢纽，具体的法治教育内容都通向社会主义核心价值观；当然，"通向"的具体表现形式是多种多样的，并不完全是言辞要求，而是精神层面的要求，即社会主义核心价值观的贯彻落实。

宏观层面的法治教育衔接，要把社会主义核心价值观的落实体现在衔接制度的设计里。不仅在法治衔接的总体规划层面，要围绕社会主义核心价值来制定，而且在对衔接相关具体内容的规定里也要体现社会主义核心价值观，并且各个阶段、类别的法治教育，其社会主义核心价值观教育的要求、具体呈现的形式应有所不同。

（三）中华优秀传统文化

法治教育是在一定文化环境中的法治教育，即便是现代的法治教育，也不能脱离传统文化的影响。因此，法治教育的衔接必须根植于文化的土壤。

法治教育与传统文化相结合，法治教育衔接的整体性才能体现出来。在法治教育中，如果只限于法治教育内容的过渡、逻辑的衔接、相关知识的衔接影响，那么，将无法弄清楚法治教育衔接的实质，也无法把法治教育的内容真正衔接起来。如果我们把法治教育建立在我国传统文化的基础上，人们无疑将更容易理解法治教育的精神实质。换言之，法治教育与我国传统文化相结合，才有生命力，效果才可能最佳，人们也才更易学法、遵法、守法、护法。

同样是讲的法治，我们所讲的法治与西方所讲的法治是不同的，不仅本质不同，我们今天讲的语境也不同，我们总会自觉或者不自觉地用自己的文化来解读法治。所以，法治教育的衔接，实质上来讲离不开文化解读。当然，也要看到在我们的传统文化中，缺乏现代法治精神，比如，现代契约精神缺乏，因此，我们这里讲的法治教育的实质衔接，坚持以我国的传统文化为根基，但是并没有排斥人类一切先进文化，包括资产阶级的先进文化。

可见，法治教育其实是一种文化教育，从文化的角度理解法治、法治建设、具体的法律条文，才能深刻理解法治教育具体内容背后所隐含的价值隐喻，而这些隐喻，不仅能帮助我们透彻解读法律条文，甚至对理解整部法典、国家的法律制度也大有裨益，而且还能帮助我们较为准确地预见法律的具体执行情况，从而为我们在法治社会的生存提供实际有用的指南针，找到真正能起作用的实际策略。只有这样，我们才能说法治教育真正衔接上了。

三　解决法治教育衔接的微观问题

（一）平台建设

法治教育的衔接不仅要从宏观入手，而且也要从微观入手，平台建设给法治教育衔接提供一个舞台、一个用武之地。法治教育衔接的平台，可以是现实的平台，也可以是虚拟的平台。在法治教育平台，不同阶段的法治教育、不同类型的法治教育可以开展交流活动，可以进行法治教育的形式衔接，也可以进行法治教育的实质衔接；在平台，还可以就我国法治教育衔接的种种问题开展研究，让法治教育的衔接更加科学，更加遵循教育规律和人的成长规律。因此，无论是国家层面，还是地方层面都应加大对法治教育平台建设的投入，增强法治教育衔接平台建设的积极性、主动性；同时，在正规的平台没有完全建立起来之前，要依托各级教育机构、研究机构、司法机构建立临时的法治教育衔接平台，充分发挥在法治教育衔接工作中的职能作用。

（二）教师队伍

法治教育衔接工作要人来落实，因此，从事法治教育工作的教师很重要。第一，要让现有的法治教育教师认识到衔接工作的重要性。因为，法治教育的衔接是一项系统工作，关系到法治知识教育的完整性和法治精神的培养。因此，教师要充分利用现有资源，尽可能完整地掌握各个阶段法治教育和各个类型法治教育的知识。第二，要加强法治教育教师的交流活动，比如，大学的法治教育教师可以到中学担任法治教育、教学任务，而中学的法治教育教师也可以到大学访问、交流，了解大学法治教育的情况，符合条件的还可以担任一段时间的大学法治教育教师。中学的法治教育教师可以到小学交流，而小学的法治教育教师也可以到中学交流。第三，要努力培养法治教育的通才。法治教育的通才，就是对各个阶段、各个类型的法治教育内容、规律都比较熟悉的人才。法治教育的通才多了，在法治教育的过程中就易于融会贯通，内在地将复杂的法治教育内容和法治教育的阶段有机地衔接在一起。

（三）教材建设

法治教育的衔接需要对现有的法治教育教材统筹规划，需要一部统一的法治教育教学大纲，统筹安排各阶段和各类别的法治教育内容。统一的法治教育教学大纲有利于从事法治教育工作的所有人员充分了解法治教育的内容，从而把自己所担负的法治教育任务放在整体的法治教育规划中来理解。法治教育的教材建设涉及的方面众多，需要国家从整体层面协调，但是，仅有整体协调还远远不够，关键是各部门、各阶段法治教育机构的具体落实。而目前各级各类学校法治教育知识的系统性十分欠缺，国民的法治观念不强、法治技能也跟不上形势的需要，根本的原因就是法治教育的教材建设成为“瓶颈”“短板”。问题的实质在于：我们对高校政治理论公共课和中学政治课的理解太狭隘，形式主义思想作祟，没有考虑到全面依法治国对法治知识和技能第一次提出了系统性的要求。没有扎实、系统的法治基础知识的教育、教学和法治技能的培养，普通公民很难遇事找法，因为压根就没有遇事找法的能力，就更不要说拥有法治思维了。总之，我们应保持清晰的思维，用对待法科学生法学教材建设一样的热忱，拿出具体措施来对待国民法治教育的教材建设，法治教育才能真正满足人们的需要。

（四）课程改革

法治教育衔接问题要落到实处，需要对现行的法治教育课程进行改革。课程改革是一个系统工程，牵一发而动全身，必须与整体的课程改革协调、同步进行。以往的课程改革给法治教育留的余地并不多，随着国家依法治国理念的落实，要从“四个全面”的战略高度来重新审视这一问题。法治教育的课程改革必须有利于公民系统地学习法治知识。完成义务教育阶段，学生对现有的部门法知识应有一个初步了解，具有一定的法治技能，并能基本满足法治生活的需要；大学毕业，要求大学生有较为扎实的法治知识、较为熟练的法治技能。课程的具体内容，应把法治知识的学习与法治精神的培养统一起来，要让社会主义的法治精神深入人心。课程作为法治教育的载体事关重大，没有课程建设作为法治教育衔接的支撑，法治教育就始终难以摆脱碎片化和随意性的影响。

（五）资金投入

法治教育的衔接离不开物质技术设施的支持，尤其是资金的投入。不论是法治教育衔接的平台建设，还是教师队伍建设、教材建设、课程改革都需要大量资金的投入。没有资金的支持，所谓的法治教育衔接都是一句空话。这就要求国家和地方加大法治教育专项资金的投入，要明确规定一部分资金是用来解决法治教育衔接的各种问题的。也就是说，法治教育衔接的资金要列入国家和地方的社会经济发展计划，各级部门要监督资金的使用情况，确保资金的使用效益。当前，在资金投入方面普遍不足，或者说没有专项投向法治教育衔接的资金意识的情况下，各级、各类法治教育机构要广泛调动民间机构和公民个人的积极性，加大对法治教育衔接的资金支持。同时，在使用法治教育衔接的专项资金时，要厉行节约，少花钱多办事。

第八章

法治教育的社会实践

法治教育不仅有理论教育形式，而且有社会实践教育形式。社会实践是比理论教育更重要的一种教育形式，因为一切理论都来源于实践，法治教育从本质上讲是一种社会实践，因此研究法治教育必须研究社会实践。只有在社会实践中才能检验法治教育是否有效果，效果怎样，如何进一步改进。法治教育社会实践有其理论根据，研究这些理论支撑，能增强法治教育的社会实践自信。法治教育社会实践由一列相关要素构成，研究法治教育社会实践，就必须重视这些要素。法治教育社会实践的形式多种多样，要创新法治教育社会实践形式。青少年法治教育社会实践基地的建设，已经成为一种法治教育发展的大趋势，在我国法治教育中发挥了重要作用。法治教育社会实践基地到底该怎样建设，在理论和实践上有什么问题需要进一步研究，是法治教育中不能回避的问题。

第一节　法治教育社会实践概述

一　法治教育社会实践的含义和特征

（一）含义

在马克思看来，实践就是人们能动地改造和探索世界的客观物质活动。实践是主观见之于客观的物质活动，包括主观对客观的必然性和客观对主观的必然性。实践的基本特征是客观性、能动性和社会历史性。马克思主义的这些基本观点是认识法治教育社会实践含义的指南。根据马克思主义的观点，我们可以认为：法治教育社会实践，就是人们积极地探索法治教育规律、建设法治社会的活动。从广义上讲，法治教育本身就是一种社会实践；从狭义上讲，这里的法治教育社会实践有其特定的含义，它是相对于法治教育理论或者课堂教学而言的，是泛指法治知识、法治理论教育、教学之外的活动。

（二）特征

从哲学的角度分析法治教育社会实践的含义和特征，才能提高法治教育社会实践认识的高度，扩大法治教育社会实践的宏观视野，从而使法治教育社会实践不仅具有微观的视角，而且具有宏观的视角，有利于增强法治教育的实效性。

1. 法治教育社会实践是一种客观的物质活动，具有客观性。它存在于法治社会中，有发展程度的问题，而不是有无的问题。在过去，我们对法治教育实践活动认识不够，理解不深，尤其是对社会实践在法治教育中的重要性认识不足，这不仅影响到法治教育的实效性，而且最终也会影响到法治社会的建成。因此，在推进全面依法治国战略实现的进程中，我们要认识法治教育社会实践存在的客观性，探索法治教育社会实践规律，增强法治教育的效果。

2. 法治教育社会实践活动是一种能动的活动。这种能动性是指人的能动性，也就是说，在法治教育实践活动中人是活动的主体。法治教育社会实践的主体对法治教育社会实践的开始、进程、结束起决定作用。可见，法治教育中的人不是被动的人，其不仅是法治教育社会实践的积极参与者，而且也是法治教育社会实践的积极组织者，法治教育的方法、内容、载体选择等，无一不需要人积极发挥作用，尤其是要调动受教育者的积极性，法治教育才能收到较好效果。

3. 法治教育社会实践是具体的、历史的，法治教育实践具有社会历史性。这就算是说，没有抽象的、一般的法治教育实践，法治教育实践总是在一定的社会中开展的，法治教育社会实践要受社会历史条件的限制。这就是说，法治教育社会实践的水平、标准、要求，与一定的社会生产力发展的总体水平、社会教育发展的程度、人们的法治素养的高低、社会文明的进步程度等多种因素有关。特别是我国进入社会主义新时代，社会的主要矛盾已经转化为人民日益增长的美好生活需要和不平衡不充分的发展之间的矛盾，法治教育实践也进入新时代，人们的法治需要与现有的法治教育发展出现矛盾，呈现一系列新特征，因此，法治教育社会实践需要放在新时代来认识。

二 法治教育社会实践的构成要素

法治教育社会实践离不开一系列的构成要素，有主体要素，即人；客体要素，即进入人的主体要素视野的客观世界；中介要素，即把人的主体要素与客体要素联系起来的中介、工具、方法。

（一）主体要素

法治教育社会实践的主体是人，人是处于一定社会关系中的人，是具体的、历史的人。在法治教育社会实践中，要把人放在一定的关系中来考察，才能认清人的本质，如果仅仅从人的自然属性来考察，是不可能认清人的本质的。比如，人为什么犯罪，怎样预防人的犯罪，如果从人的自然属性来考察，把犯罪仅仅看成人的一种本能，是不能成功地预防和惩罚人的犯罪的；必须从一定的社会关系中来研究人为什么犯罪，才能在社会中预防和惩罚犯罪。法治教育社会实践要提高人的法治素养，也必须在一定的社会关系中来理解法治教育，开展法治教育社会实践，才能把握人的本质，从而提高法治教育的实效性。

也就是说，在法治教育社会实践中人的本质是复杂的、多方面的，不能仅仅从法治教育这种单一的社会关系来理解人。其实，这一点也不难理解，为什么同样内容的法治教育实践活动，有的人关注这方面的内容，有的人关注那方面的内容。可见，只有厘清法治教育的主体要素，才有利于增强法治教育社会实践的针对性。

（二）客体要素

法治教育社会实践的客体要素是指进入主体的实践领域而为主体所认识和改造的客观事物。法治教育社会实践的客体，一般是指法治教育活动，法治教育活动进入人的活动领域就成为客体要素。法治教育的活动又包括很多更小的要素：法治教育活动中的人、法治教育计划、方案、内容、方法、目标、效果等，所以法治教育客体要素既包括了客体主体化，也包括了主体客体化。也就是说，客体要素是相对的，在法治教育社会实践活动中，人可以成为他人的客体，他人也可以成为自己的客体。换言之，在法治教育社会实践中，客体与主体往往是交融的、相对的。

认识法治教育的客体要素，有利于我们加深对法治教育社会实践活动的理解，认真分析组成法治教育社会实践客体各个要素的特征、相互关系，针对不同的客体，制定不同的法治教育社会实践策略。比如，同样是法治教育社会实践活动，有的活动是针对青少年，有的活动是针对公务员，有的活动是针对农民，有的活动是针对工人，有的活动是针对司法人员，这些实践活动的针对性不同、内容不同、活动的构建方式以及参与者的参与方式也不一样，如果不研究这些实践活动的具体特点，法治教育的实效性就不强，人的法治素养也很难提高。

（三）法治教育社会实践的中介因素

法治教育社会实践的中介因素是联结法治教育社会实践的主体因素和法治教育社会实践客体因素的桥梁、手段、方法。中介因素是介于主体与客体之间的、起重要作用的工具。法治教育社会实践工具扩大了人的实践范围，加大了实践的深度。在法治教育社会实践中，体能性工具延伸了人的肢体、放大了人的体能；智能性工具延伸了人的感官和大脑，增强了法治教育社会实践能力。比如，通过模拟法庭体验法治实体知识和程序知识的运用，通过虚拟法治场景感悟法治的社会效果对人们现实生活的影响；通过亲身参与法治活动感悟法治的实际效果，尤其是对自己权利义务的影响。

随着社会生产力水平的不断提高，尤其是科学技术的不断进步，法治教育社会实践的中介手段将越来越丰富和先进，作为法治教育的主体，要充分认识法治教育社会实践中介的作用，不断探索和创新中介手段，提高法治教育社会实践的水平。

三　法治教育社会实践的理论依据

（一）马克思主义的生活实践理论

生活、实践的观点是马克思主义认识论首要的观点。在马克思看来："全部社会生活在本质上是实践的"①，法治教育社会实践作为社会生活的存在物，其本身就是实践的，而不是抽象的理论的存在物。法治知识、法治理论来源于法治实践；法治知识、理论的获得来源于法治教育实践活动。没有法治教育实践活动，法治知识、理论的获取不仅不可能，而

① 《马克思恩格斯选集》第1卷，人民出版社1995年版，第56页。

且会变成无本之木、无源之水。正因为有法治教育社会实践，法治知识、理论才变得越来越丰富，而且一些不正确的法治理论，也能通过法治社会实践活动得到纠正。所以，马克思认为："人的思维是否具有客观的真理性，这不是一个理论的问题，而是一个实践的问题。"①

作为法治社会实践的主体，只有而且仅仅只有在法治社会实践中才可能对法治理论、法律条文、典籍、制度规范、治理习惯等有深刻的理解、感悟。比理论更深刻的是实践，是生活，所有的公平、正义、规则、权利、义务，都是通过实践感知、领悟的。在生活实践中，当我们得知沉冤得到了昭雪，会深切地感受到正义的力量，而且也会体会到公平、正义不是写在书本上、条文里、宣示里。更应深知，由于生活、社会、人生、世界的复杂、无常，假如沉冤到死都难以昭雪，对个人何尝不是最深刻的法治教育。所以法治、法治教育是在生活、实践中，而不是在理论上、说教上，更不是在宣示里。法治、法治社会、法治教育是客观存在，是活生生的社会生活实践的存在物。所以，马克思主义关于生活、实践的理论，不仅是法治教育社会实践的理论指导，而且是开展法治教育，增强法治教育实效性的最终方法，是法治教育的精髓和要义所在。

（二）我国现代教育与生产劳动相结合的理论

毛泽东在 1958 年提出了教育与生产劳动相结合。1999 年，中共中央、国务院《关于深化教育改革　全面推进素质教育的决定》指出："教育与生产劳动相结合，是培养全面发展人才的重要途径。"② 这就给我们提出了一个问题，法治教育到底该如何开展，法治教育的方法是什么的问题，即到底是以课堂教学为主，还是以社会实践为主，还是二者有机结合的问题。在学习法治知识、理论的时候，必要的专门教育、学校教育是必不可少的，但是如果把法治教育仅仅停留在专门教育阶段，以经院式的法治教育来代替活生生的法治教育，那又是错误的。法治教育要走的正确之路，是教育与生产劳动相结合，也就是说，要把所学的法治知识、所掌握的法律条文与现实生活中的各种法治现象、各种个案、自

---

① 《马克思恩格斯选集》第 1 卷，人民出版社 1995 年版，第 55 页。

② 中华人民共和国教育部编：《深化教育改革　全面推进素质教育：第三次全国教育工作会议文件汇编》，高等教育出版社 1999 年版，第 4 页。

己生活中遇到的法治问题，以及所涉及的权利义务、是非曲直相结合，用所学的知识、理论来分析问题、解决问题，在社会生活实践中遵法、守法、护法，建立对法治的信任、理解，从而树立法治信仰、坚定法治信仰。

然而，在现实中，各种专门的法治教育，尤其是学校的法治教育太理想化了，严重脱离生活、脱离实际尤其是脱离个人的利益，这不仅不能达到法治教育的目的，还会削弱人们对法治信任，尤其是动摇全面依法治国的社会根基。怎么解决这个问题呢，那就是要在社会实践中学习法律、学习治理，只有这样才能抓住法治教育的实质。

（三）我国古代知行统一的理论

荀子认为：不闻不若闻之，闻之不若见之，见之不若知之，知之不若行之。我国古代知行统一的理论为我们开展法治教育社会实践提供了理论支撑。在我国古代，一些伟大的思想家很早就认识到要获得真知灼见，不能割裂知与行二者的联系，必须把二者统一起来。并且还认识到知与行相比较，行的地位更重要。这是因为，一切真知最终来源于行，在这些朴素的唯物主义思想里面，包含着可贵的辩证法思想，是劳动人民在长期的生活实践中，聪明才智和集体智慧的结晶。法治教育社会生活实践教育法，是法治教育最根本的教育方法，在法治生活实践中学习法治、感悟法治、践行法治，这是遵循法治教育规律的体现。

知行统一理论告诉我们，要增强法治教育社会实践的责任感、使命感，要在社会生活实践的行动中遵法、守法、护法，要用学到的法治知识理论，为建设中国特色社会主义法治国家服务、为实现个人美好生活梦想服务。在过去，我们过于强调法治教育中知的一面，而忽视法治教育中行的一面，这不仅难以实现法治教育的价值，而且也难以增强法治教育的实效性。当然，就目前而言，针对不同的社会群体，在法治教育社会实践中，到底应该怎样“行”，“行”的标准是什么，怎么规范、怎么评价，是一个急需研究的问题，这当中有许多工作要做。但是有一点是肯定的，全面依法治国依靠的是亿万中国人民的行动，而基础和根基在于法治教育的实效性，实效性只有在实践中通过人的积极行动才能解决。

四　社会实践是法治教育的生命

（一）社会实践是法治教育的动力

法治教育要发展，到底依靠什么来推动，根据马克思主义的观点，无疑是依靠法治教育的内部矛盾来推动，问题是法治教育的内部矛盾存在于理论演绎中，还是存在于社会生活实践中。法治教育要发展，是因为法治教育的现状与人们对法治教育的期望值之间出现了矛盾，要解决这个矛盾，一方面要科学认识人的法治需要，考察哪些需要符合现代法治社会的发展规律，哪些不符合；另一方面，看法治教育的内容、方法、载体，哪些方面出现了问题，不能满足人的需要。每解决一点这方面的矛盾，法治教育就向前发展一点，法治教育就是在不断解决需要和现实的矛盾中不断前进的。

这也意味着，法治教育永远不可能完全满足人的需要，满足人的需要总是相对的，需要和现实之间的矛盾是客观的、存在于社会实践中，社会实践给我们解决这种矛盾提供了可能。因此，要在社会实践中大胆探索法治教育的规律，勇敢地回应人们对法治教育的诉求，从而推动法治教育的发展。

（二）社会实践是法治教育的存在方式

法治教育以社会实践的形式存在着，法治教育本身就是一种社会实践活动。离开了生动活泼的社会实践，法治教育就会枯萎。社会实践给法治教育不断提出新的主题、内容、重点，使每一时代的法治教育无不打上时代的烙印。因此，要研究法治教育，必须研究某一具体时代的特点，把握这个时代的脉搏和主题。在当今这个时代，我国面临着实现中华民族伟大复兴的艰巨任务，因此，研究法治教育必须放在这个时代的主题中来研究。法治教育活动的开展，也要置身于这个时代，才能找到自身的定位。全面依法治国，推进法治国家、法治社会、法治政府一体化建设，法治教育肩负着重大使命，而要完成这个使命，必须深入到实践活动中去，感知法治教育的脉动，找准法治教育的关键，因此，社会实践是法治教育的生命。

（三）社会实践是法治教育的灵魂

社会实践是法治教育的灵魂，意味着在法治教育中，如果抽去了法治教育的社会实践内容，整个法治教育就不存在。社会实践是整个法治教育精神气质的体现。这是因为，法治教育产生于社会实践，在整个古代社会不存在法治教育，法治教育是随着资产阶级革命的出现而出现的，是资产阶级民主政治的产物，而在社会主义社会，无产阶级成了领导阶级，无产阶级民主政治呈现出与资产阶级民主根本不同的特点，法治教育才成为真正的法治教育。我国改革开放以来，社会主义法治教育呈现出新的特点，这些新的特点构成了法治教育的主旋律。比如，更加重视宪法的实施，重视公民基本权利的保护，充分发挥法律在国家治理中的作用，把国家治理与全球治理结合起来，建构人类命运共同体，等等。这些鲜活的东西是这个时代社会实践的产物，社会实践是法治教育的灵魂。

（四）社会实践是法治教育的根本

社会实践是法治教育的根本，这是说法治教育内在的、必然的联系要通过社会实践体现出来，法治教育的内在联系是法治社会实践中的联系。因为，法治知识、理论的联系，源于法治社会实践的联系，尤其是源于法治社会实践中教育的各个因素、要素的内在联系。也就是说，我们要理解法治教育，如果仅仅从法治教育的理论入手是不透彻的，理论只能作为入门的向导，对法治教育的根本问题要从法治教育的实践来理解。换言之，只有从社会实践尤其是从法治社会实践、法治教育社会实践中，才能把握法治教育的规律。

很多时候，法治教育的效果不显著，不是我们不努力，不是社会提供的法治教育条件不好，也不是国家制度的设计上对法治教育的忽视，而是作为法治教育的主体没有真正理解法治教育的根本、实质，以及从什么路径来理解法治教育的根本。社会实践的重要性在于，给我们提供了一把把握法治教育实质的钥匙，只有用这把钥匙才能打开法治教育的大门，窥见法治教育的无穷奥秘，从而为提高公民的法治素养、为法治社会的最终建成提供有力的路径支撑。

（五）社会实践是法治教育的中心

从内容上讲，法治教育到底该如何开展，这是困扰人们的一个难题，是围绕法治知识、法治理论开展法治教育，即把法治知识、法治理论作为法治教育的中心，还是围绕法治实践开展，以法治社会实践作为法治教育的中心。从社会实践是法治教育理论知识的来源讲，法治教育应该围绕法治社会实践开展，应该把法治实践作为法治教育的中心。这就是说，我们应走出书斋，走出校门，投入到火热的法治社会实践中，才能真正学懂法律，形成社会所需要的法治理念。

各种法治知识理论、规则、制度、条文等，尽管与主体的人密切联系，但是一旦超越于人的主观精神，又会外化为感性的客观实在，人通过实践活动在使需要得到满足的同时，也无时无刻不在检验外化的客观实在，即规则、制度是否具有真理性。这就是说，只有社会实践才能使法治教育的知识理论得到证实或者证伪，这就表明，法治教育的内容到底是以法治社会实践为中心，还是以法治知识理论为中心的问题。

而从方法上讲，一方面，只有社会实践法，才能使法治教育的受教育者得到真切的感受，才能培养对法治的信任，从而形成坚定的法治信仰；而第三方传导的法治知识理论，毕竟离法治实践相去甚远，法治教育的受教育者得到的各种感受也毕竟是间接的，因此对法治信仰的形成作用有限。另一方面，其他法治教育方法是否有效，是否提高了人的法治素养，增强了法治教育的实效性，终归要由社会实践法来检验。

第二节　法治教育社会实践的形式

一　实体法治教育社会实践

（一）含义

按照法治教育社会实践存在的形式，可以分为实体法治教育社会实践和虚拟社会法治教育社会实践。实体法治教育社会实践是以实体形式存在的社会实践，它可以直接通过人的眼耳鼻舌等感知器官感知，不需要通过人的思维想象再次加工法治教育的社会实践。实体法治教育社会实践是法治教育实践的主要形式，我们所指的法治教育社会实践，一般是指实体形式存在的社会实践。实体法治教育社会实践是法治教育实践形式的主体部分、传统部分，所以，在法治教育中的重要性自不待言。

（二）特征

第一，直接性。就实体社会实践呈现的形式而言，具有直接性，它不需要利用其他中介手段，就能直接展示在参加社会实践活动的人的面前。当然，这并不是说实体社会实践不需要任何形式的载体，载体还是必要的，但是载体与中介手段不同。直接性是实体法治社会实践的特征和优势。从法治教育主体来看，直接参与法治教育社会实践，亲力亲为，能获得第一手资料，获得的教育资源具有最大程度的可信性、可靠性。可见，从教育方法的角度看，实体法治教育社会实践与讲解、讲述、灌输等法治教育方法相比，有巨大的优势，能拉近法治教育主体与法治教育现实之间的差距。

第二，直观性。直观性特征与抽象性特征相对应。直观性就是通过人的感觉器官能感知法治教育社会实践资源所发散的“色、香、味、触”等信息资源，不需要发挥人的想象力在思维中再次加工，当然，这里并不是说实体法治教育社会实践具有直观性，就不需要人的思维了，其实在很多时候、很多场景下，法治教育主体的“眼见”也并非“为实”。实体法治教育的直观性提高了法治教育的效益，对不同年龄、不同智力水平的受教育者具有不同的适应性，尤其是对中小学生、幼儿园的小朋友的法治教育而言，其效果显然比抽象的说教好许多。

第三，现实性。现实性与虚拟性相对应。实体的法治教育社会实践存在于现实社会之中，是一种可以感知的客观存在。无论是参观、访问、研讨，还是实际体验，实体的法治教育社会实践中的人、物、载体等多种因素都存在于客观世界，可以计量、描述、拍照和录存，也就是说，在一定条件下，它是不能被压缩、转移和传递的。实体法治教育社会实践的现实性，给法治教育提供了直接可能性，使人能直接利用法治教育资源。当然，实体法治教育的现实性并不是说它不需要人的整理、加工，仅仅是一种原初状态存在的自然现实性，这里讲的现实性是指具有社会生活中可以直接感知的特性。

第四，体验性。体验性是法治教育的主体参与法治教育的实践，在情感上产生出来的一种特殊的体验。这种情感上的体验，可以是积极的情感体验，也可以是消极的情感体验。换言之，可以是愉悦、高兴、兴奋，也可以是痛苦、失望、压抑，也可以是酸、甜、苦、辣多种情绪、情感交织在一起。实体法治教育社会实践给人带来的体验是直接的，如果有足够的体验时间，能在人的记忆中长期保持，对形成人的法治意识、法治信仰有重要意义。比如，有的青少年缺少对违法后果的体验，如果让他体验一下违法带来的后果，那么，法治教育的效果一定比单纯的法治知识教育好得多。

第五，复杂性。就实体法治教育涉及因素的众多、可变和因素之间关系的多样而言，实体法治教育社会实践具有复杂性。实体法治教育涉及法治教育社会实践的主体、客体、手段、对象、中介、方法、环境、条件等多种因素，不易认识、把握和利用；实体法治教育社会实践是动态的、可变的，没有静止状态的法治教育社会实践，这就给参加实体社会法治教育主体的人提出了如何面对多变的法治教育社会实践的问题，比如，不同的历史时期，同一历史时期的不同阶段，社会治理的主题、重点不同，因而带来的法治教育社会实践也不相同，主体的思想如何跟上变化的社会实践的实际情况需要研究。法治教育社会实践各个因素之间的联系不是单一的，随因素的性质、特征而呈现多样性。

（三）形式

实体法治教育社会实践存在的形式多种多样，可以从社会实践法客体方面划分，也可以从参与法治教育社会实践的主体方面来划分。这里从主体方面来划分：

1. 法治考察。法治考察也称为考察探究型社会实践，又可以细分为：考察型、调查型、探索型、研究型、综合型等形式。考察探究型是法治教育社会实践活动的基本形式之一，其主要任务是围绕考察探究的法治教育主题，选择具体的调查单位，获得法治建设的现状、未来发展目标等基本数据。具体可以采用偏重于事实、现状的单纯考察方式；可以用调查方式；可以对挑战性、争议性问题用讨论的方式；还可以用研究的方式研究其法治现状的原因、根据、发展路径。在考察探究中，要求法治教育社会实践的参与者，通过活动形成自己的观点，得出自己的结论；还要注意参与成员与成员之间的互动、参与成员与指导者之间的互动、考察探究对象之间的互动，要在互动中获得法治心理体验，提高法治的基本素养，形成适合未来社会法治需要的法治理念、法治信仰。

2. 法治服务。法治服务是指对法治对象提供法治内容服务的方式开展社会实践活动。服务的对象可以是具体的个人，也可以是单位、机构、组织、团体。法治服务要求社会实践的参与人具有一定的专业知识、专业技能，有的还要求具有一定的专业资质。虽然法治服务者已经具有了一定的法治素养，但是，参加法治服务社会实践能进一步提升法治水平、法治能力，尤其是对在校青年学生来讲，法治服务能把理论与实际联系，找出专业知识存在的不足，明确下一步努力的方向，更重要的是能够运用所学的专业技能为社会提供服务、解决一些社会问题，而这正是学习法治知识、理论的目的。具体讲，各种法治志愿者活动、法治公益活动、咨询活动、宣传宣讲活动等，属于这种类型。比如，每年的 12 月 4 日是宪法日，各地的法治志愿者走上街头，深入社区开展法治宣传服务，在给社会提供服务的同时，也提升了自己的法治素养。但是，一些单位、个人对此认识不足，服务质量不高，这是需要改进的。如果能在全社会形成一种人人服务、服务人人的良好法治氛围，那么依法治国的中国梦想就可能在不久的将来变为现实。

3. 法治制作。法治制作也称为法治产品、法治作品的制作。比如，为了培养对祖国的情感，亲手制作小国旗，或者画相应的图案。当举行节日庆典的时候，如果小学生、中学生拿着自己制作的国旗参加典礼，那份自豪感无以言表。在制作国旗的时候，要保持对国旗的敬意，制作好后要妥善保管，如果在公众场合践踏、侮辱国旗则构成犯罪，要依法受到处理。还可以制作法警的肩章、法官用的法槌等。当然，这里的制作不是制造，没有制造的规范性质量标准，所以制作的形式、原料是多种多样的，可以泥塑，也可以用塑料、布料、木料、专门的学生社会实践用材料等制作。通过这些小制作，在制作中学习法律、理解法律。当然，小制作需要相应的制度规范和引导，需要制作者和指导者赋予制作作品以特定的意义，同时，制作过程就是一个参与法治社会实践的过程，要做好过程评价，帮助制作者提高法治素养。

法治制作不仅可以培养劳动能力，而且可以在劳动过程中围绕法治主题学习法治知识、理论，这也是西方教育家杜威所提倡的“做中学”。当然，在法治制作中，更要开阔思路，大胆设想，比如，可以布置一个模拟法庭环境、设计一个模拟法庭的审理提纲，布置一个模拟侦查环境，手绘、泥塑执法人员抓坏人的场景、形象，等等。同时，要做好制作作品的评价、展示、交流活动，对好的创意设计要鼓励、保护。可见，在法治制作中，只要开动脑筋，以创新的精神对待，就可能取得意想不到的法治社会实践成绩。

4. 法治体验。法治社会实践体验分多种形式：有模拟场景体验、职业体验、参与式体验、主体自我体验等形式。

模拟场景体验，是指法治教育参与者进入他人已经设计好的法治社会实践场景，感悟法治模拟场景中的人、物，体察模拟场景中事件发生的过程，获得一种感同身受的体验，从而提高法治素养。

职业体验式法治社会实践，是指通过实习、见习或者直接通过考试应聘的方式进入法治角色，获得法治体验，提升法治素养。

参与式法治社会实践体验，是指参与到正在发生的法治场景中开始法治体验，比如，警察正在抓小偷，法治社会实践的参与者见到后协助警察抓小偷，等等。

主体自我体验式法治社会实践，是指主体就自身的权利、义务设定目标，通过法定的方式、程序来实现目标，从而体验法治的力量、培养对法治的信任，形成法治信仰。这是最深刻的法治教育方式，没有什么比自己亲自经历的、与自己密切关联的法律事件更能加深对法治教育内容的理解。

二 虚拟法治教育社会实践

（一）含义

虚拟法治教育社会实践，是指法治教育社会实践主体按照一定的实践目标，通过数字化中介在虚拟时空进行现实主体与虚拟客体双向对象化的法治教育活动。虚拟法治教育社会实践是人们为了提高法治素养，建立法治社会，在当代新科学技术推动下形成的一种新型的实践活动形态，它与传统的实体法治教育社会实践不同。虚拟法治教育实践是法治教育实践改革创新的重要尝试和探索。有利于充分利用社会资源、实践资源，节约法治教育成本，给每一位接受法治教育的实践参与者更多的机会，有利于改善法治教育学习的条件，提高法治教育有效性和针对性。虚拟法治教育社会实践与法治教育有内在的契合性，因为法治教育从本质上讲是一个实践教育的过程，虚拟实践是对真实的模拟，从这一点上看，二者有相同性。虚拟法治教育实践有利于破解当前法治教育实效性差的困境，因此，我们对虚拟法治教育社会实践，要以积极的态度，热情参与，大胆创新，促进法治教育社会实践与飞速发展的当代信息技术的深度融合。

（二）特征

1. 虚拟实在性。“虚”就是不现实，“拟”就是用技术和物质手段对现实加以描摹、再现，方便人们学习法治知识、提高法治素养。法治教育社会实践是一种客观的、现实存在，它是对已经发生的法治教育社会实践活动和人们头脑里设计的法治教育活动，以及根据现在的发展势态将来可能发生的法治教育社会实践活动，用现代科学技术再现出来，具有虚拟性。虚拟性就是非真实性，虚拟性不是虚假性，虚假是完全脱离现实，与现实没有一点联系，在现实中找不到依据，虚假的法治教育社会实践不能到达法治教育目的。也就是说，虚拟法治教育社会实践并没有否认与现实的联系，虚拟法治教育必须建立在现实的法治教育社会实践的基础上。

2. 及时交互性。由于虚拟法治教育社会实践带来的便利，在法治教育的虚拟空间，社会实践的主体之间的互动更为快速，不必受现实时空的阻拦；而现实的法治教育，由于是物质世界的具体存在物，有时间、空间的阻隔，主体之间的交往受到限制，往往速度较慢。比如，我们要了解某社区的法治教育现状，用实体法治教育社会实践的方式，就必须到社区进行调查、观察、采集一些必要的数据，然后在此基础上得出结论，这就需要较长的时间。在实体现实世界的调查过程中，主体之间的交往受物理条件的影响，虚拟空间则不同，打开电脑、拿起手机，我们就可以询问远隔数千公里的某地、某人、某单位、某社区的法治教育情况。此外，我们还可以通过视频监控，观看法庭审判、可以了解监狱犯罪者的改造情况，对信息的收集可以在极短的时间完成，这是现实的法治社会实践所不能比拟的。

3. 现实超越性。这是讲，虚拟法治教育社会实践比现实优越、高明，脱离现实法治教育社会实践的烦琐，在公民学习法治知识、提高法治素养方面有独特的优势。

首先，虚拟法治教育社会实践比现实的法治教育社会实践更“逼真”，这是因为它人为地对现实的法治教育社会实践不真实部分进行“过滤”，更能体现事物的本质，所以它比真实更“真实”，这就好比文学典型来源于现实生活，但是文学典型是对现实生活中各种人物的典型特征的抽象，所以比现实中的人更“真实”。

其次，比现实的法治教育社会实践更为“凝练”。它把数小时、数日、数月甚至数年的法治事件，通过现代科学技术，浓缩在数小时，甚至数分钟里，让人们在极短的时间得以了解整个事件的全貌，大大地缩短了认识事物的过程。

再次，导向更为准确。虚拟法治教育社会实践，可以修正真实法治事件中偏离主题的部分，帮助人们在短时间内按照既定的方向认识法治事件。当然，虚拟法治教育社会实践具有超越现实性，并不是说可以脱离现实，而是与现实的法治实践始终保持密切的联系，建立在现实的法治教育社会实践的基础上。

4. 自由开放性。虚拟法治教育社会实践存在于一个虚拟空间里，主体与主体之间的联系是平等、多维的，因此具有开放性，它在一定程度上不受现实法治教育社会实践给人带来的文化、环境、认识等条件上的局限。

首先，体现在认识领域的主题上的开放。由于是虚拟空间，因此，法治教育社会实践主体，可以充分利用数据、开放空间等多种手段，探索感兴趣的法治教育社会实践主题，也可以围绕既定的主题立体探索，扩大认识领域；

其次，向其他认识主体开放。在虚拟空间，任何法治教育主体都可平等自由地交流，没有疆域的限制，也没有各种认识上的樊篱。

再次，实践的手段、方式、方法也是开放的。虚拟法治教育社会实践的主体，可以自由选择实践的方式、方法，相互取长补短，弥补主体自身社会实践在能力上的短板。

5. 自主创造性。在虚拟法治教育社会实践里，主体可以在一定程度上脱离现实条件的限制，充分发挥人的创造力，大胆创新，拓展法治教育社会实践领域，达到实体法治教育社会实践所不能达到的效果。作为法治教育主体，参与虚拟法治教育本身就是一种创新，需要人的想象力、思维力、创新力。可以说，没有创新就没有虚拟法治教育社会实践，因此作为主体，要从内容、手段、方式等多方面进行创新。

当然，技术创新是基础，随着科学技术的不断进步，将不断提高人们参与虚拟法治教育社会实践的水平；思维方式创新是关键，同样的虚拟法治教育社会实践情境，不同的法治教育主体获得的体会、感悟、收获不一样，主要是在思维方式的创新上存在着差异。

（三）存在形式

1. 虚拟法治教育课堂。虚拟法治教育课堂也叫在线课堂。通过计算机系统传输数据资料，在法治教育的教育者与受教育者之间搭建学习的教育资源平台，模拟法治教育课堂。法治教育的受教育者主体，可以自主决定进入场景进行学习，也可以由法治教育的组织者、实施者与受教育者之间达成协议，以约定的时间、方式开始学习。在虚拟法治教育课堂，与实体的法治教育课堂一样，存在着教育者与受教育者双方，只不过受教育者和教育者存在于不同的时空领域。虚拟法治教育课堂具有便捷性、自由性、交流的及时性和无限开放性。虚拟法治教育课堂更能充分地节省法治教育资源，提高法治教育效益，创造更多的法治教育价值。

2. 虚拟法治教育交往。法治教育交往是围绕法治教育主题开展的交往，这种交往可以是现实的、实体的，也可以是虚拟的、模拟的。两个法治教育主体可以通过 QQ、微信等即时通信工具，围绕要探究的法治主题开展交流活动，这种交流活动不用主体与主体之间面对面地坐在一起，因此，在虚拟教育中可以自由的双向或者多向互动，没有现实互动的种种局限，在虚拟教育中，互为主体，相互改造，相互影响。在虚拟教育中，可以开展法治教育调查、搜集各种法治教育数据、开展各种法治教育访谈，能到达几乎与实体法治教育一样的效果。当然，这并不是说，虚拟法治教育的交往就不必遵守一些必要的规则，其实，在虚拟交往中，不仅要遵守虚拟空间教育的规则，而且有些现实生活中的规则在虚拟空间的交往中也同样地发挥作用。

3. 微型法治教育平台。为了开展法治教育活动，把法治教育数据储存在服务器上，由法治教育主体自由访问。微型的虚拟法治教育平台，不要求大而全，要做到短小、简洁、方便学习者访问。在微型法治教育平台，法治教育的受教育者可以与后台管理人员围绕某一法治教育主题互动，可以与其他法治教育的受教育者互动，也可以查阅资料、数据、图片，充分发挥思想的力量自觉感悟、体验。微型法治教育平台的特点就是跨时空存在，可以由教育主体任意设计，并围绕选择的主题存储数据，由受教育者主体自由访问，具有自由性、开放性、便捷性、及时性。

微型法治教育平台，可以是教育网站、微博、微信公众号、云盘、QQ 群以及新出现的各种工具存储法治教育的学习文件等形式存在，也可以把相关数据存储打包发送给法治教育的受教育者，让其自主选择学习。

4. 虚拟法治教育基地。它针对不同的教育对象，将一定的法治教育内容采用声、光、色、电等技术手段，浓缩在固定的场地，让受教育者沉浸其中，从而达到法治教育目的。在法治教育基地，要增强教育的互动性和趣味性，让法治教育的参加者，可以在基地任意进行创意策划、设计布展、拍摄微电影；也可以在基地玩各种法治教育的游戏，做到寓教于乐，消除实体法治教育在一定程度上所存在的枯燥感。可见，虚拟法治教育基地是用实体手段，让法治教育的受教育者进入虚拟法治教育情境，并非看不见、摸不着。很多时候，是让受教育者在可摸、可触、可感的基地集中接受法治教育，迅速提高法治素养。因为，对受教育者而言，无意识地接受法治教育的效果和效益，大多数情况下胜过有意识的法治教育。

5. 仿真场景。仿真场景是指围绕法治教育主题，仿照现实设计法治教育活动。模拟法庭就是仿真场景的法治教育形式，模拟法庭仿照真实的法庭，设计法治教育活动主题开展法治教育活动。因此，在模拟法庭中，受教育者能体验到实体法治教育的一些感受。比如，抓捕犯罪嫌疑人、执行法律判决，等等，都可以搞成仿真场景，从而提高法治教育的实效性。仿真场景主要由人来仿真，因此，它与其他的虚拟法治教育形式不同，其他模拟法治教育形式离不开技术手段，或者说主要是依靠技术手段，而仿真场景主要由人来完成，特别是可以通过人的表演来完成。这里的人，可以是法治教育的教育者或者受教育者，还可以是其他第三者。

第三节　法治教育实践基地是法治教育社会实践的重要形式

一　法治教育实践基地

（一）含义

法治教育实践基地是由政府划定一定范围投资兴建的、专门的法治教育场所。法治教育社会实践基地，可根据各地的实际情况，面积可大可小，内容主题的呈现方式灵活，投资、主管、运营的单位形式多样，在基地参加学习的人也可以多样。国家只对法治教育实践基地的某一方面提指导性意见，不要求一律。国家建立法治教育基地，是基于全面依法治国的战略层面的考虑，所以我们要提高对建立法治教育实践基地的认识，要认识到法治教育实践基地在提高国民的法治素养以及在依法治国中的重要作用。要加大对法治教育实践基地的投入，加强对法治基地的试验、研究、总结，使我国的法治教育实践基地不断迈上新的台阶。

（二）特征

一是有固定的场所。也就是说，法治教育基地要占有一定的土地面积。法治教育基地都是实体的，虽然在实体的法治教育基地里可以运行一些虚拟的法治教育设施，实体中有虚拟，但是就法治教育基地存在的第一要素而言，不仅要划定土地面积，而且在土地上要兴建一定的有形设施，要有相应的法治主题环境布置。法治教育基地建设应纳入国家和地方的土体规划，与国民经济和社会发展统筹规划。这一点，从全面依法治国的战略高度和建设法治国家的长远规划来看，很有必要。

二是有一定数量的管理人员。法治教育基地的管理人员与具体的运营工作人员要结构合理。法治教育基地的工作人员，要有一定的学历要求，即有必要的法治专业知识、一定的教育学、心理学知识，还要求有一定的法治实务经验。随着形势的发展，法治教育基地的人员，要有相应的专业资格证书才能任职。国家要加强对法治教育基地的人员培训，提高法治教育基地人员的专业素质和敬业精神。

三是有一定的资金。法治教育基地要成为实体的基地，必须有一定的资金投入。首先，法治教育基地的资金，主要依靠国家投资。其次，也要靠社会各方面的集资以及私人投资。资金是法治教育实践基地的基础，资金不足，必然影响法治教育基地的正常运行和各种教育活动的开展。法治教育基地的资金要独立核算、自负盈亏，要引入市场竞争机制，增强法治教育基地投资的热情。

四是有一定的规章。规章是保证法治教育基地运行的章程、规范，各个法治教育基地要重视章程的制定。在制定法治教育基地章程时，要广泛听取各方面代表的意见，让法治教育基地从建立、建成、到成功运行都始终为大多数公民认同，最大限度地发挥法治教育基地的作用。法治教育基地章程的制定，要遵守国家的宪法、法律，要参考国家公布的已有的法治教育基地的各种指导意见，比如，教育部等七部门《关于加强青少年法治教育实践基地建设的意见》（教政法［2016］16 号），对建设法治教育基地、制定法治教育基地的章程有一定的参考作用。

五是要经过登记。登记是为了纳入国家统一的、规范管理范围。至于法治教育基地的性质，在登记时不必强求一律，可以是非营利性的社会组织，可以是营利性的经济实体单位，可以是公益性的社会组织机构，还可以是半公益、半盈利的实体组织单位。不论何种形式的法治教育实践基地，都应接受国家的统一管理，并在建立、运行的过程中遵守法律、法规和法治教育基地组织制定章程。各种性质的法治教育基地，有可能运行得好、经济效益和社会效益也好，也可能运行得不好、经济效益和社会效益不好，这与法治教育基地的性质定位关系不大，所以，在管理法治教育基地时要鼓励创办多种性质、多种形式、多种运营方式的基地。

（三）意义

1. 有利于创新法治教育形式。在我国，法治教育形式用得最多的还是课堂教学，通过课堂对受教育者进行法治教育，这是我国传统的教育方式，也是主体的法治教育方式。但是，随着教育改革的不断深入，教育形式不断拓宽，不断向更广阔的领域发展。建立法治教育实践基地，在实践基地开展法治教育是对课堂教学的创新。在社会实践基地开展法治教育，能提高受教育者的法治技能，能对法治知识进行更深层次的感悟，尤其是能学到“活”知识，增强法治教育受教育者的应变能力，提高法治教育的效果。实践基地的法治教育能弥补课堂教学的不足，对课堂教学起到相得益彰的作用。社会法治生活没有止境，法治教育的创新没有止境。法治教育实践基地在人们的不断探索中将变得更加完善，在公民的法治教育中的作用也将越来越大。

2. 有利于提高法治教育的针对性、实效性。在法治教育基地可以针对不同人群的法治教育需求，开展有针对性的法治教育。比如，在法治教育基地，可以专门针对青少年的身心特点开展法治教育，满足青少年成长的特殊需要；可以针对党政干部，密切结合党的路线方针政策开展法治教育；还可以针对农民工合法权益的保护开展法治教育。这些法治教育内容，既可以在综合的法治教育基地完成，也可以在专门的法治教育基地完成。我国目前针对青少年这一特殊群体，各地设立了专门的青少年法治教育基地，开展对青少年的法治教育。还比较欠缺综合性的法治教育基地，对各类人员开展法治教育，不过，随着我国法治教育基地的广泛建立，尤其是人们对法治教育基地的认识不断拓宽、加深，这一局面将会改变。

法治教育基地比较接近实际的法治社会生活实践，因此，在法治教育基地开展法治教育其实效性一般要强于课堂教学或者专题法治教育讲座。尤其是在法治教育基地，受教育者可以根据自己的需要有选择性地接受某一方面的法治教育，用在法治教育基地获得的知识、技能来解决当前面临的实际问题。同样，法治教育的教育者也可以在法治教育基地，选择主题、特定对象，进行法治教育，提高教育的实效性，提高法治教育的质量。

3. 有利于整合法治教育资源，提高法治教育的效益。在法治教育基地，可以对社会上本来存在的法治教育资源进行集中、整合、优化，提高法治教育的效益。在法治教育基地，可以集中一定数量的有一定法治教育经验的老师，对前来参观学习的人提供咨询、帮助，开展法治教育；可以把各种法治教育设施集中起来使用，发挥法治教育的效益；可以摆放法治教育图片，供人学习；可以对各种数据资源集中存放，便于人们查阅。在实践基地，对现实生活中的法治资源进行优化，对法治教育主题进行精心设计，使问题意识更为突出，特色更为鲜明。在法治教育基地，能充分、高效地利用法治教育资源，节约法治教育成本，从而克服现实中长期存在的法治教育低效的缺陷。

4. 有利于提高公民的法治素养。就法治教育基地建立的直接目的而言，是为提高公民的法治意识和法治素养服务的，法治教育基地让公民又多了一条学习法治知识、提高法治技能的路径。在法治教育基地，每一个人可以自由选择服务的项目，开放性地接受法治教育。法治教育基地作为沟通理论和实际的中介，在提高公民的法治素养方面有其独特的作用，这种作用是其他法治教育形式所不能取代的。也可以说，法治教育基地产生于公民的法治教育需要，随着社会生活的不断发展，公民对法治教育的需求将越来越强烈，未来将会出现更多高标准、高质量的法治教育基地。

5. 有利于全面落实依法治国的战略。从国家战略层面来讲，法治教育基地的出现不是偶然的，它是我国全面依法治国的产物。要实现依法治国，实现法治政府、法治社会、法治国家一体推进，需要强大的法治教育的物质设施来支撑。法治教育基地不仅能极大地帮助政府宣传法治教育，提高依法办事的水平，而且对提高全社会的法治文明程度也有益。因此，国家要加大对法治教育基地的投入，全社会要关心、支持、参与法治教育基地的建设，只有这样，一个崭新的、面向未来的法治国家才能在中国最终建立起来。

二　法治教育实践基地的现状

（一）成就

随着我国全面依法治国战略的推进和法治教育、教学改革的深入，人们越来越认识到社会实践基地在法治教育中的地位和作用，把法治实践基地作为沟通法治理论知识和法治社会实践不可或缺的中介。教育部等7部门发布了《关于加强青少年法治教育实践基地建设的意见》（教政法［2016］16号），标志着我国法治教育基地建设在关键领域取得了突破。法治教育基地，作为法治教育的重要方式，有宪法、法律等相关制度的支持。法治教育基地建设逐步纳入经济、社会、文化等事业发展的整体规划，布局也越来越合理。尤其是在青少年法治教育基地的建设过程中，做到了有规划、有目标、有标准、有保障措施、有评价要求，多地在青少年法治教育基地的运行中，善于发挥公、检、法、司等多种部门的协调作用，基地的法治教育内容丰富多彩，教育方法与当地独特的人文景观、风土人情、传统文化密切结合，注意了青少年的身心特点。总的来讲，我国在法治教育基地的建设上取得了显著的成就。必须看到，尽管我国的法治教育基地取得了一定成就，但是存在的问题也很多，主要体现在：

第一，总体规划欠缺。我国目前的法治教育基地建设不是没有规划，但是还缺少整体的、全局的法治教育基地的规划。法治教育基地规划，仅限于局部领域法治教育基地的规划，比如，对青少年法治教育实践基地的建设，教政法［2016］16号文可以说是青少年法治教育的规范性文件，其中对加强青少年法治教育基地建设的意义、建设目标与要求、推进措施和保障机制、组织领导与评估等多方面进行了规划；但是，就我国法治教育基地建设的整体情况而言，还缺少全局规划，尤其缺少对全体公民的法治教育基地建设的整体规划，也缺少对行业领域，如农民、工人、干部等专门领域的法治教育基地建设规划。尤其是，对法治教育基地建设，缺少社会、经济、政治、文化等整体规划。也就是说，法治教育基地急需纳入国民经济发展和社会法治建设的整体规划，目前，在这方面还做得较差，没有从土地、国家和地方的预算安排、人才培养的大视角来规划法治教育。换言之，对法治教育基地建设的规划，不能局限在教育、教学的领域，而应该从全面依法治国的战略高度、人的发展、民族的振兴来规划，而目前我们在这些方面还有一定的距离。

第二，对法治教育基地的认识还有待提高。法治教育基地建设，不仅仅是法治教育的一种手段，而且是沟通法治知识、理论与法治社会实践的桥梁，它对人们创造美好生活、满足法治需要有重要意义，而目前我们对法治基地的认识大多仅仅停留在普法教育和对特定领域人群，比如对青少年犯罪预防阶段的认识。

法治教育基地应该上升到一种国家战略，对全面依法治国提供全面有力的支撑，法治教育基地也不仅仅是一个教育场所，它应当是一个依法治国的研究、决策、咨询基地，为国家、地区、社区的治理发挥不可替代的作用；而目前我们对法治教育基地的理解还处于初浅层次，亟待提高。可见，法治教育基地在社会主义法治建设中的战斗堡垒作用，也亟待认识和发掘，在未来，不仅应该建立大量的综合性法治教育基地，而且应该实实在在地发挥法治教育基地在法治教育中的整体功能，为国民经济建设、法治梦想、社会进步、国际交流合作、社会治理等多方面做贡献。就全面依法治国而言，法治教育基地的建设永远在路上，而目前，我国对法治教育基地建设的艰巨性、复杂性、内涵的丰富性以及如何与当地的人文景观、传统文化的结合等方面的认识也还不到位，更谈不上采取恰当的应对措施，这就使得法治教育基地的建设起点低、缺少发展动力，这是急需改变的。

第三，运行方式单一。就我国目前的青少年法治教育基地的运行情况而言，基本上是有条件的地方设立专项资金，建立法教育实践基地，也有的是采取政府、企业及社会资本合作建设法治教育基地，然后由企业组织负责运营，也有的是利用闲置的校舍建设法治教育实践基地，一旦建成就按照社会化机制独立运营，政府不直接承办。一般通过政府购买服务的方式，组织青少年参加法治教育基地的活动，在活动中接受法治教育。

法治教育基地要不要社会化，社会化有何弊端，有何益处，如果缺乏考虑，就搞“一刀切”，难免会使法治教育基地的运行方式单一，不能满足人民群众的法治需要和国家全面依法治国战略的实现。由于社会、经济、文化等发展水平的差异，人们的法治需求、法治素养、局部地区的法治文化的差异，因此，法治教育基地的建立方式必然是多种多样的，而运行的方式也应该多种多样，对习惯法、乡规民约盛行的地方，不妨建立统一的法治教育基地，由政府负责法治教育基地的运行，充分利用法治教育基地的作用，加强对本地区居民的法治教育，维护国家法治的统一；而对法治文明较高、传统的风俗习惯起作用较小的地方，不妨用市场的方式运行法治教育基地，由社会负责法治教育基地的运行，这样更有利于发挥法治教育基地的功能。

第四，研究不够。法治教育基地的建立还不普遍，对法治教育基地的研究还不充分，法治教育基地在我国法治教育中到底有何作用、其地位怎样等诸多问题缺乏研究，对已经建立的法治教育基地，其经验、失误需要总结。所以，目前最大的问题是，对法治教育基地规律的研究还不深入。就科学性和合理性而言，无论是从法治教育基地的建立，还是运行，我们都知之甚少。具体而言，法治教育实践基地的理论依据需要梳理，实践资料需要收集、整理，而目前我们对法治教育基地还缺少基本的研究，所以目前的法治教育基地的建立大多数属于政策性号召建立起来的，如果不对其规律和合理性进行研究，将不利于法治教育基地的大规模发展，也不利于法治教育基地的规范化、有效化运作，自然也就难以充分发挥法治教育基地整体功能，尤其是全面依法治国的功能。所以，要加大对法治教育基地研究经费的投入，无论是国家层面，还是地方层面，都应当对法治教育基地的研究高度重视，建立制度，鼓励对法治教育基地的研究，尤其是要把法治教育基地的研究作为一项事业，因为法治教育基地不仅关系到每一个公民法治需要的满足，而且关系到中国法治社会的发展。

第五，人才资源欠缺。人才是建立法治教育实践基地的关键。法治教育基地，不仅要承担对公民的法治知识、理论教育和技能培训的重任，而且对专业人员的法治技能训练和专业知识、理论水平的进一步提高也是不可或缺的。也就是说，法治教育基地的人才具有复合型特点，就目前的状况而言，现有的人才无论是数量还是质量，都远远不能适应快速发展的法治教育基地的需要。不仅法治教育基地训练出的高水平的法治人才稀少，而且法治教育基地本身的合格人才也缺乏。法治教育基地，需要大量的法治专业人才、教育人才、管理人才、经营人才、实践经验型人才等。人才的欠缺使已经建立的法治教育实践基地难以充分发挥作用，有的法治教育基地形式上存在，而实际上也只能装个门面，这就使人们不得不怀疑法治教育实践基地存在的必要性。因此，要开展对法治教育基地人才的培养、选拔，进行必要的任职资格测试，壮大法治教育基地专门人才队伍，推动法治基地的发展。

三　法治教育实践基地建设的路径

（一）强化认识，加强规划

法治教育基地不仅仅单纯承担着普法、教育青少年、预防犯罪的作用，而且是国民法治教育的重要战略基地，对建设中国特色社会主义法治国家有重要支撑作用。因此，对法治教育基地的认识，不应停留在教育、教育模式的改革、创新阶段，而应该从国家战略高度来认识。

法治教育基地不仅对实现治理体系和治理能力现代化有重要作用，而且对全球治理有一定意义。因此，我们应该进一步提高对法治教育基地的认识。在提高认识的基础上，要做好法治教育基地的整体规划。

首先，要从国民经济、社会发展的视域规划法治教育，安排好法治教育基地的土地规划、经费预算、人才培养、引进等多方面的内容。要制定和进一步完善已有的法治教育基地建设和运行的标准，把原则性与灵活性结合起来。要加强评估，完善监督机制。

其次，要建立国家级的国民法治教育基地，发挥法治教育基地在全面依法治国中的支撑作用。

再次，要整合法治教育资源，发挥政府、社会、公民个人参与法治教育基地建设和运行的积极性。特别是要整合公、检、法、司在法治教育方面的职能、设施、人才，最大限度地发挥法治资源的整体作用。特别是要建立法治教育示范基地，发挥示范基地在法治教育中的引领作用。对法治教育基地的建设要高起点、严要求，要与最新的科学技术密切结合。

最后，在规划法治教育基地时，要与中国传统的法治文化和各地的地方传统文化、风土人情、人文景观结合，发挥法治教育在人们实现美好生活梦想中的综合作用。

（二）健全运行机制，激发活力

法治教育基地要发展，除了有科学合理的制度设计之外，最重要、最关键的是要激发法治教育基地发展的动力，使法治教育基地在社会主义法治国家的建设中充分展现活力。教育基地的活力在于内部机制的完善、有效和作用的充分发挥。因此，要把国家规划设计与市场竞争机制结合起来，法治教育基地才有生命力。法治教育基地不能停留在教育的范畴和领域里，法治教育基地具有综合性，尤其是具有经济功能。法治基地的活力，离不开它产生的经济效益的支撑，没有经济效益支撑的社会效益是不能维持长久的。

简言之，法治教育基地不仅要能创造精神财富，而且要能创造物质财富，要能改变人的生活状况，这就要求对法治基地、法治关系、教育关系要有一个正确的理解，否则法治教育基地就不能激发出生命的活力。正如马克思所言，“法的关系正像国家的形式一样，既不能从它们本身来理解，也不能从所谓人类精神的一般发展来理解，相反，它根源于物质是生活关系”①。

在法治教育基地的建设中，要解放思想、大胆创新，让每一个对法治精神有追求的公民，都可以在法治教育基地学习法治、经营管理知识、经验，训练技能，进行科学研究、探索创新。法治教育基地是一个以法治事业为主的综合性单位，具有事业性、公益性和企业性，是能给全体人民带来眼前利益和长远利益的实体组织，所以，要充分发挥法治教育基地在法治国家建设中的试验、支撑作用。

---

① 《马克思恩格斯选集》第2卷，人民出版社1995年版，第32页。

（三）集聚人才，加强研究

法治教育基地建设需要大量的人才，所以法治教育基地建设的人才仅仅靠国家的组织调配是远远不能满足法治教育事业发展需要的，法治教育基地本身要能凝集人才、吸引人才，要能让大批的法治事业有识之士，自愿来到法治教育基地从事法治教育、法治研究、经营管理、创办企业事业。法治教育基地的发展依靠人才，人才问题不解决，法治教育基地的建设和运行必然处于低层次，更难以发挥法治教育基地的综合性社会功能。在初期，法治教育基地的人才依靠政府等部门的扶持来解决，一旦法治教育基地的建设和运营达到一定规模和程度，法治教育基地的人才就要依靠内生的吸引力来解决。

要凝聚法治人才，必须遵循人才的成长规律和法治教育基地的建设规律。凝聚人才，首先要加强研究，只有加强对法治教育基地建设中出现的各种问题的研究，才能真正发挥和把握法治教育基地内部诸多因素内在的、本质的、必然的联系，解决法治教育基地建设面临的各种挑战和机遇，促进法治教育基地的良性发展。

首先，要研究法治教育基地的教育功能，特别是要研究对青少年学生的法治教育的实效性问题，在法治基地开展法治知识讲座、法治游戏、体验教学、试验模拟，利用动漫、观摩、咨询、参与、戏剧、表演、微电影、3D 虚拟现实、人工智能等，增强法治教育的效益。

其次，要研究法治教育的运行机制，最大限度地激发法治教育基地的发展活力。只有法治教育基地的活力问题解决了，才能持续地发展法治教育基地，有效地开展各种法治教育，培养大量的法治人才，满足社会的各种需要。

最后，要研究法治基地建设的理论支撑，提高对法治基地战略定位的认识。没有理论支撑的法治教育基地是发展不起来的，也是走不远的，因此，法治教育实践基地，不是纯粹用来解决实践问题，也要解决理论问题，这就需要加强对法治基地的研究。

第九章

法治教育的实效性

法治教育的实效性是法治教育的基本问题。无论是法治教育的研究，还是法治教育的实践活动，最后都要通过法治教育的实效性反映出来。法治教育的实效性意味着法治教育不仅要讲投入，而且还要讲产出，要用尽可能少的人力、物力，获得最大的法治教育效果，这就是研究法治教育实效性的目的。法治教育的实效性是我国法治教育界最为关心的问题，而现实生活中的种种法治现象、事件以及每一个人的法治需要等，都要求重视法治教育的实效性。法治教育实效性的含义是什么，法治教育的实效性包括哪些内容，我国当前法治教育实效性现状到底怎样，法治教育实效性欠缺的原因是什么，如果法治教育的实效性缺失有哪些危害，增强法治教育实效性的路径有哪些，这是本章要讨论的问题。

第一节　法治教育实效性的基本认识

一　法治教育实效性的含义

（一）什么是法治教育的实效性

法治教育的实效性是指法治教育内容的实际效果。也就是说，通过法治教育取得的实际成效，就是法治教育的实效性。法治教育是以法治为内容的教育，法治教育的核心内容是法治精神的教育，主要是培养人遵法、守法、用法、护法、执法的观念、能力，包括从法治知识的传授到法治观念的培养，最后到把法治思想、观念化为自己的行动，法治教育是知、情、意、信、行的有机统一。法治教育要看这一系列教育过程产生的实际效果和达到的预期目的。法治教育实效性是个肯定的、积极的、正向的概念，实效性说明的是取得的实际效果。

（二）法治教育实效性包括哪些方面

法治教育的实效性体现在多方面，法治教育的实效性是有层次的。

一是对国家的效果。法治教育在阶级社会具有阶级性，在我国，法治教育是为社会主义服务，为工人阶级领导的、以工农联盟为基础的、人民民主专政的国家服务，这一点在任何时候都不能含糊。法治教育的阶级性，就是法治教育的政治立场、政治方向。我国法治教育的阶级性鲜明地体现了与资本主义、资产阶级法治教育的区别，我国的法治教育是中国特色社会主义的法治教育。也可以说，我国的法治教育对国家的效果，就是法治教育对我国的国体、政体、社会制度的巩固，对中国共产党领导地位的维护。对国家的效果是法治教育首要的效果，是法治教育的方向性效果，是宏观层面的效果，看法治教育的效果，首先要看的就是这个效果。

二是对社会的效果。法治教育对社会的效果是我们日常关注和一般所谈及、所指的效果。法治教育对社会的效果是法治教育的中观效果，是法治教育的主要效果。即，法治教育有利于社会的和谐、稳定；有利于维护健康、文明、有序的社会秩序；有利于社会的经济、政治、文化、生态等多方面的发展；有利于幸福、美好社区的建立。我国进入新时代，社会主要矛盾已经转化为人民日益增长的美好生活需要和不平衡不充分的发展之间的矛盾。在社会发展过程中，旧的矛盾解决了，又会出现各种新的矛盾，法治教育在解决各种社会矛盾中有其独特的作用，比如，降低犯罪率、建设和谐社区，实现人民安居乐业等，体现了法治教育的社会效果。

三是对个人的效果。这是我们通常讲的法治教育的实效性。法治教育对个人的效果是法治教育的基础性效果，没有法治教育的个人效果，法治教育的国家效果和社会效果就会失去支撑。无论是国家效果，还是社会效果，都是通过个人的效果体现出来，因为国家和社会都是由个人组成的，是个人的抽象。从教育视角来看，法治教育是对人的教育，法治教育所讲的效果实际上是对人的效果。通过法治教育是否让人学到了法治知识，是否提高了法治能力等，都是讲的法治教育对人的效果。通过法治教育，能做到全民自觉守法、遇事找法，解决问题靠法，我们说这样的法治教育是有效的，具有实效性；反之，法治教育是无效的，没有实效性。

（三）理论价值和实践意义

1. 研究法治教育实效性的理论价值

教育的实效性是教育理论研究的重要组成部分，关注教育实效性的理论研究，实际上是回归到教育理论研究的落脚点和基础，因为真正的教育都应当是有效的教育，可见不关注教育的有效性的教育理论，会使整个教育理论的价值受到质疑和大打折扣。法治教育的实效性研究是教育实效性研究的组成部分，研究法治教育的实效性在一定程度上丰富了教育实效性的理论研究，对发展教育理论能起到推动作用。尤其是近年来由于法治教育的发展，人们开始关注法治教育的实效性。法治教育实践要求法治教育从理论的角度对许多问题进行回答，因此，法治教育实效性的理论价值是毋庸置疑的。特别是在过去一段时间，人们对法治教育到底有没有效果，有什么样的效果和有多大程度上的效果，缺乏理论上的论证，导致法治教育实践和理论的双重缺位、失位，因此，法治教育实效性的理论研究是必要的。

法治教育实效性的理论研究从基本范畴、理论研究体系、理论结构框架、学科建设等方面具有不可忽视的价值。法治教育实效性的内涵是什么、外延是什么，是法治教育实效性理论的基本范畴，这方面的研究比较稀少。法治教育实效性研究的理论基础、哲学基础、历史发展、基本原理、方法论构成了理论研究的体系，目前，关于这方面的研究尚处于开拓阶段，至于法治教育实效性的理论结构，法治教育实效性在学科建设的理论地位等，也急需理论工作者做出回答。

2. 研究法治教育实效性的实践意义

一是对提高法治教育质量的指导意义。法治教育质量的提高，不仅仅是一个实践的过程，而且也是一个理论指导的过程，完整、科学的法治教育理论体系的指导，有利于提高法治教育的质量，这是大家公认的。问题是，何为法治教育，法治教育与法制教育有何区别，何为法治教育的实效性等基本问题还缺乏研究，所以也就是谈不上对法治教育的指导。也就是说，都知道法治教育的重要性、法治教育在全面依法治国中有不可替代的作用，但是如何把这种极为重要的方略化为实践中的具体活动，需要从理论上厘清，从而站在理论的高度指导实践。

二是对改革法治教育内容的指导意义。就目前而言，我国法治教育内容基本上是随形势的变化而变化，这固然有其合理性，但是法治教育的基本内容，比如法治精神、社会主义法治理念、宪法、基本法律的内容在任何时候都应保持稳定。在法治教育上，最忌跟风，法治教育应该在内容的安排上科学合理。应深化法治教育内容的研究，比如，大、中、小学的法治教育在内容上如何衔接，大学法治教育如何体现专业特点、如何体现法治教育的高度实践性等，如果缺少基本的研究，就谈不上实践中产生共识，这不仅浪费宝贵的法治教育资源，而且使法治教育的针对性不强，可见，没有理论指导的实践是盲目的实践。

三是对培养法治教育人才的指导意义。法治教育不仅要培养合格的社会公民，而且要培养治国理政的高端人才。如何培养治国理政的高端人才是一个十分复杂的问题。在过去，我国通过政法院校、管理学院培养法律人才、管理人才，现在已经不适应形势的发展了。治国理政作为一种实践活动，无论在世界上、还是在我国，存在的历史都很长，然而，作为政党实践中的总结，在理论上正式提出，却源于中共十八大提出的治理体系和治理能力现代化。不难看出，对治理人才的整体性特点的认识，对治理人才的一体化培养，在我国存在的时间不长，并且尚属薄弱环节。治国理政人才的培养，急需理论和实践做出回应，来满足需要。

二　法治教育实效性的指标体系

法治教育实效性的指标体系，是指法治教育有效性的条件，即符合哪些标准的法治教育、考虑了哪些因素的法治教育，才是有效的法治教育，法治教育实效性的指标体系既可以概括、宏观地理解，也可以从具体的社会和个人层面来理解。

就我们通常讲的法治教育的实效性而言，是指对人的法治教育效果，也就是说法治教育对受教育者个人而言，是否有利于全面、自由、充分而有个性的发展，是否有利于个人美好生活目标的实现。当然，这里讲的法治教育对个人的实效性，是放在法治教育对国家和社会的实效性的视域下来考察的，也就是说，这里讲的对个人的实际效果与对国家、对社会的实际效果从总体上讲是统一的、一致的。

法治教育实效性的标准除了考虑法治教育对个人的效果，还有考虑法治教育本身的有效性，因为，法治教育活动本身的有效性，才有法治教育对个人的有效性。法治教育活动的有效性就是看法治教育活动是否遵循教育规律，是否有利于人的发展、社会的发展。概言之，实事求是的法治教育是有效的，这就是说法治教育符合国家、社会、社区以及个人的实际就是有效的，具有有效性；反之，就是无效的。法治教育的实效性可以分解为：

一是法治教育的载体要立足于实际。法治教育的载体就是承载法治教育内容的物质实体，可以是人，也可以是物或者物质痕迹，包括文字、图片、语音、视频。对幼儿园的小朋友进行法治教育要多用图片、表演等直观性强的载体，对大中、小学生往往使用教材作为载体。法治教育的载体要与内容相互衔接，相互配合，既要避免内容上的重合，又要注意内容上的不断深化。目前，我国法治教育载体不仅在形式上存在诸多问题，需要进一步研究、完善，而且在内容上也有许多问题需要改革，尤其是大、中、小学的内容衔接缺少研究，没有处理好重复与深化的关系。法治教育的载体要与时俱进，要与人民大众的法治水平、学习兴趣，需要解决的问题相符合；要创新法治教育载体，可以建立法治教育的主题公园，建立各种法治教育实践基地；法治教育的载体要与现代科学技术相结合，尤其是要与不断进步的互联网、信息技术相结合；要加大对法治教育载体的投入，把法治教育载体建设纳入各级政府的社会发展规划。

二是法治教育的内容与教育对象的思想意识契合。法治教育要研究法治教育对象，要考虑教育对象的思想实际，尤其是法治水平。在开展法治教育之前，对法治教育对象了解越充分，法治教育内容就易于为法治教育对象所接受，法治教育就越有效。也就是说，法治教育不能脱离受教育者主体，也不能脱离教育者主体，否则法治教育大纲、法治教育标准就很难实现。法治教育的内容与教育对象契合，才能避免教育者的自言自语。我国的封建传统很深，“人治”的传统有几千年，而法治是与近代的民主政治相联系的，在我国，人民民主的历史并不长，正式提出依法治国方略的历史就更短，因此，法治教育在内容上存在简单、粗糙的特点，缺少系统性、科学性、制度性规范。法治教育的有效性，就是要通过法治教育内容与法治教育对象的思想现状契合来解决这一问题。令人遗憾的是，一些法治教育往往浮在“水面”上，没有深入下去，法治教育者在进行教育时有口无心，讲的东西自己都不信，更不要说去说服受教育者相信了，这就很难培养出受教育者坚定的法治信仰。这与我们只重视法治知识、法律条文的教育，而不太注意法治精神的培养有关。可见，法治教育的内容与教育对象的思想契合才是有效的教育。

三是法治教育最终形成法治意识、法治精神。法治教育的实质到底是什么？是知识教育、能力教育、还是一种精神的培养？法治教育是法治精神的教育。法治精神就是把法治知识、看法、认识内化为一种坚信不疑的理念，这种理念有强烈、持久、不会轻易放弃的特征。在外部，法治精神体现为崇尚法治、法治至上的行为。法治教育要最终形成一种精神才有意义，但是，不是所有的法治教育都能形成精神，要维护人的利益、为人服务的法治教育才能形成法治精神，才是有效的法治教育。法治精神的培养是一个漫长的过程，培养过程离不开对法治理念的领悟、对法治实践的参与。法治是随着中国社会发展出现的一种自觉选择，全面依法治国是我国的战略方针，法治精神的培养是法治教育的核心。由于人是社会中的人，人在社会活动中要与社会产生联系，必然会留下痕迹，因此，法治精神虽然复杂，但是可以测评的，法治教育是否有效，是可以通过人的法治精神检验出来的。

四是法治教育把法治意识、法治精神变成法治行为。法治行为是法治精神的外显，体现为：时时处处对法治的尊重和维护；对权利义务的深刻理解和在实践中切实维护权利和履行义务；用法治思维分析和解决遇到的各种问题。可见，法治教育不仅要形成人的法治精神，而且要把法治意识、法治精神化为法治行为。只有法治行为才能影响社会，才能影响自己的权利义务。也可以说，在我国，把法治教育纳入国民教育体系的目的，不仅是为了从观念上改变人的思想，而是为了引导全民自觉守法，遇事找法、解决问题靠法。换言之，是为了把先进的社会主义法治理念化为具体的法治行为，用法治行为影响我们的社会生活和个人生活，实现中华民族的伟大复兴。总之，法治教育是否有效，归根到底是看法治行为。

三 影响法治教育实效性的因素

法治教育的实效性一经形成，人们是可以认识的，形成的过程和结果都是客观的。法治教育实效性受多种因素的影响，人们可以通过改变法治教育实效性构成的因素来影响、改变实效性，使法治教育的实效性向人们所期待的方向发展。

（一）受教育者因素

受教育者是法治教育的对象，与教育者一同构成法治教育的主体，是法治教育实效性的决定因素。受教育者的有、无决定了法治教育实效性的有、无。受教育者的思想意识、法治基础、法治观念、法治需要、学习条件、学习动机、学习兴趣、智力、能力水平、所处的环境等因素决定了法治教育实效性的高低。其中，受教育者的法治、基础、观念、现状对法治教育的实效性影响最大，一般而言，法治基础好的易于接受法治教育，更容易取得事半功倍的效果；德性高，有良知的人更容易守法，法治观念更容易形成。

受教育者是法治教育实效性的决定因素，因为法治教育的最终目的是为受教育者服务，如果受教育者不认同法治教育，那么法治教育就没有存在的必要，就可能演变为形式主义。就目前的状况而言，我国受教育者的法治素养现状不容乐观，人治传统影响深远，人们不习惯法治，法治建设尽管取得了伟大的成就，但是离人民对法治的需求还有较大的差距，所以提高受教育者自身的法治素养就成为制约法治教育实效性的一个重要因素。

（二）教育者因素

教育者是法治教育的组织者、实施者、管理者，与受教育者一同构成法治教育的主体。教育者的法治素养高，在传授法治知识、培养受教育者法治能力方面能起到较好的引导作用。教育者如果本身不懂法律或者对法治的理解肤浅，那么必然不能对法治教育的受教育者起示范引领作用。在法治教育中，教师的潜移默化作用无处不在，教师要努力传递正能量，给学生以积极、正面的影响，否则，非但达不到法治教育的目的，还会起反作用，“如果教师自己放浪形骸，那么他教导儿童克制情绪冲动便会徒劳无功；如果他不洁身自好，那么他努力改正其学生任何邪恶及不端行为的努力将付之东流”①。所以，在法治教育中，教师一定要模范遵法、守法、护法。

为了提高法治教育的实效性，我们一定要重视教师法治素养的提高，要广泛地开展教师教育，创新法治教育教师的培训形式。教师也要发挥主观能动性，加强法治知识、教育学知识以及相关学科知识的自主学习，努力提高法治修养水平，为法治教育实效性的提高打下良好的基础。

（三）教育内容因素

法治教育内容与法治教育的实效性有很大的关系，如果选择的法治教育内容不恰当，法治教育就会收效甚微。

首先，选择的法治教育内容的针对性应强，不同的群体、教育对象，应选择不同的法治教育内容。针对党政干部，要多选择党内法规进行教育，要教育党员干部在宪法和法律范围内活动，要依法行政，要形成所有的权力都来自人民，行使权力要受到监督，违法、违纪行使权力要承担责任的法治观念；对学生进行法治教育，要多选择与成长有关的法律、法规，比如《教育法》《义务教育法》等；对劳动者要多选择《劳动法》《合同法》《社会保险法》等进行教育；对家庭成员要多选择《婚姻法》《继承法》等进行教育。当然，对一些基本法，所有群体、所有的人都要进行教育，但是学习的要求不同，内容的难易度上应该有差别。

其次，选择的法治教育内容要为教育对象所需。人的法治需要会产生接受法治教育的动力，需要越强烈，法治教育推动力越强，法治教育实效性自然就强。法治教育的实效性增强的过程，就是不断地激发教育对象法治需要的过程。随着我国全面依法治国的深入开展，对法治的需要将越来越多，将有更多的人认识到这种需要，从而自觉地学习法治，法治教育的实效性会不断增强。

再次，法治教育的内容要能解决教育对象的问题。法治教育的学习本身不是目的，法治教育因为解决时代问题，特别是解决时代的人所面临的问题而存在。因此，法治教育在选择内容时，要有很强的问题意识。比如，贫困地区的人面临精准扶贫的问题，那么对有关扶贫方面的法律、法规、政策的教育就应成为法治教育内容的重点。对开展对外交流、国

① ［英］约翰·洛克：《教育漫话》，杨汉麟译，人民教育出版社2006年版，第77页。

际合作、到国外务工、出国留学等人员，就应多选择国际惯例、国际法等方面的法治内容进行教育。可以说，法治教育的实效性是因问题而存在的实效性。

（四）教育方法因素

为什么同样的法治教育内容、同样的法治教育群体，而法治教育的效果还是有差别呢？这与教育者运用的教育方法有很大关系。法治教育的方法应遵循教育规律、教学规律、人的发展规律，“要使方法能够激起求知的愿望，它第一就必须来得自然。因为凡是自然的事情就都无须强迫”①。法治教育的方法在选择上符合人的认识特点，对不同的人、不同的要求，用不同的教育方法。教育方法要符合自然，所谓自然就是符合人性，不强迫，能激发人学习法治知识的兴趣。

长期以来，人们习惯于灌输法，灌输法把法治教育对象当成无知的容器，枯燥无味地讲解法律条文、知识，以为这样受教育者就能接受法治教育的内容了。灌输法往往把自己当成法治知识的权威者、占有者，不考虑受教育者在接受法治教育时所处的地位、感受，这就易于引起受教育者的反感。所以，法治教育方法选择的关键在于学会换位思考，在于考虑受教育者的感受，通过对话、协商、沟通提高法治教育的实效性。

所以，随着我国法治社会的建立，倒逼法治教育进行方法改革，包括在学科建设方法和人才培养方法上进行改革。可以说，法治教育方法的改革是法治教育主动面向法治教育实效性提高的举措，对此，我们只能砥砺前行，绝不能犹豫后退。

（五）教育评估因素

法治教育实效性还面临一个重要问题就是法治教育的评估，不同的评估方法，会形成不同的结论，结论或许有差别，或许正好相反。所以，讨论法治教育的实效性，不能空谈实效性，一定要与法治教育的评估联系起来。法治教育的评估要立足于我国法治教育的现状，立足于人的发展，立足于全面依法治国方略的推进，这是法治教育评估的总的原则。

既然法治教育的评估与法治教育的实效性的关系如此密切，那么到底应该怎样来评估法治教育的实效性呢？法治教育评估要有利于增强法

① ［捷］夸美纽斯：《大教学论》，傅任敢译，教育科学出版社1999年版，第94页。

治教育的实效性。法治教育评估的标准要多样，要能满足不同的法治教育评估单位和个人的需要。有时，多一条标准就会多看到法治教育取得的一项成绩，就会带来法治教育的发展；相反，如果在法治教育中，以为坚持了法治教育的评估标准，就是“严格、科学”的评估，实际上往往是压制了法治教育的发展。因此，法治教育的评估要跟上法治教育的发展，要把法治教育的评估作为手段，用来增强法治教育的实效性。

第二节　法治教育实效性缺失的表现、危害、原因

一　法治教育实效性缺失的表现

（一）特殊群体犯罪突出

特殊群体不等于犯罪群体，特殊群体从总体上讲是正面的、积极的，我们研究的特殊群体的犯罪，是为了寻求法治教育实效性到底在哪些方面欠缺，是为了提高法治教育的实效性。以群体存在的共同特性为标准，我国的特殊群体可以划分为：青少年群体、公务员群体、大学生群体、管理阶层、农民工群体、农村留守群体、下岗工人群体、中小学生群体、高知群体、军人群体、妇女群体等。当然，这些群体可能存在交叉，但是某一时间、某一条件下其特征还是比较稳定的。这些群体少部分人的犯罪，不断引起人们对法治教育实效性缺失的关注。

在特殊群体中，大学生犯罪越来越引起人们的关注。我国近年来出现的几起典型的大学生犯罪案件震惊全国，产生了巨大影响，2004 年震惊全国的“马加爵案件”，2010 年的“药家鑫案件”，2013 年的“复旦投毒案”以及 2016 年的“四川师大砍头案”，还有各种网络犯罪、金融犯罪、替考案件也有大学生的身影。据有关部门统计，我国的青少年犯罪也比较突出，2011 年全国统计审理的青少年犯罪人数为 282429 人，其中不满 18 岁的 67280 人，18—25 岁的 215149 人，青少年犯罪人数占刑事犯罪总人数的 26.87% 人[①]。在党政群体中，十八大以来，查处的中管干部达 55 名，副国级以上的 3 人，中央委员、中央候补委员达 7 人，中纪

① 诸葛平：《中国法律年鉴 2012 年》，中国法律年鉴社 2012 年版，第 1066 页。

委委员1人，周永康、苏荣、徐才厚等高官的犯罪引人深思，[①] 特殊群体的犯罪，引起更多的人关法治教育的实效性。

（二）规则、守则意识欠缺

规则、守则意识是教育的核心问题，然而，近年来人们的规则、守则意识堪忧，规则、守则意识淡薄，各种法治边界不断被突破，灰色地带、灰色利益不仅存在，而且以各种形式扩大。一是规则、守则意识淡薄。规则、守则集中体现了公共利益，当大量的公共生活准则来不及、没有或者不用上升为法律规范时，就需要公共意识来维持，然而，近年来人们的守则意识淡薄，行人过马路闯红灯，司机不礼让行人；广场舞声音大，干扰附近居民休息；商场买东西拥挤、不排队；等等。二是各种潜规则盛行。明规则就是各种法律、法规、规章制度，是看得见的、公开的、透明的规则，然而在明规则背后还盛行一套潜规则，潜规则不那么光明正大，见不得人，时常以影响稳定、需要保密等理由不为人知，为各种非法利益交换广开缺口，在各种“圈子”、熟人、老同学、老战友、老乡、老上级、师生关系等领域存在。一些单位在用人、招生、考试、招聘中潜规则与明规则并行，有的甚至用潜规则代替明规则。三是规则意识的示范作用丧失。规则的遵守是需要示范的，榜样的力量无处不在，榜样的力量是无穷的，然而，不少榜样人物台上一套，台下一套，八小时内是人，八小时外是“鬼”。榜样过于高、大、全，存在有意塑造之嫌，人们可望而不可即。

（三）治理能力不适应需要

我国已经进入新时代，社会主要矛盾变为人民日益增长的美好生活需要和不平衡不充分的发展之间的矛盾。新时代呈现新特征，对社会治理能力和治理体系提出了新要求，然而，我国的治理能力明显跟不上时代的需要。我们说，法治教育的内容除了法律教育外还有治理教育，过去，我们在法治教育中只重视法律教育，而较为忽视治理教育，治理能力不适应现代化需要。

一是管理方式、组织方式落后。在新时代，社会主要矛盾对政府部

---

① 新华网：《盘点十八大以来落马的55个“大老虎”》，2014-10-22，19：05：18，http：//news. sohu. com/20141022/n405373160. shtml [2018-10-5]。

门及其人员、社会部门及其人员的治理能力提出了新的要求，然而，在一些地方，尤其是民族地区、经济不发达地方，管理方式、组织方式还十分落后，有的地方、部门甚至还受“文化大革命”的极“左”思潮影响，大呼大拥，权力高度集中，个人权威盛行，市场机制的作用受限，很难在关键领域、关键项目起到调节作用，

二是公权力监督、制约难度加大。在我国，一切权力来自人民，权力应该受人民的监督和制约，然而在公权力运行过程中，一些公权力拥有者优先关注的是自己和与自己有利害关系的社会成员的利益，而不是公共利益，所以就不断出现以权谋私、公权私用的现象。一些地方和部门出现了权力家族化、部门化和小集团化，各种消极腐败现象由此而生。“部门利益固化，既得利益集团、权力家族成为深化改革、促使公权力回归本位的最大障碍。”①

三是部门利益协调难度加大，全球观、未来观、全局观欠缺。改革开放以来，我国经济、政治、社会等获得了巨大发展，人民获得了前所未有的实惠，然而我们必须看到，一些部门利益获得者越来越成为社会改革的阻力，为了部门之私，落后淘汰先进、“劣币驱逐良币”。只有通过改革，调整部门利益，才有社会的发展，可是部门利益的调整难度不断加大，一些部门、一些人只有部门观、个人观，全球观、全局观、未来观极为欠缺。

（四）法治观念、法治意识较为落后

由于法治意识、法治观念是一个全面的、整体的观念，所以只有整体地增强法治观念，才能提高法治教育的实效性，然而由于种种原因，不少法治教育对象尽管接受了多年的法治教育，懂得了一些法律、规则，但是法治观念碎片化的现象十分严重，主要体现在：

其一，畏法不敬法。法律、规则是值得尊敬的，法律至上在任何法治国家是一个没有任何争议的问题。法律受人尊重，是因为法律保护我们每一个人的利益，我们每一个人的幸福美好生活离不开法律、规则。然而，我们的一些法治教育部门、法治教育者，由于法治教育方法、教育内容选择不当，让人畏惧法、恐惧法，而不是亲近法。法治教育的惩罚

---

① 孙代尧：《公权力异化新形式及其根源》，《人民论坛》2014 年第 4 期（下）。

性规范、否定性规范、禁止性规范宣讲得过多、过滥。不是说这些规范不是法治教育的内容，而是说这些规范也是必要的，可是不要忘记了法律、规则还有亲民的一面，有鼓舞人、激励人、肯定人的一面，法律、规则不仅威慑人，而且也走近人、亲近人，随着社会的文明进步，经济的不断发展，这一部分的法律、规则在发展教育中所占的比重将越来越大。

其二，守法意识不强。很多人知道了法律规范，懂得了治理知识、技术，然而很少用来约束自己。守法意味着法律面前人人平等、意味着反对特权，然而等级特权思想还影响人的行为，各种专车、特坐、贵宾室、贵宾道还存在；一些干部出行动辄封路、戒严，影响大众生活；各种蔬菜、食品、药品等特供现象流行；考试加分，招干、招工照顾等现象存在，等等，这些都是守法意识不强的表现。守法不是写在纸上，更不是规定在宪法、法律里，而是体现在行动中，这就要求反对等级特权，有基本的守法意识。

其三，用法观念极为薄弱。不少人认为只要自己不违法就行了，法律、法治止于自己遵守，用法、护法与自己无关。从严格意义上讲，守法只是法治观念、法治行为的初步，更重要的是在于用法、护法。守法从主体性来讲，还只是被动的法治观念，只有用法、护法才是主动的法治观念，而我们最欠缺的是积极的法治观念。培养积极的法治观念，在我国法治教育中极为薄弱。只有人人用法，人人护法，人人同各种违法犯罪做斗争，法治社会才能最终建立起来。

（五）民主意识不强

法治是与民主联系在一起的，民主是法治的前提和方向，而法治是民主的保障和基础，所以从这个意义上讲，法治教育就是民主教育，没有民主的法治教育是没有灵魂的空壳。然而，一些法治教育者不注意民主教育，忽视民主意识培养、民主能力的提升。主要体现在：

其一，压抑人的积极性。一方面，民主是与人的积极性联系在一起的。政治体制改革的总目标之一就是“发扬社会主义民主，调动广大人民的积极性”①，积极性意味人的参与热情和愿望，法治教育要培养和训练的恰好是人的参与热情和愿望，这一点应通过社会主义法治理念的教

① 《邓小平文选》第3卷，人民出版社1993年版，第178页。

育来解决，然而在实际的法治教育中，我们对法治教育的理解极为肤浅，没有解决在法治教育中培养人的参与热情的问题。另一方面，积极性意味着主动性、主体性、创造性。一些人把法治教育当成被动的教育，用法律、规则、规章压制人的积极性，让人这也不敢做、那也不敢为，久而久之，人在法治教育面前人性萎缩。也就是说，把秩序与创造、规则与创新对立，这是法治教育中培养法治精神存在的问题，这个问题不解决，法治教育就不可能真正为人所认可、为社会所需。

其二，忽视民意。在民主意识的培养中，要把关注民意、了解民意当成重点问题。"共产党的正确而不动摇的斗争策略，绝不是少数人坐在房子里能够产生的，它是要在群众的斗争过程中才能产生的，这就是说要在实际经验中才能产生。因此，我们需要时时了解社会情况，时时进行实际调查。"[①] 法治教育要教会受教育者学会调查研究，学会了解人民的诉求。让法治教育深入工厂、田间地头、街头巷尾，体察社会，了解民意，而不是坐在室内学习枯燥无味的法律规则、条文，而一些地方、部门和法治教者舍本逐末，离民主意识、民主能力的培养相去甚远。

其三，替人做决定。民主就是自己当自己的主人，独立思考、独立做决定。然而，在实际的生活中，家长乐于为孩子做决定，教育者乐于为被教育者做决定，上级乐于为下级做决定。一个人的命运掌握在他人手里，正如一个国家的命运掌握在少数人手里是非常危险的一样。人民是国家的主人，人民当家做主的意识和能力的培养是一点一滴积累起来的。然而，我们目前的法治教育在不同程度上忽视了这一点。

二　法治教育实效性缺失的危害

（一）对国家的危害

法治教育不仅仅是法律知识的教育、法律能力的培养，最重要的是对我国社会制度、政治制度、国家制度的认同，因此，法治教育实效性缺失最大的危害就是妨碍了对我国制度的认同。我国是社会主义国家，人民民主专政是我国的政治制度，人民代表大会制度是我国的国家制度，法治教育首先应加强对这些制度的学习、理解、认同。基本制度的教育

---

① 《毛泽东选集》第1卷，人民出版社1991年版，第115页。

主要通过宪法教育来完成，宪法教育是关键，如果宪法教育的实效性不强，势必影响各项制度的认同。特别是青少年，由于思想不成熟，在西方各种思潮的影响下容易偏离主流价值观，对社会主义制度产生动摇、怀疑。法治教育担负着教育青少年走社会主义道路，坚持中国共产党领导的使命。法治教育对青少年的教育效果，首先应体现在对制度的认同上，法治教育实效性的缺失必然影响青少年对社会主义制度的认同。

我国边疆民族地区地理位置特殊，各种敌对势力活动频繁，法治教育必须把维护祖国统一、反对分裂、维护领土完整作为重要任务，如果法治教育的实效性没有凸显出来，必然影响国家的整体利益。

（二）对社会的危害

危害社会安定。法治教育提高人们的法治素养，对建构和谐、理性、有序、繁荣、充满生机的社会具有重要意义。法治教育实效性的缺失，影响社会的安定、团结，导致各种违法犯罪增加，人民不能安居乐业。

危害社会主义市场经济。我国是社会主义市场经济国家，社会主义市场经济从一定意义上讲就是法治经济，法治经济对人们的法治素养、法治水平、法治技能提出了较高要求。如果法治教育没有实效性，法治理念难以深入人们的头脑，必然导致社会主义市场混乱，市场无序竞争加剧，各种不公平现象、“灰色”交易大量出现，从而妨碍社会的发展。

妨碍法治社会。法治社会的建成与法治教育的实效性相联系。法治社会的实质就是全社会依法办事，用法律来约束政府、限制权力，让政府把该管的管好，不该管、也管不好的交给社会，让社会治理。社会治理的依据就是法律、规则，就是严格执法、司法。法治社会对社会整体的法治发展程度、法治建设的水平提出了较高要求，如果法治教育的实效性没有真正体现出来，建设法治社会必然是一句空话。

社会运行成本提高。法治教育实效性的减弱，必然使社会运行的成本增加。社会运行必然依靠全社会成员共同认可的准则，这些准则主要体现在我国的宪法、法律、条例、规则、规章以及各种制度中，简言之，体现在社会整体的规则意识中。如果法治教育的实效性受到影响，各种社会矛盾增加，各种力量相互牵制，必然使社会的发展受阻，使社会的运行机制不畅，从而浪费大量的人力、物力。

（三）对发展的危害

社会要想持续、稳定、快速、健康发展，靠政策的支持不如靠法治管得久远，因为政策的作用和范围是有限的，还有把国家、地方的希望寄托在少数英明的领导者身上是十分不理智的。法治是社会持续发展的保障，是推动社会前进的动力。只有法治教育真正见成效，社会发展的保障力量才足，否则会妨碍社会的发展。特别是我国现阶段发展不充分、不平衡的问题，不是一个局部问题，说到底是一个整体的社会发展问题。这就需要发挥各种社会力量的作用，从多种社会领域入手加以解决，而发挥法治教育的作用是一个极为重要的方面。如果法治教育的实效性不强，将不利于发展不充分、不平衡问题的解决。对此，一些人并没有清醒的认识，甚至把发展仅仅等同于经济发展，这是十分有害的。

只有法治才能保证发展的成果，巩固发展的成果，尤其是保障发展的成果为全体人民所共享。我国的社会主义制度建立以来，尤其是改革开放以来，发展取得了举世瞩目的成就，但是如何保证发展的成就全体人民共享，如何缩小地区差距、行业差距，是一个引人注意的问题。发展的历程证明，法治且只有法治才能保证全体人民利益均沾，才能实现共同富裕，缩小两极分化。

（四）对法治教育本身的危害

法治教育实效性的影响范围极为广泛，对法治教育本身也有影响。法治教育实效性强，说明法治教育取得了成功，法治教育将在成功的基础上总结经验，促进法治教育的发展；如果法治教育的实效性差，社会对法治教育的效益产生怀疑，社会在法治教育上的投入越来越少，从而妨碍法治教育本身的发展。其危害在于：

妨碍法治教育存在的必要性。法治教育是否有存在的必要，不是文件的规定，也不是某个领导、某个集团个人的意志，除了看社会的需要，还有看法治教育的实际效果能否满足这种需要。如果法治教育的实效性差，人们势必怀疑法治教育的存在，影响人们的法治意识和法治信仰。法治教育的实效是通过个人、社会、国家实实在在反映出来的，法治教育有没有存在的必要，有多大程度存在的必要，正如教育本身一样是由社会决定的，而社会是看法治教育的实效的。

怀疑法治教育的科学性。公开质疑法治教育的科学性未必有，但是怀疑法治教育的价值、效益、作用的大小是存在的。法治教育的科学性与价值性是统一的，法治教育的科学性在于反映人对法治教育需要的规律。人们之所以离不开科学，在于科学能够为人服务，能够改善人的生活，推动人类文明向高级阶段发展。法治教育的实效性越强，表明人越遵循法治教育规律、人的活动正确地反映了法治教育规律。法治教育的科学性体现在实效性中，只有法治教育真切地维护了人的利益、国家的利益，推动了社会进步，法治教育的科学性才不被人质疑。

影响法治教育学科的发展。法治教育作为一门学科，学科的层次、门类归属还处于初始的研究、探索阶段，而这个阶段迫切需要法治教育的实效来证明这门学科的存在、存在的层次以及发展的紧迫性，然而现实中对法治教育的实效性缺乏科学的评估，对实效性缺乏理论的合理证明，导致法治教育的实效性在证明学科的存在方面存在缺陷，从而影响了法治教育作为一门学科的快速发展。

（五）对个人的危害

法治教育的实效性不强，个人的法治意识、法治观念没有真正形成，势必影响到人的行为，而人的行为一旦受到影响，各种违法、甚至犯罪行为就会由此而生。

危害人的法治思维。法治思维是权利义务统一的思维。法治思维崇尚法治的权威性。法治教育有效果，说明较多的人受到了法治思维的影响和训练，会在日常生活中从法治的角度想问题、看问题。如果法治教育没有效果，人们就会形成等级特权思维，而这种思维对社会的危害是不言而喻的。

危害人的法治信仰。法治教育的实效性差，说明法治教育对个人生活的影响不大，人们就不会信任法律，也不会形成法治信仰、法律信仰。法治教育到底有没有实效性，与人最终是否形成法治信仰是互为因果关系的。也就是说，法治教育如果有实效性，是可以通过人对法治的情感、态度测试的。

危害人的法治行为。法治教育如果有效果，就会对人们形成正向激励，人们会进一步学习法治，在社会生活中不断强化法治行为，就会守法、护法、同各种违法犯罪行为做斗争。如果法治教育没有效果，或者产生负向效果，人们就会对各种违法犯罪行为视而不见，甚至加入到违法的行列来，违法的大军就会不断壮大。

三　法治教育实效性缺失的原因

（一）历史原因

法治教育实效性缺失的原因，不能仅仅从法治教育来找，法治教育实效性缺失有其深刻的历史原因。中国的封建社会从秦汉算起，到鸦片战争结束足足有2000年，然后进入半殖民、半封建的社会，可以说社会主义制度在中国建立之前，中国没有法治教育，更谈不上法治教育的实效性。法治教育的实效性是与社会主义制度、社会主义民主联系在一起的，社会主义制度在中国确立，人民当家做主，接受法治教育的热情极大高涨，法治教育的实效性逐步提高。

必须看到，社会主义制度在中国的建立是一个亘古未有的历史事件，因此，社会主义民主的建设也是一个艰难复杂的过程，不难理解，法治的实效性的提高必然是一个曲折上升的过程。这当中，出现了“文化大革命”，中国的民主法治受到破坏，法治教育倒退，法治教育的实效性负增长。党的十一届三中全会后，我国逐步恢复和发展了社会主义民主传统，尤其是改革开放以来，我国在民主政治建设上取得了一个又一个成就，与此同时，法治教育纳入了国家发展的长远规划，中央出台了一个接着一个的社会主义法治建设的方针政策，法治教育的实效性有了巨大提高；但是，必须看到，我国法治教育的实效性与社会主义事业发展的要求还不完全适应，究其原因，是封建社会历史以及半殖民地半封建社会的历史造成的，是社会主义民主建设时间短的原因造成的，这是客观的。

（二）社会原因

社会原因与历史原因是联系在一起的，在中国漫长的封建社会历史中，我国大多数时间属于小农经济的历史，小农经济的特点是自给自足、封闭，生产的产品不用于交换，小农经济没有现代意义上的贸易，不存在商品交换，因此，也不需要合同、契约的存在，当然也就没有现代的契约精神。因此，在我国封建社会是没有法治教育的，因为它没有法治教育的社会经济基础。新中国成立后，我国建立了新的经济制度，旧的经济基础消灭了，但是与旧的经济基础相适应的思想意识形态的影响却不能短时间消除，因此，即使我们非常重视法治教育，但法治教育的实效性也不是在短时间内就能达到人们需要的程度。

在中国社会漫长的发展历程中，人们习惯“人治”而不习惯法治，所以在实际生活中，崇尚个人权威、个人的人格魅力，而不相信规则、制度的力量，因此，人们更多关注的是个人的道德水平、治理能力的提高，而不是规则意识的培养，所以对法治教育较为忽视。即便是在现代社会，中国人在骨子里还是习惯生活在熟人社会，活在人情的圈子里。随着市场经济的发展，社会越来越陌生，但就人的深层的思想图景而言，还是家国一体，很难做到依靠规则、摆脱熟人社会的影响，这就是我们无论怎么努力法治教育的实效性都不理想的原因。

（三）文化原因

我国的传统文化信奉“以道配天、民德慎罚”，“德主刑辅、礼刑并用”，“以刑代民”。在中国古代“出礼入刑”。这些文化传统与现代的法治精神是相悖的，也就是说，我们没有法治教育的传统文化基础，而法治教育需要有一定的法治文化基础才能正常开展，这就是说，我们所搞的法治教育，要么是所谓的“法治教育”，要么是空中楼阁式的法治教育，这就不难理解法治教育实效性缺失的问题。因为，由于文化的原因，我们还没有真正思考过什么是法治教育，什么是法治教育的实效性，法治教育实效性有哪些价值等这样一些根本性的问题。

对现代法治文化培育的不足，也是导致法治教育实效性差的重要原因。法治教育的实效性离不开现代法治文化的培育，在我国，现代法治文化的培育是十分艰巨复杂的过程，首先，它离不开高度发达的社会主义市场经济；其次，还需要社会主义核心价值观，不仅在全社会形成共识，还要成为我们一切行为的指南，而这不是短时间能完成的。现阶段最大的问题是：现代法治文化的培育，无论是问题意识，还是培育的内容、手段、方法都较为欠缺。

社会主义法治文化的培育要求我们，既要虚心学习、研究、吸收人类先进的法治文化，包括学习资本主义法治文化；又要改造我们的传统文化，而这方面要做的工作还很多，有些工作属开拓性的。可见，对现代法治文化研究的理论不足以及实践欠缺，都会使法治教育的实效性大打折扣。

（四）法治教育本身的原因

一般看来，法治教育实效性差是法治教育本身的原因。法治教育本身的原因是指法治教育的目标、内容、教育教学方法、师资、设施、管理等方面的原因，其中目标、内容、方法是其主要原因。

一是法治教育的目标设置不合理，导致实效性差。法治教育的目标是法治教育目的的具体化，我国现有的法治教育目标与法治教育的教育对象和我国的实际情况不太适应。在具体的教育过程中，我们对教育目标的设置过于理想化，不是过低、就是过高。无论是教育者，还是受教育者对教育目标把握不到位。例如，很多法治教育活动把培养法治思维作为法治教育的目标，这一设置有些不恰当，法治思维一般要通过系统的专业训练才有可能获得，是对专业人员的要求。这一目标，不仅对受教育者有一定难度，而且教育者本身就目前的状况而言，大多数人恐怕还不具备法治思维。因此，法治教育的目标应该现实些，对普通的大众而言，法治教育的目标不妨定位为培养公正思维。公正，即公平、正义，公正才是大众所渴望的，也是可及的。要通过法律条文、具体案例让大众理解什么是公平、什么是正义，拥有判断公平、正义的思维方法才是法治教育的思维目标。

二是法治教育的内容安排不合理，法治教育的实效性差。与较多选择让人惧法、畏法的内容，而较少选择让人敬法、亲法的内容有一定关系，有的法治教育者甚至在进行法治教育时，不知道选择敬法、亲法的内容，甚至有意回避敬法、亲法的内容，这样的法治教育当然不能服众，更甚者会厌法、恶法、反法、违法、抗法。法治教育内容安排不合理，把法治教育与法条教育相混淆，这是对法治教育内容的误解。法治教育的内容选择不当导致法治教育负效应，这一问题应该引起法治教育的理论界和务实界的高度重视。

三是法治教育的方法不当。往往还是用灌输、说教的方法，其结果让接受教育者感觉不到学习法治的兴趣，法治教育的积极性会不断降低。兴趣是最好的老师，法治教育的实效性面临着一个非常现实的问题，就是如何培养教育对象的学习兴趣，激发法治教育对象的学习热情，对此，目前下的功夫还不够，很多时候考虑的是怎样完成上级交代的法治教育任务，如何把该填表格内容填写完毕报上去完成任务，很少研究教育方法，所以法治教育的实效性较差。

（五）个体原因

法治教育的实效性差，除了有外部原因外，还有其内在原因。内在原因是主要原因。因为无论什么样的外在原因都要通过法治教育的内在原因而起作用。而现状是，大众对法治教育的认识不到位，看不到法治教育与自身幸福、国家发展、人类命运的关系，所以导致法治教育实效性差。

其一，学习法治知识、训练法治技能的动力不足。法治教育的接受需要内在的动力来推动，而不是由外在的力量来强制接受教育，而现实的情况正好相反，法治教育学习的内在动力很差，法治教育一般是由政府推动，具体到某一单位、某一部门是由上级布置学习任务来推动，不管教育对象是否愿意，都要接受法治教育，这就直接影响了法治教育的实效性。

其二，法治教育的需求不强烈。在我国，法治与每一个人密切相关，法治教育是每一个人不能逃避的教育。问题是现在很多人感受不到学习法治的必要性，因为在日常生活中，有人认为没有必要遇事找法，遇事找关系、找熟人更管用，也没有必要依靠法，依靠权力、依靠金钱、依靠利益交换更有效，更能解决问题。法律是在走投无路时才会用到，而且法律的成本太高，一般人消费不起，所以，在这种情况下的法治教育怎么谈得上实效性呢。

其三，社会环境对个体的负向法治导向。学不学法，法治有没有作用，大众是可以感知的。然而，贪污腐败、违法乱纪的现象的发生，特别是离谱的冤假错案的发生，尤其是一些执法部门、司法部门及其人员的执法犯法、徇私舞弊、枉法裁判，污染了法治的“水源”，对法治教育的负面影响极大。诚然，消极腐败现象、包括各种错案，在任何社会都是不可避免的，但是，在法治教育中如果缺乏正确的引导、应对，再加之一部分人刻意回避法治教育本身存在的问题，就会无意中放大法治不良社会现象的负面影响，所以法治教育的实效性差。

第三节 增强法治教育实效性的路径

一般而言，我们把路径与方法等同，但法治教育的路径是法治教育内容与法治教育方法的综合体，法治教育的路径多从法治教育的整体上看问题，而法治教育方法则更多地是从教育的层面分析问题。这里的路径是提高法治教育实效的线路图，指通过哪些步骤、采取什么方法、手段，经过什么过程才能提高法治教育的实效性。增强法治教育的实效性，不仅要从宏观入手，而且也要从微观入手，从法治教育本身入手。

一 路径的内涵

增强法治教育实效性的路径是人们在长期的法治教育活动中形成的，是对法治教育实效性增强的客观规律的把握和运用。路径好比过河的“船”和“桥”，是法治教育达到目的的手段、工具。了解法治教育实效性路径的内涵，是增强法治教育实效性的前提。

第一，增强实效性的路径随着主、客观情况的变化而变化。不同的主体，其具体情况不同，采取的方法、路径不同，路径不是固定不变的。其一，要考虑教育者的具体情况。不同的法治教育者的知识结构、个性特点、人生经历、教育经验不同，因此，在增强法治教育实效性的过程中，要走的具体路径也不一样，这是正常的。在法治教育中，要鼓励法治教育者探索不同的增强实效性的方法、路径，要在法治教育中发挥教育者的积极性，大胆探索新的路径，以适应我国全面依法治国对法治教育实效性的新要求。其二，要考虑到受教育者的具体情况。法治教育的最终目的是为法治受教育者服务，法治教育的实效性要通过受教育者的法治行为体现出来，因此，法治教育者要了解不同的法治受教育者的具体情况，比如，法治素养情况、知识程度、受教育水平、对我国法治的基本态度、有没有需要解决的案件，等等。如果这些情况不清楚，法治教育必将失去针对性，法治教育必然没有效果。其三，法治教育的客观情况是指法治教育所处的社会大环境和小环境。法治教育的环境不同、要求不同，所选择的法治教育路径也不同。我们过去的法治教育实效性不显著，往往就是没有考虑法治教育所处的环境、要求。

第二，增强实效性的路径由法治教育的实践活动决定。这就是说，法治教育活动是具体的法治教育活动，法治教育实效性的提高也是具体的法治教育实效性的提高。法治教育实效性的路径要调查研究法治教育活动的具体情况，比如：法治教育的要求，法治教育的难点、重点，法治教育载体的选择，法治教育主客体双方的情况。这些因素决定了法治教育的具体路径，也就是说要“看菜吃饭”，把“菜”看清楚了，法治教育采取的路径才有针对性、实效性。这是因为，法治教育活动是内容，法治教育路径是形式，内容决定形式，法治教育的路径由法治教育的活动决定。不同对象的法治教育活动所选择的教育路径有所不同，对青少年的法治教育，其路径要考虑青少年的心理、生理特点，选择青少年喜闻乐见的、直观、生动的教育路径，并且要有利于有青少年的成长；对党政领导干部的法治教育路径更多的应选择责任法，联系党政干部承担的责任进行教育，实效性必定较好；对司法干部的法治教育则应多用案例法，结合司法干部所办理的案子进行研讨，实效也会比单纯的灌输路径好得多。

第三，法治教育实效性增强的路径是一个思维的过程。不同的思维方式、思维方法，会影响人对法治教育路径的选择。因此，作为法治教育的教育者，要加强自身思维方法的训练，力求拥有科学的思维方法。辩证唯物主义认为，思维是高度发达的人脑的机能，思维是人特有的反映形式，思维与社会实践和语言密切联系。由此可见，法治教育的路径也是通过思维在社会实践的基础上形成，它离不开人对法治教育实践活动的材料进行分析、综合，通过概念、判断、推理，形成的合乎逻辑的理论体系。所以，增强法治教育实效性的路径要能反映法治教育活动的本质属性和法治教育活动规律。法治教育路径实际上是一个思维过程，它经历了从具体到抽象，再从抽象到具体的过程。这里的路径在思维中再现了提高法治教育实效性的本质，因此，法治教育实效性增强的路径，由法治教育规律决定，是法治教育规律在人的思维过程中反映。可见，在思维中形成的增强法治教育实效性的路径同样需要遵循思维中的原则，在逻辑上严密，达到归纳演绎的统一；在方法上要求辩证地运用综合和分析两种思维方法；在体系上，实现逻辑与历史的一致、理论与实践的具体的历史的统一。

二　路径的指导思想和原则

（一）路径的指导思想

马克思主义是增强法治教育实效性路径的指导思想。马克思主义是关于自然、社会、人类思维最一般的规律的科学，马克思主义不仅是世界观，而且是方法论，所以，马克思主义同样是增强法治教育实效性的指导思想。

从世界观讲，以马克思主义的世界观为指导。法治教育路径的选择是由一个人的世界观决定的。世界观是一个人对世界的根本看法，分为唯物主义的世界观和唯心主义的世界观。一般来说，具有唯物主义世界观的人，在法治教育时能选择正确的路径；而具有唯心主义世界观的人，不能正确选择增强法治教育实效性的路径。具有唯物主义世界观的人，在选择法治教育实效习的路径时，往往从实际出发，考虑法治教育的实际情况，而不是从主观愿望出发选择增强法治教育的实效性的路径。马克思主义的世界观具有科学性，因此，要增强法治教育的实效性，必须加强世界观的改造，树立科学的世界观，即马克思主义的世界观。

从方法论讲，以马克思主义的方法论为指导。如果说世界观是解决“是什么”的问题，那么，方法论则解决“怎么办”的问题，用世界观指导认识世界和改造世界就构成方法论。方法论是普遍适用于各门具体的社会科学并起指导作用的范畴、原则、理论、方法和手段的总和。方法论对具体的方法进行研究，总结、提炼出一般性的原则。方法论是以解决问题为目标的理论体系。马克思主义的方法论，客观地反映了人类解决问题的规律，具有科学性，因此，增强法治教育实效的路径要以马克思主义的方法论为指导。

从价值观讲，以马克思主义的价值观为指导。马克思主义的价值观即无产阶级的价值观或者人民的价值观。价值观是在思维感官上做出的认知、理解、判断或者选择，是认识事物、判断是非的思维或者价值取向，体现了人或者事物的作用，不同的阶级其价值观是不同的。价值观对人的行为有定向和调节作用，一个人的价值观决定了一个人的理想、目标和追求。一个人的价值观是在家庭、社会的影响下形成的，人们所处的生产方式和经济地位对价值观的形成有决定性的影响。价值观不仅对一个人的动机有导向作用，而且能反映一个人的认知和需求状况。以无产阶级的价值观为指导，就意味着路径的选择要有人民性，要体现人民的利益、站稳人民的立场。具体而言，要多从受教育者的角度思考问题、选择路径。

（二）路径的原则

法治教育路径的原则是法治教育指导思想的具体体现，在选择增强法治教育实效性路径时要遵循这些原则。这些原则是我国社会主义法治建设和法治教育经验的总结，反映和体现了中国特色社会主义法治教育的规律，体现了新时代法治教育实效性路径的特点。

1. 确立法治信仰

信仰是对某种事物的信奉和敬仰，并把它奉为自己的行为准则。法治教育的实效性要通过法治信仰体现出来。通过法治教育的过程，树立社会主义法治信仰，说明法治教育的实效性强；反之，说明法治教育的实效性差。法治信仰最能反映法治教育的实效性，法治观念、行为等都要受法治信仰的影响，法治信仰的有无、是否强烈，最能说明法治教育取得的实效性。“一个人只有从内心深处真正认同、信任和信仰法律，才会自觉地遵守和维护法律的权威和尊严。”① 法治教育首先要解决的是信与不信、真信与假信的问题，一些明显削弱法治信仰的教育路径不仅不会加强人对法治的信仰，反而会使人对法治产生逆反。因此，整个法治教育路径的选择要受确立法治信仰原则的指导，在法治教育中，要选择那些最能引起人对法治产生强烈、持久感情的路径。

2. 解决法治问题

仅有法治方面的信仰还不能解决问题，人们接受法治教育是有合法、合理的功利性目的的，是为了解决各种各样的社会问题，尤其是学法者自己面临的各种生活问题、与个体密切相关的社会问题，而现实中的一些所谓的法治教育只是一味地规训人，当个体遇到法治问题时却不知道怎么解决，这不能不说是法治教育路径的一种缺陷，比如一味地灌输、说教的法治教育路径，不如用实践教育的路径更有效。例如，直接教人看懂法律条文、写法律文书、收集证据，并反复练习，达到一定的熟练

① 陈秉公：《思想政治教育学原理》，吉林大学出版社 2007 年版，第 97 页。

程度。今后，学法者如果遇到了法律问题，就可以不必请律师，自己向司法部门提起控告、起诉，保护自己的合法权利，解决实际问题。

3. 培养法治思维

法治思维的训练要通过专业训练尤其是严密的逻辑训练才可以获得。因此，法治教育的实效性是否强，在一定程度上与是否选择逻辑训练法有关，比如，如何界定概念，如何下判断，如何推理，怎样归纳、演绎、类比，这不仅是知与不知的问题，而且是在法治教育中是否进行逻辑训练的问题。可以说，在法治教育中，不对教育对象进行一定的形式逻辑训练，还不是真正的法治教育，更谈不上法治教育的实效性。而我们目前的法治教育，除了培养法律专业职业人员外，很少学习法律逻辑，更没有进行一定的逻辑训练，这就使得培养人的法治思维仅仅停留在宣传层面，很少落到实处，究其原因，与我们对法治教育的路径认识、理解和选择有很大关系。

4. 培养法治能力

法治能力包括法律能力和治理能力。法治能力培养的路径多种多样，最重要的就是实际锻炼法。选择实际锻炼的路径，让受教育者直接面对需要解决的法治问题，在实际锻炼中使法治能力得到提高，从而提高法治教育的实效性。在以往的法治教育中，我们选择的法治教育路径，不太考虑从能力入手，法治教育的实效性难以在社会生活中体现出来。这样的法治教育实效性经不起检验，因为宣讲的路径、讲座的路径，可能解决了知法、懂法，而如何守法、用法、护法还没有真正解决，尤其是用法和护法与守法不一样，主动性更强，没有一定的能力是办不到的。法治能力的获得与选择的法治教育路径有关，所以增强法治教育实效性的路径必须以培养法治能力原则为指导。

三　具体路径

这里的具体路径，就是从法治教育的内容和方法的整体层面入手，分析、设计法治教育实效性增强的路线图、方案和措施。法治教育实效性增强的具体路径与法治教育实效性增强的具体方法有所区别，就其内涵而言，更广、更大一些。

（一）顶层设计

法治教育实效性增强的具体路径，首先应从顶层设计入手。所谓顶层设计，就是制定相应的法律制度、规则，从国家层面规定增强法治教育实效性的地位、重要性，增强实效性的指导思想、原则、要求、标准、评价，增强法治教育实效性的措施。尤其是对不同地区、不同情况和条件下法治教育的实效性应做出具体规定。

顶层设计为法治教育实效性规划蓝图，有了法治教育实效性增强的蓝图，法治教育实效性的增强就有了方向和全局，具体的法治教育部门才能根据顶层设计制订相应的法治教育计划，有效地开展法治教育。目前，我国法治教育实效性缺乏制度性规范，导致法治教育实效性在整个法治教育环节中的地位不突出，容易丢掉法治教育的根本。

这里要注意的是，制度性规范出台前，要做好调查研究，了解我国法治教育的实际，也就是说，只有建立在真实实际情况之下的法治教育的顶层设计才能解决问题。换言之，顶层设计不是越前瞻越好，也不是设计得越完备越好，而是把长远利益与现实需要结合，做到切实、可行、高效。

（二）教育理念更新

开展什么样的法治教育，怎样开展法治教育以及什么样的法治教育才算有实效性，除了社会存在起决定作用外，法治教育的理念也很重要。我们知道，无论什么样的教育活动，都要受到教育理念的影响，教育理念决定了教育内容的取舍、教育方法的选择。法治教育的实效性差，主要是由于我们的法治教育理念太落后，跟不上时代的需要，所以，在法治教育实效性的问题上，教育理念的更新问题应该放在突出的地位，在一定程度上可以说，法治教育的制度设计、教育内容、方法的改革、师资的培养、专业建设等，都是由法治教育的理念决定的。而法治教育理念的更新不是那么容易解决的，理念属于人的思想，它由人的世界观、人生观、价值观决定，归根到底，由人的世界观决定。马克思主义是科学的世界观，所以，法治教育理念要更新，必须认真学习马克思主义，研读经典著作，参加社会实践。目前，我国的法治教育理念落后，主要是“见物不见人”，“物本”观念在实际中盛行，“人本”“人文”理念衰微，这既是现代工业社会的通病，也是我国社会法治建设中必定经历的阵痛。我们要以自觉的态度更新法治教育理念，在法治教育中把人放在突出的地位，通过法治教育满足人的需要，实现人们美好生活的梦想。

（三）内容和方法的改革

内容改革关系到法治教育的实效性。一方面，法治教育内容的改革，要改革陈旧的法治教育内容。法治教育理念要跟上时代的变化，法治教育的内容要根据国家新制定和修改的法律、法规及时增减，对一些长期相对固定的法治教育内容，也要做好拓宽和加深工作。对党内法规到底是否纳入法治教育的内容，是需要研究和进行法治教育实验的。

另一方面，法治教育的方法也要进行改革，填鸭式的灌输法忽视了法治教育主体的积极性、主动性，不利于培养人的法治思维。尤其是当我们面临复杂的社会生活，各种法治问题纷繁复杂、层出不穷，如果坚持陈旧的教育方法，势必不能提高法治教育的实效性、培养社会所需要的法治人才。体验法、锻炼法、感悟法、自学法等多种法治教育方法的运用，能培养法治教育人才的创新能力，为法治社会不断注入新的活力。

总之，法治教育内容和方法的改革是个非常紧迫的问题，我们应提高认识，增强使命感，做好周密完整的部署才能取得成功

四　专业建设

法治教育要提高实效性，落地生根，没有专业建设是不行的。就目前的状况而言，法治教育的专业建设可以附属于法学、教育、思想政治教育、管理等专业来开展。从我国全面依法治国的战略要求和法治教育自身发展的规律来讲，我国需要法治专业，只有设立法治专业，才能满足培养综合性法治人才的需要。

要通过法治专业培养大量的法治专业的专科生、本科生、硕士研究生、博士研究生、博士后研究人员。法治专业之所以必要，是因为法治专业不是法律教育、法学教育或者管理教育单独能完成任务的，法治专业有新的使命，即为了实现社会的治理能力和治理体系的现代化。尤其是依法治国必须有与其相适应的、符合规格的人才，而人才要通过专门的专业建设来培养。

可见，法治教育专业具有融通性、时代性、综合性等特点，应结合这些特点开展论证、规划，设置新专业。

五　师资培养

师资是法治教育实效性提高的保障，没有高素质的法治专业师资队伍就不可能培养出质量较高的法治专门人才。法治专业的师资既不同于法学专业、法律专业，也不同于管理专业、教育专业，法治教育对教师的综合素质、法治素养、管理素养要求更高。法治教师不仅要求有法治知识，而且要求有法治实践能力和一定的法治技能，不仅要能解决法治理论问题，而且要能解决实际问题。法治教育的师资要有“未来观、全局观、全球观”，这是我国企业界领军人物马云的思想，很有时代特色和深刻性，不仅适用于企业人才的培养，而且也适用于我国法治教育师资的培养。我国专门的法治教育教师数量少，法治教育任务通常由大量的兼职法治教师承担，目前急需扩充法治教育专业队伍，在绝对数量增加的基础上，提高法治教育专业教师的质量。要通过专业教育、短期培新、离职进修、自学、线上、线下等多种形式培训法治师资，满足目前的紧迫需要。但是，就法治教育的长远目标而言，还需要做好法治教育教师发展的整体规划，把法治教育师资的发展作为法治建设事业的一个环节，切实落实好各方面的措施。

第十章

法治教育的评估

法治教育的现状如何，到底有没有效果，法治教育将向哪个方向发展，需要以法治教育的评估为依据。法治教育评估是指法治教育主体依据法治教育的理念和原则运用一定的方法对法治教育的效果进行评价。法治教育评估是引导法治教育活动开展的杠杆，是增强法治教育效果的关键。我国的法治教育评估体系不健全、不完善，严重影响了法治教育效果。对什么是法治教育的评估，法治教育为什么要评估、法治教育依据什么评估、怎样评估等一系列问题急需研究，如果不研究，将严重影响法治教育活动的开展。尤其是法治教育评估涉及哪些法治教育因素，这些因素之间的关系是什么，人们的认识也不甚清楚。可见，法治教育评估是法治教育基本原理中的一个重要问题，它不仅关系到我国公民法治教育的效果，而且还关系到政府、机关、团体、学校以及其他单位法治教育的决策和具体实施。

第一节　法治教育评估概述

一　法治教育评估的概念

法治教育评估就是对法治教育效果的评价，是确定法治教育活动实际达到教育目标程度的过程。法治教育评估从本质上来讲是收集信息进行价值判断的过程。因此，法治教育评估所依据的教育理念很重要，不同的评价主体依据不同的教育理念对同一种法治教育活动、法治教育机构、法治教育中的人，可能做出有差异甚至相反的法治教育评估。因为提供的评估信息，必然内在地包含着潜在的评价准则，而评价准则是有价值导向的。也就是说，法治教育评估是一个复杂的、多向的、有明显倾向性的评估。现代法治教育评估是评估者与被评估者共同建构的过程。法治教育评估不能脱离一定的政治、经济、文化等众多因素的制约，更不能脱离法治教育受教育者的积极配合，现代法治教育评估是法治教育的评估主体与法治教育的被评估者相互学习、相互交流共同建构的过程。

法治教育的效果涉及对人的效果、对事的效果，与此相联系，法治教育的评估包括对人的评估和对事的评估，对人的评估包括对法治教育者和法治受教育者的评估，对事的评估指机构开展法治教育活动的评估。

（一）对法治教育者的评估

法治教育的评估，首先是对教育者的评估。合格的法治教育者是法治教育活动开展的前提。对法治教育者的评估也可以称之为对法治教育师资的评估，要评估法治教育师资的专业素质和思想政治素质是否适合担任法治教育教师。作为一个合格的法治教育教师，应具备应有的法治意识、法治常识、法治思维、法治实践能力，才能胜任法治教育教师岗位。

就目前的情况而言，我国法治教育的教师多从政法院校选任，在法治教育的初期，这不失为一个好方法，尽管法治教育师资与法律专业教育的师资有密切联系，但法治教育师资毕竟不同于法律专业教学的师资，法治教育师资更多的具有通识性、普适性，不仅要求有法律专业知识，而且要求有治理知识。不仅要为依法治国服务，而且要为我国实现治理体系和治理能力现代化服务。也就是说，虽然依法治国与治理体系和治理能力有密切的联系，但治理体系和治理能力的要求更为宽泛，尤其是政治性要求更强，涉及经济、文化、社会、环境、宗教等多个领域的治理问题。可见，法治教育不单单是一个法律教育的问题，更多地还涉及治理教育的问题。就法律问题而言，我国国内法教育的师资在一定程度上较为充足，而国际法、国际惯例教育方面的师资较为欠缺。这些都要求通过法治教育评估活动，客观、科学地对法治教育师资的现状水平有一个正确的认识，以便尽快补齐短板，提高法治教育质量。

（二）对法治教育机构的评估

对法治教育机构的评估是法治教育评估的重要方面，因为无论是法治教育的教育者还是法治教育的受教育者，都需要法治教育机构作为载体把他们组织起来。对法治教育机构的评估，包括对政府法治教育机构的评估、对学校法治教育机构的评估和对社会法治教育机构的评估。

对政府法治教育机构的评估，是指对政府法治教育机构的法治教育效果的评价，包括对政府的组织能力、人员构成、制度完善、法治教育目标的达成、法治教育决策的科学、法治教育的执行力、效率等多种法治教育指标的评价。政府法治教育机构主要是指政府内设的司法行政部门。在我国，政府是法治教育的第一责任人，政府有责任协调公、检、法、司以及社会、学校法治教育机构开展法治教育。对政府的法治教育评估，主要应该是对政府的法治教育决策、制度、执行力、效率等方面的评估。政府的决策是否正确，关系到法治教育的发展方向，政府制定的法治教育制度、规划，关系到法治教育是否有一个健全、完善的长效机制，也可以说，制度是法治教育的保障，而政府在法治教育上的执行力，关系到法治教育是否能够得到落实；政府的法治教育效率则关系到政府的人力、物力投入与法治教育效果的产出是否成正比。对政府法治教育机构的评估主要由第三方担任，第三方可以是政府机构以外第三方，也可以是专业的法治教育评估机构第三方。随着全面依法治国的深入开展，今后对政府法治教育机构的评估越来越多地由第三方担任，而目前往往是自己当自己的“裁判员”，这就是政府法治教育低效、不力的主要原因。当然，除了第三方对政府法治教育进行评估外，还可以自我评估，即政府开展法治教育的自查自纠，自我完善法治教育的组织、领导，自我检查法治教育落实情况。这两种评估方式应互为补充，都有不可替代的优势。

对学校法治教育机构的评估。在我国，学校是法治教育的专业机构，在法治教育的过程中起着不可替代的作用。对学校法治教育机构的评估目前主要由学校的上级教育行政主管部门担任。学校法治教育主要是通过法治教学来完成，所以学校法治教育机构的评估主要体现在对学校法治教学活动的评估上。对学校法治教育评估的指标因素有：法治教育是否纳入学校年度工作考核体系、现代化学校创建中是否有法治教育建设、法治教育校本课程开发、法治教育校外实践基地和校内实践基地的建立、教师的学历、教案、备课设施、课时、学生的作业、作品、各科教学的法治教育内容渗透、校园法治文化建设、平安校园的建设等。对学校法治教育的评估，除了上级教育行政主管部门之外，还有第三方专业机构评估、社会评估和学校的自我评估。这些评估形式要相互配合，共同作用。

对社会法治教育机构的评估。对社会法治教育机构的评估，目前主要由政府担任。在我国，政府是法治教育中不可忽视的重要力量，是我国法治教育的生力军，但今后我国法治教育的任务主要由社会法治教育机构担任，法治教育的社会化是发展的大趋势。对社会法治教育机构评估的主要指标有：法治教育的市场竞争力、法治教育的服务职能履行情况、法治教育的人员、组织、目标、教学质量、教育效果等。我国社会法治教育机构的动力不足，也可以说动力严重匮乏，这与全面依法治国的战略决策很不相称，急需调动各方面的力量，培育大量的社会法治教育机构，广泛开展法治教育，只有这样，全面依法治国的战略才能真正落到实处。

（三）对法治教育受教育者的评估

对法治教育受教育者的评估是法治教育评估的核心部分，我们通常所说的法治教育评估，就是指对法治教育的受教育者的评估。对法治教育受教育者的评估，是指通过对法治教育评价基本维度的分析，评价法治教育对受教育者产生的稳定、持续的变化。对法治教育受教育者的评估是法治教育效果分析的基础工作，构成了法治教育评估的主体部分，主要指标有：法治意识、法治信仰、法治知识、法治思维、法治技能等。法治意识是所有指标中的基础指标，指法治教育的受教育者发自内心地对法律的认可、崇尚、遵守与服从，法治意识是建立在人们对法治的性质、地位、作用等问题的认识的基础上的，所以，法治意识包括基本的规则意识、权利与义务统一的意识。法治知识是对与其相关的一些基本的法律、法规、规则、守则、规章的了解。法治信仰是对法治坚信不疑的一种思想感情，是在法治意识、法治知识的基础上形成的。法治思维是指权利义务统一的思维，是运用基本的法律规则与生活实践结合进行推理，做出符合逻辑的结论。法治技能是法治生活实践的能力、技巧、技术，是运用法律、规则、守则解决纠纷、维护权利、履行义务的能力、方式、技巧。

对法治受教育者的评估到底由谁来做出，即评价的主体是什么，这是法治教育受教育者评估需要解决的一个关键问题。一般认为，实行评估主体多元化比较合理。在学校，老师是评估学生法治教育的主体，根据我国《教育法》《教师法》的规定，教师有权对学生的学习做出评定，学生在学校接受法治教育，主要途径是课堂，所以由教师对学生的法治教育学习情况、学生的法治素养、法治能力做出评估比较合理。当然，引入专业评估、第三方评估、社会评估、教育行政主管部门评估也是必需的。多主体的受教育者法治教育评估，有利于更全面地认识了解学生的法治教育质量，为进一步改进学校法治教育提供更为准确的依据。最后要注意的是，要重视受教育者法治教育的自我评估，因为真正的教育是自我教育，让学生自己对自己的法治教育情况做出评估，无论是在评价的成本上，还是在评价的便捷上，都具有其他评估不可比拟的优势，所以，在法治教育过程中，要把受教育者自我评估能力的培养放在法治教育的重要方面。

二　法治教育评估的特征

（一）目的性

人类的活动都是有目的的，法治教育也不例外，法治教育评估的目的就是通过评估检查法治教育的目标是否到达，提出改进措施，以便更好地实现法治教育的目标。法治教育的目标多种多样，包括宏观、中观、微观上的目标。首要是宏观层面的目标（宏观层面上的目标亦称法治教育目的），依法治国方略的实现，法治教育为国家服务，服务于公民对中国特色社会主义道路、政体、国体的认同，有助于治理体系和治理能力现代化的实现。法治教育宏观层面的目标，不是每一次具体的法治教育活动都能非常明显地显现出来，但是一定要有法治教育的宏观层面的目标，宏观层面的目标能起到导向的作用。中观层面的法治教育目标，是指法治教育对提高人的法治素养、增强人的法治技能方面的目标。法治教育是因为人，为了人，所以法治教育中观目标必不可少。法治教育微观上的目标是每一次法治教育活动要达到的具体目标，比如，传授多少法治教育的内容，多少人参加法治教育的实践，学会多少法治教育知识，理解几个法治教育的概念，熟悉几条法治教育的条文，等等。总之，法治教育评估要增强目的性，要评估法治教育目标是否达到或者达到的程度，在达到法治教育目标上做了多少努力，有什么资料、数据能够反映出，要力戒法治教育的逆目标。

（二）价值性

法治教育评估具有价值性，这里的价值性是指法治教育评估的思想倾向、立场。法治教育评估的价值性贯穿于法治教育评估的全过程。不同的价值取向有不同的法治教育评估，所以不同的人、不同的机构对同一法治教育评估的结果可能不一样。在我国，进行法治教育评估，要坚持实事求是的思想，反对形式主义和教条主义的法治教育评估。实事求是不仅是马克思主义的精髓，而且是法治教育评估的指导思想，坚持实事求是的价值取向，才能做到以人为本、以人民的利益为中心，正确地评估法治教育。社会主义核心价值观对法治教育评估同样起重要作用，社会主义核心价值观是实事求是的思想在当今时代的体现，是法治教育评估要始终坚持的价值，价值性通过价值准则具体体现出来。由此可见，法治教育评估是以一定的价值准则为核心的价值关联活动，不体现一定的价值性的法治教育评估是没有的，因此，法治教育评估一定要重视、研究、运用法治教育的价值准则。

（三）互动性

法治教育评估不是一个封闭的过程，而是法治教育的评估者与被评估者互动、学习、交流、共同建构的过程。如果把法治教育评估当成主体单独完成的过程，不仅不符合实际，而且也违背了法治教育评估的初衷。也就是说，法治教育评估不是为了评估而评估，而是为了帮助被评估者改进、提高法治教育效果，所以法治教育评估必须与被评估者联系才有意义。法治教育评估与被评估者，无论是机构还是人，都必须互动，法治教育评估才能为被评估者理解、认同、接受。尤其是专业机构，在评估法治教育的受教育者时，更应该加强与被评估者互动，否则，再专业的评估也没有意义。评估者是引导者，被评估者是主导者。要树立一种理念，是被评估者主导评估的过程，而不是评估者主导评估的过程，所以，在评估中要调动被评估者的积极性、主动性，让被评估者参与评估的全过程，在评估的方式、评估的指标体系、评估结论的得出、参与评估的机构、人员等多方面，要与被评估者协商、对话，力求以理服人，达成最大程度的共识。

（四）制约性

再权威的法治教育专业评估都要受制约。一是受法治教育评估本身的制约，如，受法治教育评估机构专业人员专业知识的制约。这里的专业知识不仅包括法治专业知识，而且也包括评估专业知识。还受法治教育评估机构的评估制度是否健全、评估的指标体系是否科学的制约。二是受特定的政治、经济、文化等的制约。法治教育的发展与整个社会和个人对法治的需要有关，而法治教育评估又是建立在一定的法治教育发展规模和程度的基础上的，所以评估要受特定的政治、经济、文化的等因素的影响，也就是说，没有脱离特定时代的法治教育评估。换言之，用什么方式评估法治教育、法治教育评估要依据什么样的法治理念等，与特定时代的要求密切联系，没有脱离特定时代的法治教育评估。此外，法治教育评估还受人们的法治意识、法治信仰的制约。总之，看到法治教育评估的制约性、局限性，才能科学地对待法治教育评估，最大限度地发挥法治教育评估的功效。

（五）未来性

法治教育评估是面向未来的评估，法治教育评估具有未来性。也就是说，法治教育评估立足于当下的法治教育，又超越当下的法治教育。这是因为教育具有未来性，是面向未来培养人才的。法治教育也一样，它立足于当下的法治教育任务，但从本质上讲并不局限于当下的任务，它的价值指向未来，培养人的目的是为了适应未来生活。因此，法治教育的评估理念、评估体系的建立不能局限于当下的利益。

未来性也可以理解为前瞻性。评估法治教育的效果到底应该有多大的前瞻性才合适，要考虑到具体评估单位和被评估人的心理接受情况，以及经济、政治、文化等多种因素的影响。同时，要教育人们把眼前的利益与未来的长远利益统一起来，在制订法治教育计划、开展法治教育活动时，要立足现实，面向未来。

未来性还意味着法治教育评估要评出希望，让人们看到法治教育事业的辉煌。尽管目前的法治教育有种种不如意，但是有党中央实行全面依法治国的伟大战略，特别是党中央成立了全面依法治国委员会，由总书记亲自担任负责人，这在我国依法治国的历史上还是亘古未见的，这说明，法治教育在我国有顶层设计的制度支持机制，法治教育在未来大有可为，在专业发展、人才培养、实践应用、科学研究、配套改革等多方面领域必将迎来大发展。

未来性也意味着法治教育必须紧紧地立足于当下，因为没有不立足于当下的法治教育，未来性与当下性是密切联系在一起的。要看到，我国法治教育的现状十分落后，学科建设、人才培养等多方面事项还处于起步阶段。大多数人理解的法治教育就是法治宣传教育、普法教育，因此，不少法治教育走过场、搞形式、不解决具体问题，这就需要通过法治教育的评估手段，切实找出法治教育在当下的不足，以求改进。

三 法治教育评估的意义

（一）理论意义

1. 丰富教育评估理论研究

法治教育评估作为教育评估的重要组成部分，其研究有助于丰富教育评估理论，促进教育评估理论的发展；同时，也有助于推动法治教育评估理论的建立、发展、完善。因为，无论是法治教育，还是依法治国，都离不开教育评估理论的支撑。

2. 解决重大的理论问题

需要从评估的视角厘清法治教育发展的种种问题。面临的理论问题有：法治教育到底要传导一种什么样的法治精神，如何开展中国特色的法治精神的理论研究、现实提炼、历史总结；法治精神的实质如果是良法善治，那么与人文又有什么关系，如何处理规则与人文的关系；何为良法，何为善治？法治教育到底该如何传导“人文”“良”“善”这些基本元素。这些问题是困扰法治教育的问题，只有通过法治教育评估理论研究，从教育评估学上进行回答，才能促使和加强法治教育对这些问题的解决。

3. 发挥法治教育评估理论的引领作用

目前，我国法治教育评估理论研究处于起步阶段，法治教育到底应该由谁来评估、依据什么评估、评估谁，并不彻底清楚，尤其是在理论上的认识尚不一致，所以目前急需开展法治教育评估的理论研究，用法治教育评估引领法治教育。

（二）实践意义

1. 人本意义

通过法治教育评估，发挥法治教育评估的价值引领作用。法治教育评估不是为了评估而评估，也不是为了机构而评估，无论这些机构是权力机构还是社会机构，也不是为了政府的司法行政部门而评估，甚至从最终的意义上讲，也不是为了政府而评估。那么，法治教育评估到底是为了谁呢？我们说是为了人、为了人民、为了人民美好的幸福生活而评估。所以，法治教育评估自始至终都要体现“为了人”这个宗旨。人、人民是一个具体的概念，因此法治教育评估要联系具体的人、具体的人的利益开展评估，做出实事求是的结论，这可以说就是法治教育评估的人本意义。简言之，法治教育的评估要考虑被教育者的体验、感受，要有利于被评估者提高法治素养，要有利于被评估者更幸福地生活，要评出受教育者对生活的信心，特别是要发展地、动态地、积极地评估出受教育者坚定的法治信仰。

2. 决策意义

通过法治教育评估，发现法治教育存在的缺陷和不足，为相关部门做出正确的法治教育决策提供必要的法治教育评估信息支撑。长期以来，不少人认为经济、政治、环境、文化等方面才是大问题，在决策前才需要充分的调查研究，而对诸如法治教育之类的问题，在决策时往往比较随意，调查研究不充分，对法治教育的现状评估不科学。其实，从全面依法治国这个战略高度来讲，法治教育决策的科学性显得尤为重要。法治教育要科学决策，需要通过法治教育评估的手段来获得充分的、必要的信息。法治教育不能等同于学校普通的教育教学活动，也不能等同于政府日常的公务活动，更不能等同于社会机构普通的公共服务活动，所以不论是学校、社会法治教育机构，还是政府法治教育部门，法治教育都需要科学决策，因此，从战略决策的高度来思考，离不开法治教育评估。

3. 服务意义

法治教育评估是一个收集信息、反馈信息的过程。通过评估找出教育过程中“实际是什么”与“应该是什么”之间的差距，判断法治教育是否达到了教育目标，从而改善法治教育，提高法治教育质量。通过法治教育评估，可以了解法治教育的计划、课时、师资、教材“四落实”的情况，可以了解法治教育的专门教育、渗透教育、教学方式、学科协调教育、专题教育、自我教育、制度建设、文化价值的情况，从而为法治教育的实施提供更为明确的依据。法治教育评估服务教育教学的意义，要通过对学校、社会、政府机构法治教育的科学评估体现出来，所以建立科学的、分门别类的法治教育评估指标体系，才能真正体现法治教育评估的服务意义。

4. 治理意义

法治教育评估能够引领法治教育多出治理人才、快出治理人才、出高质量的治理人才。法治教育评估之所以在治理上有意义，是因为我们目前的法治教育过于强调法律知识、技能上的教育意义，对培养综合性的治理人才重视不够。法治教育评估通过评估过程、评估结论，引导法治教育加大培养治理人才的力度。因为就现状而言，我国各行各业的治理人才欠缺，能够真正担当治理大任的人并不多，大多数的人是凭经验、靠感觉管理部门、地区的人和事。社会治理与过去讲的管理有一定的联系，但是又不能完全等同。总之，治理的综合性很强，我国要实现治理体系和治理能力现代化，需要大批合格的治理人才，而治理人才离不开法治教育，法治教育又需要法治教育评估的指引。

5. 教育意义

法治教育评估不仅是一种评估，而且更是一种教育。作为受教育者的个人，通过法治教育评估发现法治素养上的不足，从而有针对性地提高法治素养。尤其是在众多的评估方式中，自我评估的过程本身就是一个教育过程。法治教育评估对机构同样有教育意义：作为政府法治教育机构，通过评估改进在组织、制度、运行、投入等方面的缺陷，减少法治教育上的失误；作为社会法治教育机构，通过法治教育评估发现其不足，进一步提高法治教育的质量，增强竞争力。

第二节　法治教育评估的种类

法治教育评估可以依据不同的标准进行划分，依据主体的不同可以划分为政府的法治教育评估、社会机构的法治教育评估、专业机构的法治教育评估、个人的法治教育评估以及自我的法治教育评估。依据法治教育评估的内容可以分为：宪法教育评估、民法教育评估、刑法教育评估等。依据评估的目的分为：社会治理评估、国家治理评估、个人成长评估等。依据评估的对象分为：对法治教育中的人的评估（包括对法治教育的教育者的评估、对法治教育的受教育者的评估）、对法治教育活动的评估。依据评估的结构和功能分为：规范性法治教育评估，超规范性法治教育评估。依据评估的方式分为：法治教育的定量评估、法治教育的定性评估以及法治教育的综合评估。依据法治教育手段分为：法治教育的静态评估、法治教育的发展性评估。依据法治教育的存在阶段分为：法治教育的元评估和法治教育的具体形态评估。依据法治教育评估的权威性分为：法治教育的专业机构评估、法治教育的非专业评估。依据法治教育对象评估的角度可以分为：法治教育的自我评估和法治教育的他者评估。依据法治教育评估的立场可以分为：法治教育的价值评估和法治教育的非价值评估。对法治教育评估做多标准的划分，是为了多角度、多层面、多视野认识、理解和运用法治教育评估。有选择性地研究一些法治教育评估的种类，是为了克服认识、实践的局限性，改变长期以来我们在法治教育的评估中容易忽视的一些最基本的评估方式，而这些基本的评估方式又恰恰是我国法治教育实践迫切需要面对的实际问题，否则，法治教育评估的科学性、公正性、价值性、人本性无从谈起。下面试述几种较为典型而又易于忽视的法治教育评估：

一　法治教育的元评估

（一）法治教育元评估的含义

法治教育元评估就是对法治教育评估的评估。“元”的英文是“meta”，意思为“在……之后”“超越”。“元评估”最早是由美国教育家斯克里芬（M. Seriven）在 1965 年提出的，“meta-evaluation”是对评估活动、评估系统或评估具体工具的评估。法治教育的元评估，就是对法治教育的评估技术、结论以及法治教育评估活动的过程进行评估。

法治教育的元评估有如下含义：

第一，法治教育的元评估是价值评估。也就是说，不仅法治教育评估是价值评估，而且法治教育评估的评估也是价值评估。也就是说，不同的元评估主体依据不同的评估价值观对评估的结论做出不同的判断，法治教育的元评估不但是中立的，也是一种价值判断。就我国目前的法治教育元评估而言，以人为本，以人民的利益为中心，这是法治教育元评估应秉承的基本价值。社会主义核心价值观要贯穿于法治教育元评估的始终。法治教育的元评估要评定法治教育的评估全过程、结论、指标体系是不是以人为本，是不是因为人、为了人、为了人的美好生活。

第二，法治教育的元评估要依据一定的指标体系对法治教育评估做出评定。要开发、制定一套切实可行的法治教育元评估标准。元评估的标准可以说是为评估立法，没有一套元评估标准，法治教育评估就会陷入混乱，从而严重影响法治教育活动的开展。法治教育的元评估标准不仅内容要明确，而且在形式上要具有一般性，能在不同的法治教育评估人群、机构、主体中得到推广、应用，这个标准同时也应该是可靠的、客观的。

第三，法治教育的元评估是一个复杂的过程。法治教育元评估作为一种高层次的评估，从理论上讲，它还可以包括更多的层次，这就有了一级评估，二级评估，一直到 N 级评估。有人认为第二级评估是必要、可行、重要和充分的。[①] 其实，教育的元评估确实是可以结合具体情况多一些层次的，否则，元评估如果有错误就无法纠正。法治教育的元评估要受到横向和纵向的监督，因此，元评估是多层次的元评估，也就是说，一旦法治教育元评估主体依据一定的标准对法治教育评估做出结论，接受元评估的单位和人是可以提起申诉的。

第四，法治教育的元评估对法治教育的评估做出描述。描述的方式可以是语言、文字，还可以是图标，或者文字与图表结合。描述的语言可以是口头的，也可以是书面的，描述要求用语简洁、明确，有利于监督评估工作的正确有效进行。要研究和重视法治教育元评估中对评估结论的描述问题，通过对法治教育评估的描述，给法治教育评估的接受单位和个人提供丰富的信息，为法治教育的正确评估提供有益的参考。

第五，法治教育的元评估要对法治教育评估提出合理化建议。法治教育的元评估不仅仅是对法治教育的评估做出描述就算完成，而且还要

① 方鸿琴：《国外教育元评估的分析及对我国的启示》，《江苏高教》2004 年第 1 期。

提出可行性建议，帮助、监督接受评估的单位和个人改进法治教育的评估工作。法治教育评估应该是有一定约束力的，在我国，尤其是上级部门对下级部门的元评估，按照行政隶属关系是可以修改的，发现错误也是可以撤销的。

（二）法治教育元评估的构建

法治教育元评估的构建是指其具体操作方式，要依据一定的价值观指引，按照一定的程序科学构建。

第一，法治教育的元评估要坚持实事求是的思想。法治教育元评估是对评估的评估，既有肯定评估、激励评估的功能，也有对错误评估纠偏的功能。因此，必须坚持实事求是的指导思想。实事求是是马克思主义的根本，是毛泽东思想和中国特色社会主义思想的精髓，不仅我国的各项工作要坚持实事求是思想的指导，而且法治教育的元评估也应坚持。在法治教育的元评估中，坚持实事求是就是要以人为本，着眼于人的发展，以人对美好幸福生活的追求为价值归旨，这就是最大的实际，其他的实际情况都要围绕这个最大的实际才能从根本上做到实事求是。

第二，明确法治教育元评估对象的真实情况。法治教育元评估到底要评估什么，这是首先要搞清楚的前提，不仅要从被元评估的对象那里得到评估的方案，关键的是要深入实际，通过去粗取精、去伪存真、由此及彼、由表及里，把握法治教育评估的真相和本质。否则，法治教育的元评估就会误导法治教育评估和法治教育。

第三，确定参与法治教育元评估的主体。法治教育的元评估可以由机构担任，也可以由具体的人担任，还可以鼓励法治教育评估的单位或者个人通过自我反思的形式进行自我元评估。法治教育元评估的单位要求有一定的资质，具体个人则要求是本领域里的权威专家或者为特定评估所需的有关人员。

第四，获得法治教育元评估的授权。法治教育元评估的授权可以来源于法律、制度的规定，也可以来源于政府、有关司法行政机关的指定，还可以来源于协议、合同，以及有关法治教育评估单位、个人的邀请。

第五，制定详尽的元评估方案。元评估方案实际上是把法治教育评估的指导思想具体化。方案里面除了具体的法治教育元评估原则外，还应该制定法治教育元评估的指标体系。法治教育元评估的指标要科学、先进、合理、实用，也就是说，元评估本身要经得起评估。

（三）法治教育元评估的意义

法治教育的元评估是教育评估中不可缺少的评估，缺少了法治教育的元评估，法治教育的评估就缺乏引领和监督。在我国全面依法治国的大战略背景下，没有不受监督的单位和个人，因此，法治教育的评估要再次受到评估，这既是我国政治体制优越性的体现，也是教育评估规律的体现，不仅法治教育评估要受到评估，就是法治教育的元评估本身也要受到评估。法治教育元评估具有重要的意义。

第一，保证法治教育评估的质量。法治教育评估的质量如何，只有通过法治教育的元评估反映出来。通过法治教育的元评估完善评估活动、提高评估的可信度。法治教育的元评估是法治教育评估和法治教育中不可缺少的基本环节。“教育评估作为监督和管理教育工作质量的重要手段，其成效如何？它对被评估对象产生了怎样的影响——是推动还是误导？最终都取决于评估质量的优劣。而要保证教育评估的质量，必要的外部监管是必不可少的，‘元’评估正是实现这一目标的有效途径。”①

第二，拓宽法治教育评估的渠道。法治教育不仅有评估，而且有元评估，元评估使法治教育评估的领域变得更宽了。法治教育的元评估要求我国的法治教育评估主体多元，过去法治教育的评估往往以政府、教育行政部门、司法行政部门等作为单一的评估主体，尤其是司法行政部门，既是法治教育的主要实施者，又是法治教育的评估者，利益重叠、纠缠，使法治教育评估的信息单一、狭窄，评估信息的准确性受到质疑，要改变这一现状，就需要通过法治教育元评估来发现真实问题，从而指导评估实践活动。

第三，法治教育元评估促进我国法治教育评估的科学化。由法制教育到法治教育，“制”与“治”一字之差，却是我国法治教育的巨大变革，这意味着我国法治教育的历史并不长，法治教育评估的起步无论是研究还是实践都比较晚，因此，我国法治教育评估急需迈出科学化的步伐。法治教育元评估，通过对评估的反思、总结，发现法治教育评估的规律、特点，提升法治教育评估的科学水平。

---

① 方鸿琴：《国外教育元评估的分析及对我国的启示》，《江苏高教》2004 年第 1 期。

第四，法治教育元评估促进我国法治教育评估的人文化。人文化一方面是对人生活的具体环境的突出，另一方面是对人的突出。法治教育元评估，监督、检查法治教育评估是否要切合实际，是否与具体的人文环境结合。法治教育评估本身不是目的，而通过评估发展人才是目的，因此，法治教育的元评估要突出人、为了人，要确保法治教育评估将为了人的理念传导给法治教育活动。

第五，提升法治教育评估的理论研究水平。法治教育评估不仅在实践上需要开拓，而且在理论研究上也有大量的问题需要研究。目前，我国法治教育评估中有许多基本的理论问题，尤其是一些核心范畴需要厘清，否则，法治教育评估理论的形成将受到挑战。法治教育的元评估不仅关注法治教育评估实践，而且关注法治教育评估理论，从而提升法治教育评估的理论研究水平。

二 法治教育的发展性评估

（一）为什么需要法治教育的发展性评估

法治教育到底适用什么方式的评估，这不仅由教育评估规律决定，而且由人的成长规律以及社会发展规律决定。

第一，法治教育的发展性评估是由教育发展的规律决定的。发展性教育评估源于 20 世纪 30 年代美国进步主义教育联盟组织的“八年研究”，在研究中，以泰勒为首的教育评价委员会提出了以教育目标为核心和依据的测验编制原则，该委员会试图把社会的要求和学生个人的需要反映在教育评价中，因为以往的教育只重视甄别与选拔的功能。① 21 世纪，我国启动了新一轮的基础教育课程改革，课程改革非常重视对教育评估的改革，其基本思想是要改革过去的课程过于强调甄别和选拔的功能，而忽视诊断、发展功能，发展性教育评估就是要发挥评估在促进学生发展、教师提高和改进教学实践的功能。法治教育评估就是在这样的大背景下发展起来的。

第二，法治教育的发展性评估是由人的成长规律决定。在发展心理学看来，每一个体和组织具有巨大的发展潜能，发展是一个螺旋式上升、

① 董奇、赵德成：《发展性教育评价的理论与实践》，《中国教育学刊》2003 年第 8 期。

延续的、循序渐进的过程。在唯物辩证法看来，内因是人发展的根本原因，外因是人发展的条件，人的发展是内因和外因共同作用的结果。这就是说，人的发展是一个发展的过程，这个过程充满矛盾、斗争，当中有曲折、有前进，有上升、也有下降，人的发展不可能定格，也不可能是一条笔直的路径。总之，人是动态的人，法治教育的发展性评估正是着眼于人的法治素养的动态性养成来评价人的。

第三，法治教育的发展性评估是由评估本身的规律决定的。评估的本质就是为了人的发展，对人的发展起推动作用。与法治教育的发展性评估相对应的是法治教育的选拔性、甄别性评估，这种评估对人的法治意识、法治能力的评价是静止的，定格在人的某一阶段的评估，不可能评估出人的未来，也不可能评出人的潜力以及人的毅力。具体讲，人的法治知识、意识、能力是可变的，不能用静止的观点看待人对法治的学习。可见，法治教育的发展性评估立足于人的法治教育的潜力和未来，反映了教育评估的规律。

（二）何为法治教育的发展性评估

法治教育的发展性评估是立足于人接受法治教育的发展过程的、面向人的未来的积极性评估。法治教育的发展性评估是对法治教育的选拔性评估的超越，也就是说，它肯定了法治教育选拔性评估的某些功能，而又克服了法治教育的选拔性评估的不足，因此更为科学。法治教育的发展性评估的特征是：

第一，过程性。法治教育的发展性评估是过程评估，就是把法治教育评估中涉及的人或者事等评估对象当成一个正在形成、发展、完善的阶段。过程评估包括已经过去的过程、现在的过程和未来过程。对已经过去的过程，给予实事求是的结论。评估面向的是现在存在的过程。法治教育的发展性评估是静态与动态的统一过程，这个过程中既有甄别选拔性评估，也远远超越了甄别选拔性评估。同时，也要看到法治教育的发展性评估只能就法治教育过程中的某一阶段的过程进行评估，任何阶段过程都只是事物发展整体过程中的相对过程，从这一点上讲，过程性评估也有局限性。

第二，积极性。法治教育的发展性评估是积极的评估。通过评估，给予被评估对象以肯定性评价，促进机构提高法治教育质量、个人提高法治素养。所以，评估主体要与被评估主体对话、协商、互动，让被评估对象产生积极、愉悦的心理体验，通过肯定性评估促进法治教育评估对象的发展。当然，在评估过程中，也要指出不足，促使评估对象反思。

第三，创新性。法治教育的发展性评估，不仅关注评价对象拥有的法治知识，而且关注评估对象处理法治事务的技能、技巧，尤其是法治理论联系实际的能力。因为，现实社会生活十分复杂，会涌现各种层出不穷的法治新问题，没有创新精神和创新能力，只会学习、记忆僵化的法治知识、法律条文，还不能说明法治教育就有了要求的成效，法治教育还意味着创新，因此，法治教育的发展性评估要求法治教育对象具有创新性。

第四，未来性。法治素养是人不可缺少的基本素养，传统的法治教育评估评出的是人现在的法治素养和人生状态，关注的是结果，是评价对象在某一阶段、某一点上是否达到了评估要求，但是评不出人未来的法治素养和人生状态，更不能通过法治教育评估评出人的毅力、人的潜力、人对未来法治社会、未来美好生活的热情和渴望，只有法治教育的发展性评估，通过联想立足于未出现的可能性，从传统的法治教育评估中找出不足，这就是未来性。

第五，教育性。法治教育评估的过程，就是评估对象接受法治教育的过程。发展性法治教育评估所秉持的积极、肯定、鼓励、宽容等教育德性，有利于在受教育者心中形成“良法”“善治”的观念。反之，苛刻、严峻、无情的选拔性、静止性法治教育评估，貌似客观、公正、价值无涉，实际上是对人心中残存的对未来美好生活的摧毁，怎能要求通过这样的评估引领法治教育所培养出来的人在未来的生活中能够立“良法”，在社会生活中能“善治”呢。

（三）法治教育的发展性评估的建构路径

法治教育的发展性评估的建构是指其具体实施步骤，在达成评估目标时应该先做什么，后做什么，把法治教育发展性评估理念具体化的先后顺序方法。

第一，明确法治教育的发展性评估的目的。法治教育的发展性评估的目的是为了受教育者更好地学习法治知识、形成法治技能；为了法治教育单位改进法治教育内容、方式，提高法治教育的效果。也就是说，过分的甄别和选拔不是法治教育的目的，在整个评估过程中要关心被评估者的感受，要尊重被评估者，要充分体现人文精神。

第二，用多种标准整体性评估法治教育对象。整体性评估就是多层面、多角度、立体地评估法治教育者；同时，引导被评估者认识到甄别、选拔在任何社会、任何时候都是存在的，市场经济的竞争机制对社会各个领域的影响是不可回避的，关键是要认识甄别、选拔评估的局限性，对其有一个正确的态度。要看到，现代法治社会对人才的法治素养的需求是多方面的，有的偏重于法治理论研究，有的偏重于法治实践，在法治实践中也存在多个领域。对法治教育的教育者而言，不同的教育者个性不一样，在教育过程中展现的教育风格、体现的人格魅力不一样，因此，要用多种标准整体评估法治教育对象，多一种评估标准，就多一些被肯定、被激励的法治教育评估对象。

第三，全面了解被评估对象。任何评估都是建立在对评估对象了解的基础上的，法治教育的发展性评估首先要通过调查研究，全面获取被评估对象的各种知识情况，比如，法治知识的掌握情况，法治能力的高低，家庭成员的遵法、守法情况，生活的周边环境的法治文化、治安状况，在成长过程中有哪些法治事件发生，对其产生了什么影响，对法治社会有何期待，对现行法律的态度，等等。在此基础上，科学、合理地呈现、分析评估资料，全面评估法治教育对象的变化过程，并提出具体的建议。

第四，多主体开展评估。法治教育的发展性评估是多主体同时开展评估，最后给评估对象提供评估结论，做到兼听则明，避免一家之言的独断和偏见。多主体开展评估是独立开展评估，而不是多单位、多人联合评估，这里的多主体可以是社会第三方评估机构、专业权威机构、政府、司法行政部门、教育行政部门、一般的社会组织、个人、以及被评估对象等。多主体评估既要有政府部门协调，同时又要独立开展评估，做到在评估过程中互不干扰，可见，独立性是多主体评估的关键。要强调的是，可以对多主体的评估质量进行元评估，多主体可以相互元评估。通过元评估确保多主体评估的质量，使评估真正发挥促进成长、提高法治教育实效的作用。

第五，辩证地开展评估。法治教育的发展性评估的实质，就是确立唯物辩证法在评估中的指导地位，既要重视评估结果，也要重视评估过程，把终结性评估与形成性评估有机统一，把他者评估与自我评估统一；既要看到评估过程中人的力量，也要看到评估过程中物的力量、制度的力量。也就是说，在评估过程中要贯彻“一分为二”的思想，力戒从一个评估极端走向另一个极端，实现评估的静态与评估的动态有机统一，把人的法治素养形成的无限性与法治素养形成的有限性统一。

三　法治教育的第三方评估

（一）概念

第三方评估就是除法治教育主体以外的主体对法治教育的实效性进行的评估。法治教育有没有效果，如果由教育者评估、受教育者评估或者法治教育的主管部门评估，其可信度和公正性、客观性会受到质疑，为了克服这种想象，引入法治教育主体以外的第三方评估。第三方作为评估的主体，可以由专家组成，也可以由具有资质的机构或者具有资质的个人组成。随着社会主义市场经济的发展和全面依法治国战略方针的实施，我国的法治教育由第三方评估将越来越普遍。

（二）特点

第一，独立性。第三方对法治教育进行评估的最大特点就是独立性。第三方受法治教育单位或者个人的委托对法治教育开展评估，独立工作，在评估方面不受被评估者的意志左右。第三方根据国家的法治教育要求，比如，《青少年法治教育大纲》、有关部门制订的法治教育计划、依法治国的总体要求、司法行政部门、教育部门的法治教育要求等，独立开展评估。独立获取被评估者与评估者的相关信息、法治教育的背景资料、法治教育的教育者的情况，法治教育的受教育者的情况。尤其是要准确了解受教育者的法治知识、法治意识、法治能力等。在此基础上，由第三方聘请、组织法治教育的理论、实务方面的专家，共同研究、民主决策、协商一致，按照大多数专家的意见得出法治教育的评估结论。

第二，公正性。公正就是不偏私，依据法治教育的评估标准做出判断的评估。第三方利益无涉，是公正性的最大保证，也是第三方评估的特色。第三方评估不带有评估者内心的好恶，不受其他单位和个人的利益影响。第三方的公正评估，保障了法治教育评估的价值，法治教育的实效才有可比性，因此要制定法律、制度保障第三方参与法治教育的评估，凡是采取各种手段或明或暗干涉法治教育评估的，都应受到制度、纪律的约束。第三方要从评估专家的聘任到法治教育评估标准的制定、评估指标的分解、评估过程的制度保障、评估中监督员的聘任、评估活动的程序等多方面保证评估的公正性。但是，也要看到，任何公正都是相对的，在法治教育评估中，各个评估单位的评估结论有一定差别是正常的，由于具体情况不同，不可能要求所有的第三方对同一评估对象的评估结论一样。

第三，社会性。这里的社会性是相对于行政性而言的，与政府主导的法治教育相对应。在我国，法治教育的评估一般由政府的司法行政部门和教育行政部门主导。由于政府既是法治教育的实施者，现在又作为法治教育评估的承担者，“既是运动员又是裁判员”，其做出的法治教育评估结论的公正性、对法治教育工作的真正推动性，会受到人们的质疑，因此引入了第三方评估。社会机构的第三方评估，不受政府意志的约束，也不受法治教育主体的约束，只按照协议或者授权评估法治教育。一个国家的社会机构能常态化开展对法治教育的评估，标志着这个社会全面实行法治，各项事业的发展进入良性循环阶段。

第四，透明性。对法治教育评估的所有资料允许大众查阅，面向所有接受法治教育和实施法治教育的主体公开。在评估过程中，除了需要保密的会议外，所有评估会议允许任何公民和机构旁听，在评估中还允许旁听人员提问，但是旁听人员的意见不作为评估的表决意见。评估的标准、指标、参加人员也面向大众公开。透明性保证了评估结论的公允，因为法治教育评估的过程，就是公众，包括法治教育实施的主体，接受法治教育的过程，而透明性能保证法治教育的实施。

第五，专业性。法治教育第三方评估的优势不仅在于不受或者较少受到其他机构和个人的干扰，而且在于第三方评估由具有专业知识的评估人员评估，保证了评估的权威性。第三方评估人员不仅要求具有教育评估的专业知识，而且在一定程度上还要求是教育专家和法学专家，并且具有一定的社会实践经验。为了保证专业性，第三方评估机构可以聘请具有专业知识和实务经验的人员参与评估，还可以加强培训，培养本机构的合格评估人员；政府也要积极鼓励法治教育第三方评估人员把评估作为一项事业，并为之终身努力奋斗。

（三）建构

法治教育的第三方评估在我国目前还不普遍，就如教育的第三方评估一样，它有一个逐步发展的过程，但是第三方评估的确有其他评估不可比拟的优越性，因此越来越引起人们的重视。法治教育的第三方评估要完全变成现实，要走的路还长。

第一，要培育第三方评估机构。政府要从制度、体制、机制、资金、舆论导向等多方面支持法治教育第三方评估机构的发展。把法治教育评估交给第三方，既是我国全面依法治国发展的结果，也是我国教育评估发展的必然趋势。社会第三方评估法治教育，不仅可以节约大量社会资源，而且可以避免教育评估的管理主义和行政趋向。但是，目前教育的第三方评估还不发达，这就需要政府和社会各方面的力量都要动员起来，大力培育。同时，高等教育要大力培养教育评估人才，为社会第三方评估打下人才基础。

第二，科学、有序地开展法治教育。法治教育评估源于法治教育的需求，而法治教育也只有科学、有序地开展，才会对法治教育评估产生需求。法治教育评估的需求是法治教育第三方机构发展的动力。依法治国的战略，要求法治教育要提高到国家战略层面来认识，而不是一般的、普通的法治宣传教育，因此，对法治教育的开展必然有具体的规范的要求，这就需要法治教育介入其中。我国制定了《关于向全体公民基本普及法律常识的五年规划》《青少年法治教育大纲》等规范性文件，但是对法治教育的评估、法治教育开展的具有要求、标准还缺少规定，这不能不说是一大遗憾。因此，从制度层面入手，规定法治教育科学、有序、严格地开展，激发法治教育的评估需求，促进法治教育第三方评估机构的发展。

第三，运用市场机制发展法治教育第三方评估机构。既然是法治教育第三方评估机构，那它的独特优势就是接受市场的检验，能够适应市场竞争，不仅能在市场中存活，而且能在市场中不断发展壮大。市场机制实际上就是利益导向机制，因此要利用利益机制引导社会法治教育第三方评估机构的发展，比如，目前可以由律师事务所、私营办学机构、社会研究机构等组织暂时承担法治教育的评估职能，国家可以在收费、税收等方面给予一定的优惠。通过市场机制发展法治教育评估机构，能做到优胜劣汰，提高法治教育评估的质量。

第四，制定完善的法治教育第三方评估标准，适应多种法治教育主体的评估要求。第三方具有服务多样，能满足不同的评估需要。在同等条件下，人们愿意选择社会第三方评估，而不选择行政部门评估。在我国，法治教育评估虽然由政府主导，但归根到底是大众自己的事业，第三方评估回归法治教育评估的本真，这种本真通过法治教育的评估标准体现出来。因此，第三方要把评估标准的研制当成评估工作的重要环节，把法治教育评估标准的相对性与绝对性统一起来、评估的眼前要求与长远要求统一起来，制定出既受各方欢迎，又科学、客观、公正的评估标准，从而奠定法治教育第三方机构发展的技术基础。

第五，增进认同度，发展法治教育第三方评估机构。目前，我国法治教育第三方机构应大力传播自己的评估理念、评估标准、评估程序，宣传评估专家、评估优势和评估成就等，让大众了解、认同法治教育第三方评估对社会发展的作用。在我国，政府的认同很重要，政府认同意味着国家承认，关系到合法性的问题。国家应从制度上、法治教育的长远规划上解决认同问题。总之，随着我国各项事业的发展，一切有利于社会发展、国家长治久安的法治教育第三方评估机构将受到越来越多的认同。

四 法治教育的自我评估

（一）概念

如果说真正的教育是自我教育，那么真正的教育评估是自我评估。法治教育机构、法治教育的教育者、法治教育的受教育者都需要自我评估。法治教育的自我评估就是法治教育的主体对法治教育活动的开展状况和取得的成绩进行客观评价，目的是为了改正法治教育中的不足，发挥法治教育自我评估的优势和取得的成绩。自我评估在促进主体自我的法治教育学习中有独特的优势，不足之处是评估的过程缺乏第三方参与，因此在对外使用评估结论时往往受到质疑。

（二）特点

第一，成本低，实施便捷。自我评估就是法治教育主体自己组织的评估，受教育者自己对自己的评估。自我评估的标准由自己拟定，实施的时间、地点也由自己确定，评估的全过程由自己把握，评估的结论由自己根据情况运用。评估方式可以因陋就简，也可以运用复杂的评估手段。相比之下，其他评估动员的人力、物力要大得多，实施的过程也复杂得多，而且在评估时受到的制约因素也多。

第二，评估的主体特殊。法治教育评估一般要求外在的第三方作为评估的主体评估，而自我评估则不需要外在的第三方作为评估主体，由自己担任主体即可。也就是说，评估的对象与评估的主体合二为一。自我评估要求有较强的自我意识，能从各个方面对自己的法治知识、能力、法治实践有一个清醒的认识。

第三，评估结论的准确程度可能高。只要评估的指标科学、合理，自我评估的结论可能是最准确的，这是因为自我评估得出的结论自己可以向外界公布，也可也不向外界公布，自己没有任何顾虑，也没有必要自欺欺人，完全可以得出最科学的结论。当然，也不可否认，一些自我评估的主体没有自知之明，不能科学地评估自己的法治素质，但这并不否认自我评估得出较高准确结论的可能性。

第四，最小干扰性。自我评估的优势就是不受外界的干扰，不受任何利益的左右，只受自我的学识、能力、自律、心理、体能等因素的影响。因此，在法治教育评估中要提倡自我评估，要把自我评估与其他评估结合起来，充分利用自我评估的优势。当然，在自我评估中，评估主体为了评估需要，也可以向外界咨询有关评估的知识，这与评估中受到的影响评估质量的干扰有本质区别。

第五，主观能动性。自我评估为自我学习法治知识开辟了新的路径，评估主体可以发挥主观能动性，在法治教育中自我监督、自我进步。自我评估不仅在法治教育的自我过程中适用，而且在非自我的主体作为法治教育的教育者时也适用。总之，自我评估能够最大程度地发挥主体在评估中的聪明才智。

（三）法治教育自我评估的建构

第一，认清现状，端正认识。目前，很多人并不认同法治教育的自我评估，认为自我评估没有多少意义，容易丧失评估的客观性。其实，法治教育的自我评估的目的在于改进自我的法治学习，培养个体的法治素养，改进法治教育机构、法治教育者的教育质量，从这个角度讲，法治教育的自我评估非常有意义。所以，要发展法治教育的自我评估，必须端正对自我评估的重要性的认识。

第二，顶层设计，制度规范。法治教育的自我评估要从教育制度、国家法治层面做好顶层设计，为法治教育的自我评估提供制度支撑。要把法治教育的自我评估纳入法治教育规划，有关部门要做好对自我评估的元评估，加强对自我评估制度的检查落实。要鼓励法治教育者拟定自我评估方案、制定自我评估指标、广泛开展自我评估。

第三，大胆评估，勇敢探索。自我评估不同于法治教育的其他评估方式，尤其是在自我评估中，由于每个被评估的主体情况不一样，会出现各种各样的问题，因此，作为自我评估的主体要勇于探索，大胆创新，不仅要善于发现法治教育自我评估中出现的问题，而且要善于解决法治教育自我评估中出现的各种问题。可以说，问题意识、探究精神，是法治教育自我评估中不可缺少的因素。

第四，开放评估，合作行动。法治教育的自我评估并不把评估主体完全局限在自我，不要其他评估要素的介入，而是说法治教育评估由自我主导、决定。因此，自我评估中出现的问题，不仅可以而且提倡向外界寻求解决问题的资源，比如，可以向社会第三方评估专家咨询，可以请法治教育的教育者或者政府部门指导评估。可见，自我评估不是封闭评估，并不排斥合作行为。

第五，用好结论，服务法治。自我评估的结论是自我做出的，可控性强，得出的结论可靠性较大。自我评估不是为他人做出的，不是为了宣传、对外交流、“面子工程”，而是为了实实在在的法治教育，因此要利用好自我评估的结论，改进法治教育方法，提高法治教育质量，增强自我的法治素养，服务于我国法治建设事业。

第三节　法治教育评估机制

法治教育评估机制就是法治教育评估的各个要素之间的结构关系和运行方式。法治教育评估涉及的要素有：由谁来评估，评估什么，怎么评估。也就是说，主体、客体、方法是法治教育评估的三个基本要素，法治教育评估机制就是要解决这三个要素怎么协调、怎么最优化的问题。法治教育评估机制可以从多种层面来研究。从法治教育评估机制运作的形式划分为：法治教育评估的计划机制、运行机制和监督机制；从法治教育评估机制的功能划分为：法治教育评估的激励机制、制约机制和保证机制。法治教育评估机制的建立，一靠我们制定制度，制度就是法律、法规、规章制度等；二靠体制，体制指法治教育评估的组织职能和岗位责权的有机统一和运行调整。

一　法治教育评估机制的价值建构

（一）法治教育评估机制的价值建构的含义

法治教育评估机制的价值建构，回答在法治教育机制的各种因素、要素的结构关系中，何种要素居于核心地位，要素与要素之间如何才能协调运行，要围绕什么东西来运行，每一个要素内部结构中的下一层次的核心要素又是什么；如何理解法治教育评估机制的效率、有效性。这些问题的处理涉及法治教育机制的价值。什么样的价值决定了建立什么样的法治教育评估机制，可以说，价值在法治教育评估机制的建构中处于核心地位。因为，法治教育的评估机制要受价值影响，纯技术的、中立的法治评估机制是不存在的。明白了这一点，就要在法治教育评估机制的建构过程中，发挥价值引领作用。

法治教育评估机制的价值，一般而言，可以划分为两大类，一类是人文主义，另一类是技术主义。前者重视法治教育评估机制中人的作用，把发挥人的积极性、为了人的利益、人的成长作为法治教育评估机制建立的核心价值。后者重视评估中技术规范的作用，忽视人在评估中的感受和所起的作用。以什么价值为指导建构法治教育评估机制与社会的发展和人类文明的程度有关。一般而言，这两种价值在评估的机制建构中都要发挥作用，只不过所占的地位不同而已。两种价值往往相互融合、互为补充，以一方为主体，另一方为辅助。现代社会一般以人文主义的核心价值建构法治教育评估机制。

法治教育评估机制的价值是法治教育评估机制的灵魂，没有价值就没有法治教育评估机制，只有自觉认识法治教育评估机制中的价值，才能成功地建构法治教育的评估机制，从而提高法治教育评估的质量，最终为提高法治教育水平、增强人的法治素养、全面依法治国服务。

（二）以人文主义价值建构法治教育评估机制

以人文主义价值建构法治教育评估机制，就是重视人的利益、人的发展在法治教育评估机制中的作用。

第一，制定以人为核心的评估标准。法治教育的评估标准是法治教育评估的依据，如果法治教育评估依据的质量不高或者错误，会导致法治教育评估结论的质量下降或者根本错误。法治教育的评估标准是法治教育机制建构中的重要因素，处于法治教育评估机制结构中的核心位置。以人为核心就是说在标准的设置中，要把评估对象中人的利益、人的希望、人的需要考虑进去，不要用物的指标遮蔽人的指标。在标准的研制中，前期调查阶段要全面了解人的诉求，在标准的分解指标里大部分内容应该是有关人的发展的内容。人的需要是否在评估标准中体现和体现的程度，决定了评估标准是否合格和合格的程度，也决定了所建构的法治教育评估机制是否合理和合理的程度。

第二，选拔有爱心、乐于助人的法治教育评估者。法治教育评估者是人文、人本思想的贯彻者，评估者的人文素养能弥补评估标准中人文精神的不足；好的、有爱心、爱助人的评估者，能加速推进法治教育人本标准在评估实践中的生成；而缺乏爱心、损人、害人的评估者，在法治教育评估中往往会消解法治教育的人本标准。有爱心的法治教育评估者决定法治教育评估向健康、积极的方面发展。在建构法治教育评估机制时，不仅要把法治教育评估者选对，而且要在评估的实际工作中把人用对，要把选拔法治教育的评估者作为法治教育机制的起点。

第三，人是法治教育评估对象的重点部分。法治教育的评估对象如果是机构，要把组成机构的人作为评估的重点，如果是评估机构的制度、体制、结构、运行等，则要把制度中的人、体制中的人、结构中的人作为评估的核心。如果法治教育的评估对象是受教育者，那么要围绕人的需要开展法治教育评估。人是法治教育评估对象的主体构成部分，具体讲，要评估人的法治意识、信仰、行为、能力，为提高机构的法治教育质量和发展人的法治素养提供可靠的依据。

第四，以人文的方法评估。在法治教育评估机制的结构组成中，不仅在评估的主体、对象、评估的内容等部分要体现人本、人文思想，而且评估的方法、手段本身也要有人文性、人本性。在收集评估材料时，要多与人接触、交流，要学会倾听评估对象的倾诉；在召开法治教育评估会议时，要让每一位参与评估的人充分表达意见，无论是法治教育评估的理论专家，还是法治教育评估的实务工作者，在评估中的表达权利、表决权利都应受到同等程度的尊重。有时，为了准确地了解评估对象真实的法治教育情况，评估者还可以亲自进入情景体验、感悟。在评估过程中，要与评估对象达成理解、协商、对话、合作，尤其是与评估对象视域短暂的重合能帮助评估者尽快了解评估对象的法治教育情况。总之，人文的评估方法，才能保证整个法治教育评估机制的人文性。

第五，不忽视技术成分在法治教育评估中的作用。法治教育评估机制建构，不仅要重视人文主义思想的影响，有坚定的人文信念，而且要重视科学、技术思想在法治教育评估机制中的作用。法治教育的评估机制建构要贯彻人文思想，并不是说技术、规范、制度在建构法治教育评估机制时就不重要，甚至就一点作用不起了。实际上，法治教育评估机制不仅需要制度、规范来保证其顺利建构，而且在法治教育评估机制的要素里，更离不开技术和规范的作用，因为技术、规范本身就是人对评估实践经验的抽象、总结、概括，所以在法治教育评估机制的建构中要重视技术的力量。

二 法治教育评估机制的内容建构

法治教育的评估机制包括计划机制、运行机制和监督机制。

（一）计划机制

法治教育评估的计划机制是法治教育评估机制的基础、前提。法治教育评估首先要有完整的评估计划。评估计划既可以是已有的法律、制度、规则、规章等，也可以在评估开始时专门制定的法治教育评估的规范性文件。法治教育评估的计划机制，就是要制订一套完整的法治教育评估计划，并对各种评估计划进行优选。计划是法治教育评估的整体规划，要做到人文、科学、规范、可操作、有实效。

计划机制包括规范性要素和非规范性要素。法治教育评估计划的规范性要素是肯定的、明确的，即谁来评估、评估的资格是什么，组织方式是什么，评估什么内容，为什么评估这些内容，进入评估主体视野进行评估的条件是什么，程序是什么，用什么方式来保证进入主体的视野进行评估，如果评估的内容不完整、是非核心、非实质部分该怎么来纠正。在计划里还应明确怎样来评估，也就是说，评估的方法是什么，有何原则规定，有何具体的评估程序等。这些内容都是法治教育的计划机制应该规定的内容。法治教育评估的非规范性要素，是法治教育评估在做计划时预留的灵活性空间，为适应法治教育评估的具体情境的留白，在法治教育评估时可以补充。这两种要素是法治教育评估的计划机制不可缺少的组成部分。

法治教育评估的计划机制是一个单独的系统，同时，由于法治教育评估的运行机制和监督机制相联系，在法治教育评估计划机制的内部也存在运行机制和监督机制的问题。要使法治教育评估机制中的计划机制成为有效的机制，首先要研究法治教育的相关法律、制度，尤其是宪法的规定是法治教育计划机制建立的最高规范；其次，要结合具体的法治教育评估要求制订法治教育评估计划；最后，要选拔制订法治教育评估计划的人员，因为法治教育评估的计划就是为法治教育评估“立法”，“立法”质量的高低关系到法治教育评估质量的高低。因此，可以说，法治教育评估的计划机制是法治教育评估的方向性机制，它决定评估的价值取向和怎么评估。

（二）运行机制

法治教育评估机制的运行机制，是指在法治教育评估中，影响评估活动的各种因素的结构、功能及其相互关系，以及运行因素产生的影响、发挥作用的过程、原理、方式。

第一，人是法治教育运行评估机制的第一因素。法治教育的运行离不开人，人的思想素质、法治素养、评估的专业知识、技能等关系到法治教育评估运行的质量和流畅。在所有因素中，人是第一因素，因为再好、再优良的物要由人来把控，物的因素的不足可以由人来弥补，所以在法治教育评估的运行中，发挥人的积极性、创造性显得尤为重要。不仅法治教育评估中的各种问题需要人去发现，而且法治教育评估中出现的各种矛盾也需要人去解决。

第二，财是法治教育运行评估机制的保障。法治教育评估的正常运行需要一定的财力作为支撑，所以，评估单位要做好经济预算，评估的个人要支付一定的金钱。也就是说，法治教育评估是要支付一定的代价的，充足的资金是法治教育评估的保障，因为参与法治教育评估的单位，无论是机构还是个人，都是以此获得收入的。目前，在我国法治教育评估的运行中，往往是义务式、行政式、工作式的评估，不需要支付一定的代价，参与评估的人收取的报酬往往也于法无据，其实，这是不符合市场经济的发展规律的，也难以为继，不利于法治教育评估和法治教育本身的发展。

第三，物是法治教育运行评估机制的基础。必要的物质技术设施、调查设备、装备、办公设备以及工具是法治教育评估运行的物质基础，所以在法治教育评估中一定要加强物质设施的建设。必要的物质设施不仅是法治教育评估运行的基础，而且是法治教育评估运行正规化、科学化、现代化的保障。科学技术是重要的物质技术基础，比如，大数据在法治教育评估中的运用就值得研究。因此，没有现代科学技术作为物质技术基础支撑的法治教育评估必然走不远。

第四，法治教育运行评估机制要素的优化。法治教育的评估涉及许多因素，这些因素与因素之间的关系怎样、联系如何、怎样优化，这是法治教育评估机制运行中必须解决的问题，这个问题解决得好，就可以发挥整体大于部分的功能，如果解决得不好，法治教育评估中的各种因素就会相互制约，相互抵消、耗散其部分功能。不仅物的因素如此、人的因素如此，而且人与物联系的因素也是如此。法治教育评估机制的要素到底如何优化，这是一个理论上和实践上值得探讨的问题，对这个问题不仅需要理论指导，而且需要各种实践经验的总结，以及法治教育评估运行中各种试验数据的分析、运用。

第五，法治教育评估运行的制度建设。制度规范不仅是法治教育评估运行中积极成果的总结，而且也是人们评估实践中失败教训的总结。评估制度在法治教育评估的运行中占有重要地位，它可以提升人们在法治教育评估中的认识高度，开阔人们的视野，缩短对评估探索的时间。评估运行制度把成功的理念上升为固定化的操作规范，对人的评估行为有约束力，违背这些规范要受到社会规律的惩罚。加强法治教育评估运行的制度建设不仅是一个长期的过程，而且也是一个艰巨的过程，无论是从国家的宏观战略层面，还是从法治教育评估主体运行的微观层面，都应重视起来、行动起来。总之，从终极的意义上讲，没有法治教育评估制度，就没有科学、规范的法治教育评估，也没有法治教育实效性的不断增强，更没有全面依法治国方略的具体落实。

（三）监督机制

法治教育评估的监督机制是法治教育机制中不可缺少的环节。法治教育评估是需要监督的，否则就会导致评估的滥用、误用。监督机制是评估机制有效实施的保障，通过监督机制收集的反馈情况能够改进和完善评估机制。法治教育的评估要强化监督，健全有关监督的规章制度，提升评估机制的执行力。监督涉及诸多因素，比如人、财、物、规章制度、监督的运行方式、优化等。

1. 监督的主体。法治教育评估机制监督的主体，是指由谁来监督法治教育的评估。要解决由谁来监督，监督权力的来源，采取什么方式监督，以及监督的形式等问题。法治教育评估的监督主体多种多样。在我国，法治教育评估的监督主体一般由政府司法行政部门、教育部门担任，也可以是监督部门相互监督，还可以是社会第三方机构、行业监督或者个人监督、自我监督。法治教育评估主体监督的权力来源于法律、制度的规律，或者来源于被监督单位的合同约定，或者来源于被监督机构、个人的单方授权。

2. 监督的方式。监督方式是监督存在的形式，一般有：

督查监督，即监督主体根据监督制度规范跟踪检查各项评估指标的落实情况。法治教育评估的监督主体要严格根据监督制度、按照监督程序、在监督合同和监督授权下进行监督，确保法治教育评估的质量。要监督评估工作的全过程。督查监督要落实到具体的人，既要“督”，又要“查”，“督”与“查”相结合，监督本身要透明、公正、公开、有效率，才能保证法治教育评估工作的信度和效度。同时，要监督评估主体评估的执行力、作好对法治教育评估主体的考核、信息反馈工作。

问责监督，法治教育评估中的监督不是一般的监督，是为了保证法治教育评估的正确性而设置的一项制度，事关全面依法治国方略的真正实施，因此有刚性要求，凡是没有严格执行评估标准，评估过程出现问题的，要依规问责，这就是问责监督。比如，在法治教育评估中，不履行或者不正确、及时、有效地履行规定的评估职责或者违背评估合同、评估授权规定，导致评估工作失误，或者评估人员因为主观努力不够，评估应具备的工作能力与所担负的评估工作不相适应，导致法治教育评估的效率低下、评估的质量差，或者没有完成评估工作任务的，应当受到评估合同约定的经济处罚，对相关的组织或者个人要问责。

追究监督。法治教育评估的监督要制定精细的行业责罚条款，让在法治教育评估过程中执行力弱或者有过错者为其行为“买单”。在法治教育评估过程中，无论是评估程序，还是评估的制度、理念、管理等，无论哪方面出现过错行为，都要实行严格的责任追究。具体的追究方式，要通过行业规定来实现，既要处理到人，也要处理到事，法治教育评估只有真正“立”起来，我国的法治教育才会成为非常严肃的事业，法治中国、法治社会才会进入一个新的天地。

复命监督。在法治教育评估中，监督主体会发现，有些评估标准、评估指标是根本无法落实的，有些评估事项、评估工作也无法完成，或者就现实的法治环境、教育条件、人们的法治素养决定了评估工作与预设情境有较大差距，这就需要及时与法治教育评估的委托单位及时沟通，或者向委托单位及时复命。一般讲，要严格按照评估约定进行评估，但是评估中如果情况发生变化或者评估完成要及时向委托单位报告。复命监督是加强评估的执行力、提高评估工作的重要手段。

法治教育评估的监督机制涉及的要素众多，监督主体和监督方式只是其中的一部分。关键的是：要设计一套监督的绩效指标，要体现法治教育评估监督的目标导向，最大限度地调动监督的人力、物力资源，体现简洁、实效、操作性强的特点。

三　法治教育评估机制的功能建构

法治教育评估机制的计划机制、运行机制、监督机制主要根据法治教育评估机制存在的形式划分。法治教育评估机制的建构不仅体现在形式上，而且体现在功能上，从功能上讲，法治教育评估的机制划分为：激励机制、制约机制和保障机制。

（一）法治教育评估的激励机制

在我国，就目前的状况而言，对法治教育开展评估的并不多，正规地开展法治教育评估实践活动的就更少，这对我国法治教育的发展很不利，这就需要对法治教育评估采取激励措施，法治教育评估必须建立科学、有效的评估激励机制。法治教育评估的激励机制涉及的内容众多，激励的方式是激励中的重要内容：

第一，薪酬激励。对从事法治教育评估工作或者在法治教育评估中取得优异成绩，或者为被评估单位、个人肯定、点赞的法治教育评估工作者，要提高薪酬待遇。具体操作时，可以在基本薪酬不动的情况下，提高绩效薪酬部分。要通过薪酬激励，让从事法治教育评估工作的人安心工作、负责地做好每一件法治教育评估工作。

第二，培训激励。对现代人来讲，仅有物质上的激励是不行的，还需要精神上的激励提升，培训激励是法治教育激励机制不可缺少的手段因素。培训激励就是对法治教育评估工作中取得重要成绩的个人，鼓励参加培训，通过培训，提升法治教育评估人员的专业水平，有利于法治教育评估向着科学化、正规化的方向发展。

第三，授权激励。对在法治教育评估工作中取得优异成绩、为社会公认的法治教育评估机构和个人，要授予更多的法治教育评估权力，减少对评估过程的干扰，让其独立自主地对法治教育评估的各项指标大胆判断，自主得出结论，从而有利于简化评估程序、提高评估效率，节约评估成本。

（二）法治教育评估的制约机制

法治教育评估工作本身需要法治化，这就离不开对法治教育评估的制约机制。也就是说，在法治教育评估过程中，无论是评估人、评估机构，都要受到社会、主管部门、社会第三方、受评估的法治教育机构或者个人等多种因素的制约。法治教育评估的制约机制能保证法治教育评估权利不被滥用，有利于评估工作的公正开展，是法治教育评估不可或缺的机制。

第一，制度制约。法治教育评估的制约要从法治教育评估的制度入手，通过规则、规章和工作制度对法治教育评估的各项环节做出具体规定，法治教育评估工作严格按照规定的制度执行，这就是制度制约。制度制约克服了法治教育评估中人的主观随意性，有利于保证法治教育评估工作的客观性。现实中法治教育评估工作开展不畅，与法治教育评估制度不健全有关，因此，要制定制度，从法治教育评估人的准入、评估的条件、过程、责任、结论等多个环节和多种方面对法治教育评估进行制约。

第二，协议制约。法治教育的评估机构、个人与被评估的单位、个人可以通过签订协议，用合同的形式规定评估双方的权利义务。签订的协议要符合法律、法规，切合实际，一旦签订，法治教育评估双方就必须严格遵守执行。协议制约建立在双方自愿的基础上，比其他制约形式更有优势，有利于法治教育评估规定各项指标的执行。

第三，自我制约。法治教育评估的制约不仅需要制度、协议，更需要自我制约。自我制约是一种道德约束、道德制约。法治教育评估者自觉地遵守法治教育评估的行业规范，在没有行业规范或者行业规范不健全的情况下，遵守一般的教育评估的行业规范。自我约束有利于保证法治教育评估的质量。因为无论是制度制约，还是协议制约，归根到底需要法治教育评估者的自觉行动，因此，法治教育评估者的觉悟、思想道德水平、自我修养、自我约束对评估制约机制有重要作用。

（三）法治教育评估的保障机制

法治教育评估要以一定的条件作为保障，才能保障评估活动的顺利进行。可以说，保障机制的建立、健全，是法治教育评估的条件、基础、支撑。过去，法治教育评估工作开展不顺利，或者在一定范围内得不到认同，与法治教育评估的保障机制不健全有很大关系。

第一，资金保障。资金是法治教育评估顺利运行的关键。没有必要的资金，评估单位的日常开支、评估人员的工资、评估工作的支出就无法结算，评估研究、评估的设施建设、员工培训等就无法保障。所以，各个评估单位要把评估资金列入年度预算，国家、政府部门也应对评估单位和个人提供资金支持。

第二，人才保障。我国的法治教育已经普遍开展，并且卓有成效，然而法治教育评估工作的开展却不普遍，原因是多方面的，其中，重要原因之一就是缺乏法治教育的评估人才。法治教育的评估人才既要求有法治知识、技能，又要求有教育知识、经验，还要求受过一定的教育评估训练，并且要求有一定的社会经验，尤其是要求有人文精神，这样的人才比较稀罕，法治教育评估人才奇缺。因此，要加大法治教育评估人才的培养和选拔力度，为法治教育评估提供人才保障。

第三，体制保障。法治教育评估离不开体制保障。体制保障使法治教育评估稳定、可持续发展，从而对法治教育的促进作用也是长远的。首先，要建立健全法治教育评估的组织机构，包括国家、省、地、县、乡建立的纵向的法治教育评估机构和社区建立的横向法治教育评估机构；其次，要规定法治教育评估组织的职能，尤其是对组织职能要细化，做到职、责、权界定分明，划分清楚；最后，对法治教育评估机构的岗位设置要合理、清楚、高效，同时，要定员定岗，明确责任和权力。

参考文献

一　中文著作类

《马克思恩格斯选集》第 1 卷，人民出版社 1995 年版。

《马克思恩格斯选集》第 2 卷，人民出版社 1995 年版。

《马克思恩格斯选集》第 3 卷，人民出版社 1995 年版。

《马克思恩格斯选集》第 4 卷，人民出版社 1995 年版。

《马克思恩格斯全集》第 19 卷，人民出版社 1965 年版。

《马克思恩格斯全集》第 26 卷（第 3 册），人民出版社 1974 年版。

《马克思恩格斯全集》第 42 卷，人民出版社 1997 年版。

《马克思恩格斯全集》第 46 卷（上），人民出版社 1979 年版。

《列宁选集》第 1 卷，人民出版社 1995 年版。

《列宁选集》第 2 卷，人民出版社 1995 年版。

《列宁选集》第 3 卷，人民出版社 1995 年版。

《列宁选集》第 4 卷，人民出版社 1995 年版。

《毛泽东选集》第 1 卷，人民出版社 1991 年版。

《毛泽东选集》第 2 卷，人民出版社 1991 年版。

《毛泽东选集》第 3 卷，人民出版社 1991 年版。

《毛泽东选集》第 4 卷，人民出版社 1991 年版。

《毛泽东文集》第 1 卷，人民出版社 1993 年版。

《毛泽东文集》第 2 卷，人民出版社 1993 年版。

《毛泽东文集》第 3 卷，人民出版社 1996 年版。

《毛泽东文集》第 4 卷，人民出版社 1996 年版。

《毛泽东文集》第 5 卷，人民出版社 1996 年版。

《毛泽东文集》第 6 卷，人民出版社 1999 年版。

《毛泽东文集》第 7 卷，人民出版社 1999 年版。

《毛泽东文集》第 8 卷，人民出版社 1999 年版。

《邓小平文选》第 1 卷，人民出版社 1994 年版。

《邓小平文选》第 2 卷，人民出版社 1994 年版。

《邓小平文选》第 3 卷，人民出版社 1993 年版。

《江泽民文选》第 1 卷，人民出版社 2006 年版。

《江泽民文选》第 2 卷，人民出版社 2006 年版。

《江泽民文选》第 3 卷，人民出版社 2006 年版。

《胡锦涛文选》第 1 卷，人民出版社 2016 年版。

《胡锦涛文选》第 2 卷，人民出版社 2016 年版。

《胡锦涛文选》第 3 卷，人民出版社 2016 年版。

《习近平谈治国理政》，外文出版社 2014 年版。

《习近平谈治国理政》第 2 卷，外文出版社 2017 年版。

中共中央宣传部：《习近平总书记系列重要讲话读本》，学习出版社、人民出版社 2016 年版。

中共中央文献编辑室：《十八大以来重要文献选编（上）》，中央文献出版社 2014 年版。

胡乔木：《关于人道主义和异化问题》，人民出版社 1984 年版。

［古希腊］柏拉图：《理想国》，郭斌和、张竹明译，商务印书馆 1986 年版。

［古希腊］亚里士多德：《政治学》，郭斌和、张竹明译，商务印书馆 1965 年版。

［古希腊］亚里士多德：《尼各马可伦理学》，廖申白译，商务印书馆 2003 年版。

［古希腊］亚里士多德：《形而上学》，黄颖译，时事出版社 2014 年版。

［德］伊曼努尔·康德：《道德形而上学基础》，孙少伟译，中国社会科学出版社 2009 年版。

［德］恩斯特·卡西尔：《论人——人类文化哲学导论》，刘述先译，广西师范大学出版社 2006 年版。

［德］米歇尔·鲍曼：《道德的市场》，肖君、黄承业译，中国社会科学出版社 2003 年版。

[法] 卢梭:《社会契约论》，何兆武译，商务印书馆2003年版。

[法] 卢梭:《爱弥儿》（上下卷），李平沤译，商务印书馆1978年版。

[法] 卢梭:《论人类不平等的起源和基础》，李常上译，商务印书馆1982年版。

[法] 大卫·吕埃勒:《机遇与混沌》，刘式达、梁爽、李滇林译，上海科技教育出版社2005年版。

[法] 托克维尔:《旧制度与大革命》，邢晓宇译，国家行政学院出版社2013年版。

[法] 孟德斯鸠:《论法的精神（上）》，孙立坚、孙丕强、樊瑞庆译，陕西人民出版社2001年版。

[捷] 夸美纽斯:《大教学论》，傅任敢译，教育科学出版社1999年版。

[美] 道格拉斯·C. 诺斯:《制度、制度变迁与经济绩效》，杭行译，上海人民出版社2008年版。

[美] 罗斯科·庞德:《法理学》（第3卷），廖德宇译，法律出版社2007年版。

[美] 约翰·杜威:《民主主义与教育》，王承绪译，人民教育出版社2001年版。

[美] 约翰·杜威:《人的问题》，傅统先、邱椿译，江苏教育出版社2006年版。

[美] 约翰·罗尔斯:《正义论》，何怀宏等译，中国社会科学出版社1988年版。

[美] 伯尔曼:《法律与宗教》，梁治平译，中国政法大学出版社2003年版。

[美] 伯特·马尔库塞:《单向度的人——发达工业社会意识形态研究》，刘继译，上海译文出版社2008年版。

[美] 夏铸九:《网络社会的崛起》，王志宏等译，社会科学文献出版社2006年版。

[美] 尼葛洛庞帝:《数字化生存》，胡泳、范海燕译，海南出版社1997年版。

[美] 阿列克斯·英克尔斯、戴维·H. 史密斯:《从传统人到现代人——六个发展中国家中的个人变化》，顾昕译，中国人民大学出版社1992

年版。

［美］塞缪尔·亨廷顿：《文明的冲突与世界秩序的重建》，周琪等译，新华出版社 2002 年版。

［美］罗兰·斯特龙伯格：《西方现代思想史》，刘北成、赵国新译，中央编译出版社 2005 年版。

［美］杰弗里斯·麦克沃特等：《危机中的青少年》，寇彧等译，人民邮电出版社 2005 年版。

［美］戴维·约翰·法默尔：《公共行政的语言——官僚制、现代性和后现代性》，中国人民大学出版社 2005 年版。

［美］亨利·N. 波拉克：《不确定的科学与不确定的世界》，李萍萍译，上海科技教育出版社 2005 年版。

［美］约翰·H. 霍兰：《隐秩序——适应性造就复杂性》，周晓牧、韩晖译，上海科技教育出版社 2011 年版。

［美］乔尔·S. 米格代尔：《社会中的国家》，李杨、郭一聪译，江苏人民出版社 2013 年版。

［美］O. C. 麦克斯怀特：《公共行政的合法性——一种话语分析》，中国人民大学出版社 2002 年版。

［美］莱斯利·P. 斯特弗等编：《教育中的建构主义》，华东师范大学出版社 2002 年版。

［美］E. 博登海默：《法理学——法律哲学与法律方法》，中国政法大学出版社 2004 年版。

［苏］B. A. 苏霍姆林斯基：《育人三部曲》，毕淑芝等译，人民教育出版社 1998 年版。

［匈］卢卡奇：《历史与阶级意识》，杜章智、任立、燕宏远译，商务印书馆 1999 年版。

［英］布莱恩·特纳编：《公民身份与社会理论》，郭中华、蒋红军译，吉林出版集团有限责任公司 2007 年版。

［英］约翰·洛克：《教育漫话》，杨汉麟译，人民教育出版社 2006 年版。

［英］韦恩·莫里森：《法理学——从古希腊到后现代》，李桂林、李清伟、侯健、郑云瑞译，武汉大学出版社 2000 年版。

［英］肖恩·塞耶斯：《马克思主义与人性》，东方出版社 2008 年版。

（汉）班固：《汉书》，中华书局1962年版。

（汉）董仲舒：《春秋繁露义证》，苏舆撰，钟哲点校，中华书局1992年版。

（汉）杨雄：《太玄集注》，（宋）司马光集注，刘韶军点校，中华书局1998年版。

（汉）杨雄：《法言义疏》，汪荣宝疏，陈仲夫点校，中华书局1987年版。

（宋）朱熹：《四书章句集注》，中华书局1983年版。

（南朝宋）范晔：《后汉书》，中华书局1962年版。

（清）戴震：《孟子字以疏证》，何文光整理，中华书局1982年版。

本书编写组：《推进国家治理体系和治理能力现代化》，国家行政学院出版社2014年版。

班华：《现代德育论》，安徽人民出版社2009年版。

陈秉公：《思想政治教育学原理》，高等教育出版社2006年版。

陈桂生：《教育原理》，华东师范大学出版社2000年版。

陈瑛：《中国伦理思想史》，湖南教育出版社2004年版。

杜时中：《人文教育论》，江苏教育出版社1999年版。

费孝通：《乡土中国》，上海人民出版社2007年版。

冯刚、王树荫主编：《思想政治教育研究热点年度发布2018》，团结出版社2019年版。

冯刚主编：《改革开放以来高校思想政治教育发展史》，人民出版社2018年版。

冯刚：《探索思想政治教育发展的内生动力》，人民出版社2017年版。

冯建军：《生命与教育》，教育科学出版社2004年版。

高志明：《法律与权利》，中国社会出版社2004年版。

顾海良：《马克思与世界》，中国人民大学出版社2018年版。

郭成伟：《法学教育的现状与未来》，中国法制出版社2000年版。

郝敬之：《整体马克思》，东方出版社2002年版。

何清涟：《现代化的陷阱——当代中国的经济社会问题》，今日中国出版社1998年版。

何旭明：《科学与人文：课程的一体两面》，中国人事出版社2005年版。

贺卫方：《中国法律教育之路》，中国政法大学出版社1997年版。

胡鞍钢等:《中国国际治理现代化》，中国人民大学出版社 2014 年版。
胡舒立主编:《新常态改变中国》，民族与建设出版社 2014 年版。
胡适:《中国哲学史大纲》，团结出版社 2006 年版。
胡永君:《法律的政治分析》，北京大学出版社 2005 年版。
洪义:《法理学导论》，法律出版社 1996 年版。
侯晶晶:《关怀德育论》，人民教育出版社 2005 年版。
侯勇:《思想政治教育学理论前沿问题研究》，中国社会科学出版社 2018 年版。
黄枬森:《哲学的科学化——黄枬森自选集》，首都师范大学出版社 2008 年版。
黄枬森:《马克思主义哲学史》，高等教育出版社 1998 年版。
黄枬森:《马克思主义哲学体系的当代建构》（上、下册），人民教育出版社 2011 年版。
黄济:《教育哲学通论》，山西教育出版社 2005 年版。
黄济、王策三:《现代教育论》，人民教育出版社 1996 年版。
黄教珍、张停云:《社会转型期青少年犯罪的心理预防与教育对策》，法律出版社 2008 年版。
韩庆祥:《马克思主义人学思想发微》，中国社会科学出版社 2004 年版。
韩庆祥、张洪春:《论以人为本——从物到人》，江苏人民出版社 2006 年版。
霍韬晦:《新教育·新文化》，中国人民大学出版社 2010 年版。
蒋传光:《邓小平法制思想概论》，人民出版社 2009 年版。
季卫东:《法治秩序的建构》，中国政法大学出版社 1999 年版。
联合国教科文组织国际教育发展委员会:《学会生存——教育世界的今天和明天》，教育科学出版社 1996 年版。
李泉:《法治思想的中国表达》，中央编译出版社 2014 年版。
李龙:《法理学》，人民法院出版社 2003 年版。
李连科:《价值哲学引论》，商务印书馆 1999 年版。
李德顺:《价值论》，中国人民大学出版社 1987 年版。
刘放桐等:《现代西方哲学》（修订本），人民出版社 1990 年版。
刘惠:《生命德育论》，人民教育出版社 2005 年版。

刘惊铎:《道德体验论》，人民教育出版社 2003 年版。
刘森林:《重思发展——马克思发展理论的当代价值》，人民出版社 2003 年版。
刘书林:《思想政治教育学原理专题研究刚要》，人民出版社 2018 年版。
罗国杰:《马克思主义思想政治教育理论基础》，高等教育出版社 2002 年版。
罗国杰等:《思想道德修养与法律基础》，高等教育出版社 2006 年版。
罗国杰:《中国伦理思想史》（上、下卷），中国人民大学出版社 2008 年版。
吕世伦、周世中:《以人为本与社会主义法治》，中国大百科全书出版社 2006 年版。
鲁洁:《德育社会学》，福建教育出版社 1998 年版。
鲁洁、王逢贤:《德育新论（新世纪版）》，江苏教育出版社 2002 年版。
骆郁廷:《精神动力论》，武汉大学出版社 2003 年版。
庞世伟:《论“完整的人”——马克思人学生成论研究》，中央编译出版社 2009 年版。
庞正元、董德刚:《马克思主义哲学前沿问题研究》，中共中央党校出版社 2004 年版。
樊浩、成中英:《伦理学研究》（道德哲学卷），东南大学出版社 2007 年版。
蒲鸿志:《法制教育的人文价值研究》，中国社会科学出版社 2015 年版。
乔长路:《中国人本思潮与人生哲学研究》，人民出版社 2008 年版。
靖国平:《价值多元化背景下学校德育环境建设》，江苏教育出版社 2009 年版。
阮青:《价值哲学》，中共中央党校出版社 2004 年版。
石中英:《知识转型与教育改革》，教育科学出版社 2001 年版。
宋希仁:《西方伦理思想史》，中国人民大学出版社 2004 年版。
孙晓楼:《法律教育》，中国政法大学出版社 1997 年版。
孙正聿:《探索真善美》，吉林人民出版社 2007 年版。
孙正聿:《属人的世界》，吉林人民出版社 2007 年版。
孙伯鍨、张一兵:《走进马克思》，江苏人民出版社 2008 年版。

陶德麟、汪信砚：《马克思主义哲学的当地论域》，人民教育出版社 2005 年版。

谭培文：《马克思主义的利益理论——当代历史唯物主义的重构》，人民出版社 2002 年版。

唐君毅：《中国人文精神之发展》，广西师范大学出版社 2005 年版。

檀传宝：《学校道德教育原理》（修订版），教育科学出版社 2003 年版。

王博：《中国儒学史·先秦卷》，北京大学出版社 2011 年版。

万俊人：《寻求普世伦理》，北京大学出版社 2009 年版。

万俊人：《现代西方伦理学史》（上、下），北京大学出版社 1992 年版。

万俊人：《20 世纪西方伦理学经典（第 2 卷）——伦理学主题：价值与人生》，中国人民大学出版社 2004 年版。

万光侠等：《思想政治教育的人学基础》，人民出版社 2006 年版。

文军编著：《当代社会学理论——跨学科视野》，中国人民大学出版社 2016 年版。

王曦主编：《国际法院盖巴斯科夫·拉基玛洛工程案卫拉曼特雷副院长的个别意见书》，《国际环境法资料选编》中译本，民主与建设出版社 1999 年版。

王学俭编著：《现代思想政治教育学前沿问题研究》，人民出版社 2008 年版。

王立仁：《道德价值论》，中国社会科学出版社 2004 年版。

王建：《中国近代的法律教育》，中国政法大学出版社 2001 年版。

王成兵：《当代认同危机的人学解读》，中国社会科学出版社 2004 年版。

王瑞荪：《比较思想政治教育学》，高等教育出版社 2001 年版。

项久雨：《思想政治教育价值论》，中国社会科学出版社 2003 年版。

许海清：《国家治理体系和治理能力现代化》，中共中央党校出版社 2013 年版。

许章润：《法律信仰：中国语境及其意义》，广西师范大学出版社 2003 年版。

徐继超：《公民道德教育与公民法制教育》，中国社会出版社 2003 年版。

薛晓阳：《希望德育论》，人民教育出版社 2003 年版。

杨欣欣：《法学教育与诊所式教学方法》，法律出版社 2002 年版。

姚建龙主编:《大学生法治教育论》，中国政法大学出版社 2016 年版。

俞可平:《论国家治理现代化》，社会科学文献出版社 2014 年版。

袁本新、王丽荣等:《人本德育论》，人民出版社 2007 年版。

袁贵仁:《马克思的人学思想》，北京师范大学出版社 1996 年版。

袁贵仁:《价值学引论》，北京师范大学出版社 1991 年版。

袁振国:《教育新理念》，教育科学出版社 2004 年版。

袁振国:《当代教育学》，教育科学出版社 2004 年版。

于伟:《现代性与教育》，北京师范大学出版社 2008 年版。

张楚廷:《课程与教学哲学》，人民教育出版社 2003 年版。

张焕庭:《西方资产阶级教育论著选》，人民教育出版社 1979 年版。

张康之:《行政伦理的观念与视野》，中国人民大学出版社 2008 年版。

张耀灿等著:《思想政治教育学前沿》，人民出版社 2006 年版。

张耀灿、郑永廷、吴潜涛、骆郁廷等:《现代思想政治教育学》，人民出版社 2006 年版。

张岱年:《中国哲学史方法论发凡》，中华书局 2003 年版。

张岱年:《中国哲学大纲》，江苏教育出版社 2005 年版。

张世英:《哲学导论》，北京大学出版社 2002 年版。

张祥龙:《从现象学到孔夫子》，商务印书馆 2001 年版。

张澍军:《道德哲学引论》，中国社会科学出版社 2008 年版。

张瑞生、杨玉梅、曹玲莹:《邓小平法制思想研究》，西安出版社 1995 年版。

张文显:《法哲学范畴研究》，中国政法大学出版社 2001 年版。

赵海英:《主体性：与历史同行》，首都师范大学出版社 2008 年版。

郑永廷等:《人的现代化理论与实践》，人民出版社 2006 年版。

郑永廷、江传月等:《主导德育论》，人民出版社 2008 年版。

周炽成:《荀·韩：人性论与社会历史哲学》，中山大学出版社 2009 年版。

周世中、倪叶群:《法学教育与法科学生实践能力的培养》，中国法制出版社 2004 年版。

周世中等:《西南少数民族民间法的变迁与现实作用——以黔桂瑶族、侗族、苗族民间法为例》，法律出版社 2010 年版。

周先进、邬丽等:《高校思想政治教育前沿问题研究》，中国书籍出版社

2015 年版。
朱小曼:《情感德育论》，人民教育出版社 2005 年版。
朱贻庭:《中国传统伦理思想史》（增订本），华东师范大学出版社 2003 年版。
卓泽渊:《法的价值论》，法律出版社 1999 年版。

二　中文期刊类

陈晓枫、周鹏:《德治与法治：国家治理二元方略的互洽》，《江苏行政学院学报》2017 年第 5 期。
陈始发:《陕甘宁边区法制宣传教育探析》，《马克思主义理论学科研究》2018 年第 6 期。
董奇、赵德成:《发展性教育评价的理论与实践》，《中国教育学刊》2003 年第 8 期。
方鸿琴:《国外教育元评估的分析及对我国的启示》，《江苏高教》2004 年第 1 期。
董盼婕:《美国中小学法治教育的演变历程及启示》，《教学与管理》2019 年第 12 期。
董翼:《习近平关于民主法制教育的重要论述及指导作用》，《学校党建与思想教育》2016 年第 13 期。
高清海:《主体呼唤的历史根据和时代内涵》，《中国社会科学》1994 年第 4 期。
高甜:《新媒体时代中小学法制教育的表征、挑战及应对》，《教学与管理》2018 年第 31 期。
郭思乐:《课堂：从短期指标回到人的发展》，《人民教育》2009 年第 15—16 期。
龚素瓅、徐佳雯:《提升新时代大学生法治教育的实效》，《中国高等教育》2018 年第 23 期。
黄云霞、宋乾:《中学法治教育之我见——〈道德与法治〉课程改革为视角》，《教育理论与实践》2018 年第 35 期。
黄伟:《指向深度学习的法治意识培养》，《思想政治课教学》2019 年第 3 期。

金娣、张远增:《青少年法治教育效果评价的维度、标准及实施》,《江西社会科学》2018 年第 3 期。

蒋淑波、李店标:《高校法制教育的五个转向研究》,《思想政治教育研究》2017 年第 2 期。

柯新凡:《思想政治课中法治教育有机衔接问题研究》,《经济研究导刊》2014 年第 35 期。

吕本修:《习近平德法并举思想探析》,《理论学刊》2017 年第 6 期。

杜运泉、高苑敏:《准确理解和落实依法治国》,《探索与争鸣》2015 年第 1 期。

李俊:《个人社会化理论视野下的青少年法制教育探析》,《毛泽东邓小平理论研究》2009 年第 8 期。

鲁洁:《走向世界历史的人——论人的转型与教育》,《教育研究》1999 年第 11 期。

李龙、范文科:《关于“善治”的三个追问》,《法制与社会发展》2017 年第 1 期。

陆益龙:《转型中国的社会秩序构建机制研究》,《人民论坛·学术前沿》2013 年第 18 期。

刘贞、宋晓东、李海涛:《高校大学生群体法制教育现实困境与理性选择》,《黑龙江高教研究》2016 年第 10 期。

莫于川:《法治国家、法治政府、法治社会一体建设的标准问题研究——兼论我国法制良善化、精细化发展的时代任务》,《法学杂志》2013 年第 6 期。

莫于川:《坚持依宪治国与推进法治一体建设》,《中国特色社会主义研究》2014 年第 6 期。

裘高飞:《谈谈法治教育中的价值辨析》,《中学政治教学参考》2019 年第 8 期。

孙代尧:《公权力异化新形式及其根源》,《人民论坛》2014 年第 12 期。

沈湘平、王葎:《简析“人的根本就是人本身”对思想政治教育的启示意义》,《思想理论教育导刊》2006 年第 1 期。

石中英:《人文世界、人文知识与人文教育》,《教育理论与实践》2001 年第 6 期。

石中英:《关于当前我国中小学价值教育几个问题的思考》,《人民教育》2010 年第 8 期。

沈壮海:《思想政治教育学科的新自觉与新未来》,《马克思主义理论学科研究》2015 年第 1 期。

沈壮海:《论思想政治教育理论研究的新范式与新形态》,《思想理论教育导刊》2007 年第 2 期。

檀传宝:《教育是人类价值生命的中介——论价值与教育中的价值问题》,《教育研究》2000 年第 3 期。

王存贵:《学生法治教育：从畏惧到信仰》,《中学政治教学参考》2015 年第 15 期。

王虹懿:《从“圣谕宣讲”看清代少数民族地区的法制教育——以云南武定彝族那氏土司地区为例》,《贵州民族研究》2017 年第 11 期。

王利民:《民法的人文关怀》,《中国社会科学》2011 年第 4 期。

王淑芹、王娟:《法治与德治相结合的意蕴与适度性》,《新疆师范大学学报》（哲学社会科学版）2018 年第 5 期。

吴向东:《制度与人的全面发展》,《哲学研究》2004 年第 8 期。

王啸:《“人是价值的存在”及其教育学意蕴》,《高等教育研究》2001 年第 5 期。

吴潜涛:《改革开放以来我国青少年道德教育理念变迁的主要特点》,《道德与文明》2008 年第 5 期。

王树荫、房玉春:《试论从“法制教育”到“法治教育”的转变》,《甘肃社会科学》2017 年第 2 期。

王玉樑:《百年价值哲学的反思》,《学术研究》2006 年第 4 期。

徐立:《论法学教育与社会管理法治化》,《社会治理法治前沿年刊》2012 年。

薛军:《人的保护：中国民法典编撰的价值基础》,《中国社会科学》2006 年第 4 期。

徐显明:《以人为本与中国法治问题研究》,《学习与探索》2006 年第 6 期。

许晓童:《从法制教育到法治教育的历史意蕴及实践策略——基于〈青少年法治教育大纲〉视角》,《教育评论》2017 年第 4 期。

杨忠明、刘颖:《改革开放以来大学生法治素养培育的发展回顾与展望》,《思想教育研究》2018 年第 11 期。

叶飞:《论法治教育隐性课程的建构》,《中国教育学刊》2018 年第 3 期。

叶澜:《让课堂焕发出生命活力——论中小学教学改革的深化》,《教育研究》1997 年第 9 期。

叶澜:《教育创新呼唤“具体个人”意识》,《素质教育大参考》2003 年第 4 期。

朱莉莉:《观念与制度的双重建构:建设社会主义法治国家的路径选择》,《马克思主义哲学论丛》2012 年第 2 期。

张曙光:《人的存在的历史性及其现代境遇(上)——对马克思关于人的存在的重新解读》,《学术研究》2005 年第 1 期。

赵梦雷、张迪:《新加坡中小学法制教育的概况及启示》,《教学与管理》2018 年第 3 期。

张苗苗:《思想政治教育的本质是核心价值观教育》,《教学与研究》2014 年第 10 期。

赵兴宏、张玉麟:《高等学校思想道德与法治教育有效衔接的若干思考》,《沈阳农业大学学报》(社会科学版)2010 年第 12 期。

三 外文文献

Jenny Gibbons. Exploring conceptual legal knowledge building in law students' reflective reports using theoretical constructs from the sociology of education: what, how and why, *The Law Teacher*, 2018.

Kelly Gallagher-Mackay. Law and Education Inequality: Removing Barriers to Educational Opportunities, Leadership and Policy in Schools, 2016.

Han Ying. The infiltration of legal education to engineering education and self innovation, 2012 7th International Computer Science & Education (ICCSE), 2012.

Hongwen Zhu, Michael A. Peters. Social governance, education and socialist rule of law in China, *Educational Philosophy and Theory*, 2019.

Hongbo Xiu. Research on the Innovation of Education Management under Concept of the Rule of Law in College, Proceedings of the 2016 International

Conference on Advances in Management, *Arts and Humanities Science* (AMAHS), 2016.

Husa. Comparative law in legal education-building a legal mind for a transnational world, *The Law Teacher*, 2018.

Jing-Fang Zheng, Dong Wang. Path Exploration of Teaching Reform of Law Undergraduate Education Under the Background of "Internet +", DEStech Transactions on *Social Science*, *Education and Human Science*, 2018.

Lan-Fang Wu. The Value of Ideological and Political Education Ruled by Law Under The View of Rule of Law Culture, 2018 4th Annual International Conference on *Modern Education and Social Science* (MESS), 2018.

Mark Sherry. Righting educational wrongs: disability studies in law and education, *Disability & Society*, 2014, 29.

Mary Heath, Kate Galloway, Natalie Skead, Alex Steel, Mark Israel. Learning to feel like a lawyer: law teachers, sessional teaching and emotional labour in legal education, *Griffith Law Review*, 2017.

Roger Burridge, Julian Webb. The values of common law legal education reprised, *The Law Teacher*, 2008.

Richard Wu. An empirical study of Hong Kong law students' ethical values: Does common law education enhance their professionalism, *Legal Ethics*, 2017.

Su-Yan Pan, Wing-Wah Law. Legalizing education: the role of law in the regulation and deregulation of China's private education, *Education and the Law*, 2006.

Yi Wang, Weijun Wu. Supply-side Reform on Law Undergraduate Education: Path and Initiatives—An Analysis Based on S Law Firm Case Study, 2018 4th International Conference on Social Science and Higher Education (ICSSHE), 2018.

后　记

我国有计划的全民普法教育已经有几十年了，国家级别的、有计划的普法将持续下去，然而，普法以来，有一系列实践问题需要回答。在新时代我国从国家战略层面成立了全面依法治国委员会，习近平总书记亲自任负责人，并召开了第一次全面依法治国委员会会议，从国家战略层面对法治建设提出了新要求。我与从事多年法治教育实务的人员交谈，大家每每谈起法治教育，内心无不充满着希望和焦虑，法治教育、大学生法治教育、青少年法治教育、各行各业的专业法治教育确实有太多的理论和实践问题需要回答，已经到了刻不容缓的地步。这就是我研究的初衷。

本书在完成过程中得到了各方面的支持，我在此表示感谢。

感谢西华师范大学政治与行政学院院长李永洪教授的慧眼相识。感谢政治与行政学院的全体领导和同事在工作上的支撑，在生活上的帮助，在学习上的激励。没有西华师范大学提供的平台和大力资助，就不会有此书的顺利面世。

感谢家人、父老乡亲的守望相助。

由于国际国内形势的发展，依法治国不断出现新问题，自己在学习中不断产生新体会，书中的某些结论要随之修正，即便是从成书的当时来看，由于认识和环境的局限，也难免是一孔之见，细节之处也可能存在错误，欢迎批评指正！

蒲鸿志

2019 年 1 月